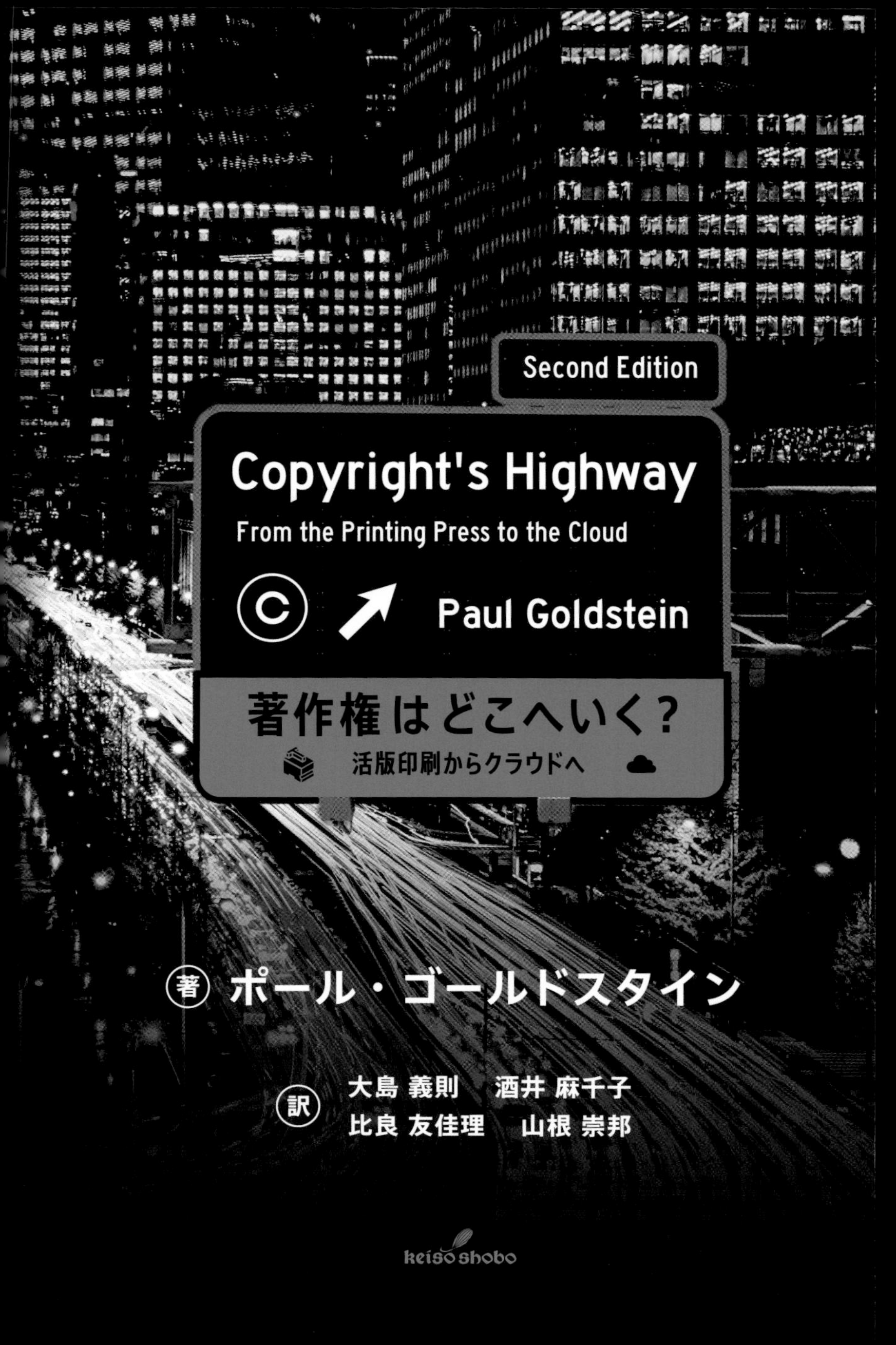
Second Edition
Copyright's Highway
From the Printing Press to the Cloud
Paul Goldstein
著作権はどこへいく？
活版印刷からクラウドへ
著 ポール・ゴールドスタイン
訳 大島 義則　酒井 麻千子
比良 友佳理　山根 崇邦
keiso shobo

Copyright's Highway:

From the Printing Press to the Cloud, Second Edition,

by Paul Goldstein,

published in English by Stanford University Press.

リン・アンダーソンに
あふれるほどの感謝を込めて

日本語版への序文

学術書の書き手にとって、自分の作品が他の言語に翻訳され、新たな読者の目に触れることほど名誉なことはない。これは、本書のように、そのテーマが文学的・芸術的表現制作と世界的流通を取り巻く法的環境の理解に捧げられたものである場合には、尚更そうである。本書の翻訳に強い情熱と学術的な配慮をもって取り組んでくださった大島義則専修大学教授・弁護士、酒井麻千子東京大学准教授、比良友佳理京都教育大学講師、山根崇邦同志社大学教授には、心から感謝申し上げたい。

本書は、日本の著作権法を明示的には取り上げていないが、日本法が堅持する大陸法系の著作者の権利の伝統に関する広範な議論を通じて、その実質を明らかにしている。英米法系のコピーライトの伝統に学んだ法律家は、表向きロマン主義的な著作者観や作者という地位にこだわりをもつ大陸法系の伝統よりも、功利主義的で実用主義的な英米著作権の優位性を主張することがある。しかし、これほど見当違いな批判はないだろう。第五章で説明したように、著作者の権利の法であっても、制度設計次第で、その範囲を真に作者の個性が発露した作品に限定したり、日本の著作権法のように、工業製品の保護を隣接する法領域に促すこともできるからである。実際のところ、著作者の権利の法が結果として生みだす柔軟性には、英米法系のコピーライトよりも実用主義的な面がある。

この点は、一九八〇年代の知的財産権によるコンピュータプログラムの保護という難問に対する日本の対応を例にとれば、よくわかるだろう。諸外国がコンピュータコードを自国の著作権法の体系に当てはめることに苦慮していた当時、日本の通商産業省は、ソフトウェアの技術的・経済的特性に特化した特別なプログラム権法を提案した。この提案は、著作権法や特許法の概念を借用しつつも、日本の著作権法におけるコンピュータプログラムの保護を明確に否定するものであった。日本は最終的に、国際礼譲という最も現実的かつ最優先の理由から、コンピュータプログラムの著作権による保護という新たな国際規範に落ち着いたけれども、今日、世界各国がソフトウェア著作権に関して、著作権というラベルの下で、かつて通産省が提起した懸念に対策を講じているのは偶然ではない。たとえば、ＥＵコンピュータプログラム指令は、著作権に関して特別な条項を置いているし、米国著作権法も、コンピュータプログラムに関して、著作権の範囲を制限し、システムの互換性を確保する目的でコピーを作成する行為を免責している。

現在では生成ＡＩが、著作権のルールに新たな、さらに大きな挑戦を突きつけている。ＡＩをサポートする大規模な言語モデルの学習は、トレーニングセットを形成する多数の作品の著作権を侵害するだろうか。生成ＡＩを利用して生みだされた成果物は、著作権保護の対象となるだろうか。日本の立法者はすでにこれらの疑問に答え始めており、その継続的な取り組みは、ソフトウェアの保護に関する問題の解決と同様に、国際的な影響を与えずにはいられない。本書の読者が、著作権と新技術の織りなす歴史の教訓のなかに、生成ＡＩという著作権制度に対する最新技術の挑戦を上手く解決するための指針を見つけだしてくれることを、切に願っている。

二〇二三年九月二八日

ポール・ゴールドスタイン
カリフォルニア州スタンフォード

目次

謝辞

本書は、初版の際はディーン・ポール・ブレスト、第二版の際はディーン・M・エリザベス・マギルが率いた、スタンフォード大学での非常に快適な研究・執筆環境のおかげで完成したものである。またこれまでと同様、ロバート・クラウン法律図書館のスタッフによる素晴らしいサービスには大いに支えられた。マリオン・ミラー、ソニア・モス、リッチー・ポーター、サラ・レイス、セルジオ・ストーン、ジョージ・ウィルソン、そして、アレックス・チャンに特に感謝を伝えたい。トム・ルービンには、新しい最終章に対して有益なコメントを頂き、感謝している。また、リン・アンダーソンには、（キンバリー・ドーストの助けも適宜借りながら）終わりの見えない草稿を、その職務範囲や義務をはるかに超えて、元気にあたたかく、疲れ知らずに、何度も入力し直してくれたことに感謝している。ミシェル・D・ジョーンズ以上に細部まで行き届いた優美な仕事をしてくれるコピーエディターはいないといえるだろう。

本書にかかる初期の研究では、ジョン&メアリー・R・マークル財団から寛大な助成金の支援を受けた。また、スタンフォード大学のジョン・M・オリン法と経済学プログラム、ジョージ・R・ロバーツ法・ビジネス・コーポレートガバナンスプログラム、そしてクレア&マイケル・ブラウン財団からは、研究支援と旅費のための追加的な助成を受けた。ここに記して感謝申し上げる。

第1章

著作権の形而上学

THE METAPHYSICS OF COPYRIGHT

一九九〇年の春の終わり頃、米国のある有名な音楽出版社は、短い歌詞と数小節をめぐって、人気ラップグループと法廷闘争に突入した。その二五年前、カントリー・ミュージックの歌手を擁する世界最大の音楽出版社であったエイカフ＝ローズ・ミュージックは、「オー・プリティ・ウーマン」という楽曲の権利を、その作者である有名歌手ロイ・オービソンとウィリアム・ディースから取得した。この曲は、オービソンにとって、最後にして最大のヒット曲であった。そうした折、物議を醸すことの多いラップグループのツー・ライヴ・クルーが、エイカフ＝ローズに無断で、「オー・プリティ・ウーマン」を借用して作った楽曲を、一九八九年の最新アルバム「アズ・クリーン・アズ・ゼイ・ワナビー（As Clean as They Wanna Be）」の「ミー・ソー・ホーニー」と「マイ・セブン・ビゾス」という二つの楽曲の間に挟みこんだ。一九九〇年六月一八日、エイカフ＝ローズは、ツー・ライヴ・クルーを被告として、テネシー州ナッシュビルにある連邦地方裁判所に著作権侵害訴訟を提起した。

コピーライトとは、なにか。三世紀以上前の著作権法の誕生当初から、この言葉は文字どおりの意味をもっている。すなわち、コピーライトとは、自らの作品のコピーを他者が無断で作成することを禁止する権利である。最初に制定された著作権法では、印刷された著作物の複写本を作成することだけを禁止の対象にしていた。一八世紀の詩人ジェームズ・トムソンの『四季』を出版した出版社は、トムソンから著作権を取得していたため、この有名な詩の無許可版、つまり海賊版を作成した者を相手取って、たびたび訴訟を起こした。一九世紀なかばになると、著作権の範囲は拡大した。著作権法の発展にともない、著作権者は、作品をそのまま複写したものだけでなく、ハリエット・ビーチャー・ストウのベストセラー『アンクル・トムの小屋』のドイツ語訳や、小説の戯曲化、ジョージ・ワシントンの全一二巻の伝記の抜粋といった模倣や翻案物の出版を禁止するために、出版社を相手取って裁判を起こすようになった。

では、心に訴えかけるような有名な歌詞をラップでパロディにした場合は、どうなるのか。著作権法において最も悩ましい問題の一つは、他者の作品の借用はどの程度まで認められるのか、そしてどの程度借用したら著作権侵害になるのか、ということである。英国の著作権法学者で弁護士でもあるオーガスティン・ビレルは、「文学の窃盗」と題した論文で、次のように述べた。「羊のいずれか一本の脚肉が自分のものだということは簡単に証明も反証もできるが、自分が書いた本はどこまでが自分のものかというのは難問である」。この質問には正確に答えなければならない。なぜなら、創作物の性質上、ある作家が作品制作にあたって他人の作品を参考にするというのはよくあることだからだ。著作権侵害の範囲を狭くしすぎると、原作者に正当な報酬を与えることができなくなるが、逆に範囲を広げすぎると、原作者以外の者が報酬を受け取れなくなってしまう。

ツー・ライヴ・クルーは、オービソンとディースの楽曲を拝借したことで、著作権侵害の領域に足を踏み入れてしまったのだろうか。第一審裁判所は、ツー・ライヴ・クルーは「オー・プリティ・ウーマン」の歌詞やメロディの一部をコピーしたものの、その表現はまったく異なっていると認定した。そして、ツー・ライヴ・クルーの楽曲は「『オー・プリティ・ウーマン』と同じ歌詞で始まる」が、「原曲のありきたりな歌詞をぎょっとするような歌詞に置き替えていくことで、たちまち言葉遊びと化す」と述べた。ロイ・オービソンが街で見かけた美しい女性のことをあれこれ想像するのに対し、ツー・ライヴ・クルーはまったく別の空想――「毛深い大女」「スキンヘッドの女」そして「二股かけてる」女――にふける。

ツー・ライヴ・クルー側の弁護士は、著作権の伝統的な法理によれば、自分たちのクライアントがオービソンとディースの原曲にどの程度付け加えたかではなく、そこからどの程度借用したかによって侵害の有無が判断されると考えていた。実際、彼らは、たった一つの事実を除いて、ツー・ライヴ・クルーが、事実上、著作権を侵害したことを認めている。その事実とは、ツー・ライヴ・クルーの楽曲が模倣ではなくパロディであって、パロディの場合、完全な模倣の場合よりも他人の作品の借用が寛大に認められるべきだということである。結局のところ、パロディストは元ネタになる作品を想起させなければ自分の言いたいことを伝えることなどできないし、元ネタの一部をコピーしなければ誰もその作品を想起することなどできないからである。

一九九一年一月一四日、第一審判決が下された。裁判所は、パロディには十分な許容範囲が認められるべきだとのツー・ライヴ・クルー側の主張を認めた。その理由として判決は、パロディという芸術がある程度の模倣を必要とするだけでなく、パロディが文化的象徴を風刺するという、文化的により大きな目的を果たす点を挙げた。ツー・ライヴ・クルー側の証人として証言をおこなったベテランのフォーク歌手オスカー・ブランドは、アフリカン・アメリカン音楽では原曲の歌詞を別の言葉に置き換えて『面白みのない』元歌や体制をからかう」のは当たり前のことだと述べた。裁判所はこの証言を支持した。「ツー・ライヴ・クルーは反体制派のラップグループであり、彼らの楽曲は、オービソンの楽曲を嘲笑うことで、それが彼らにはいかに退屈で陳腐なものに思えたのかを明らかにしている」。

エイカフ＝ローズとツー・ライヴ・クルーとの訴訟は、一九九〇年に提起された何百件もの著作権訴訟の一例にすぎない。著作権訴訟の事案は、楽曲、小説、映画からニュース記事、広告、写真、建築物にいたるまで、ポップカルチャー全般におよぶ。著作権の保護対象は、芸術だけにとどまらない。著作権をめぐる事例には、教科書、科学・学術書、料理本やコンピュータプログラムに関するものまである。そのなかには、ツー・ライヴ・クルーが援用したような広範な原則をめぐるものもあれば、複雑な法律のルール解釈を求めるものもある。そして、たいていの場合、二つの問いに対する回答に焦点が絞られる。つまり、被告はコピーしたのか、そしてコピーした分量はあまりにも多かったのか、である。著作権訴訟には一つの共通する事実がある。それは、著作権法が、過去の作品の借用がどの程度許されるのか、どの程度まで独自に創作しなければならないのかを著作者に伝えることで、ニュース記事、株式市況、学術論文、映画、雑誌の記事、ヒットしたレコードなど、その適用対象となる作品の保護可能な部分について色付けをするということである。

新聞の一面を賑わせたプリティ・ウーマン事件のような著作権訴訟が、作者や彼らの作品に影響を与えることは言うまでもない。しかし、通常、そのような影響が認められるのは、企業の法務部や法律事務所など、法廷から遠く離れた場所においてである。そこでは、著作権法で定められた「立入禁止」の一線を越えずにどの程度までなら著作物の借用が許されるのかについて、出版社、レコード会社、映画スタジオ、広告代理店の経営者から頻繁に助言を求められるからである。時には、保険会社までもが、著作権訴訟で敗訴した出版社や映画スタジオを判決の影響から守るための「業務過誤賠償責任保険」を売り出しており、出版の可否について発言権をもっている場合もある。

裁判所の判断であれ、立法者の判断であれ、法律事務所の判断であれ、それらは一つの結果をもたらす。すなわち、著作権が一人の者に支配を認めれば、他のすべての者は一定の模倣の自由が奪われるということである。では、この法的に強制された交換を正当化する根拠はなにか。芸術家や作家がたびたび主張する正当化根拠は、彼らのプライバシーの保護である。つまり、自分たちの草稿や手紙のやりとりを保護するために、法律によってそれらを強制的に一般大衆の視線の外におく必要があるとする。一九八六年、隠遁生活を送っていた作家J・D・サリンジャーは、著作権に基づく出版差止命令を得て、大学図書館に保管されていた彼の未発表の私的書簡を伝記作家が引用して出版することを阻止した。著作者は、自らの作品の同一性を保持する機能も著作権に期待している。一九七六年、モンティ・パイソンというコメディグループが訴えを起こし、著作権を根拠として、彼らのテレビ番組のうち三回分の放送について、ＡＢＣテレビが商業広告や社内検閲にあわせてその一部をカットして放映しようとしたことを阻止した。

著作権には、しばしばお金が絡む。アイデアを思いつき、それを形にして、商品として生産し、市場に出すまでには多額のお金がかかる。作品のコピーを防ぐ権利は、イコール高い値段でコピーを認める権限を意味し、著作権者になろうとする者は、最終的に初期投資を回収できるだけの収入が著作権によって得られるものと期待している。作詞作曲家は自ら創作した楽曲が売れるか、または演奏されるたびに使用料が支払われることを条件に、その楽曲の著作権を音楽出版社に譲渡する。音楽出版社はといえば、見込み利益の一部と引き換えに、映画会社に映画のサウンドトラックでその楽曲を使用する権利を売却する。作品に商業的価値があるかどうかを決めるのは市場だけである。しかし、その作品に商業的価値がある場合、著作権は少なくともその価値の一部を作詞作曲家に与えることを目的としている。

著作権に関係するのは、コピーであって、オリジナルではない。そして、著作権に関係するお金は通常、作品の共有を希望する人たちのために作成される多数のコピーに支払われるわずかばかりの金銭であって、世界にたった一つのオリジナルを所有するために一個人が支払うであろう高額の金銭ではない。たとえば、原画や自筆原稿などのように、対象物の価値が一点ものであることや本物であることに価値がある場合、著作権は市場におけるその対象物の価値にほとんど影響を与えない。しかし、小説の作者が前金として五〇万ドルを要求できるのは、その小説の出版社が、その小説は数十万部売れて印税は少なくともその額（五〇万ドル）と同じになると見込んでいるからである。ジャスパー・ジョーンズの絵画に数百万ドルの値がつくのは複製画の市場があるからではない。オリジナルである原画が一点しかないからである。それでも、著作権は、ポスターやカレンダーなど、著作者である芸術家が自らの作品の唯一性を損ないかねないコピーの作成や販売を禁止できるようにすることで、その芸術家の利益に寄与するのである。
現代の著作権者は、見事なメスさばきの外科医よろしく、自らの作品を経済的にあやつる。小説を売り出す場合、出版社はまずハードカバーとして売り出し、その数か月か数年後に、それよりも安価なソフトカバーを売り出す。その理由は、ハードカバーの方が製本代が高い（実際にはそうなのだが）からというよりも、むしろ消費者の好みが多様で、少々値段は高くても発売されたばかりの本を手にしたいと思う者もいれば、すぐに読めなくていいから後日少しでも安くなってから買いたいと思う者がいることを出版社が知っているからである。こうした消費者の多様な好みにあった価格の本を提供することで、出版社は自身と作者の双方に利益がもたらされるようにしている。著作権がなければ、こうした価格差別は不可能だろう。

法律家のあいだでは、著作権は知的財産法（intellectual property law）に分類されることが多い。一方で、著作権は、他のもっとありふれた形態の財産（property）に関係している。作家が自己の作品の無断コピーを禁止する権利というのは、土地所有者が自己の土地への他人の立入りを禁止する権利とほとんど変わらない。しかし他方で、著作権の「知的な（intellectual）」部分から著作権特有の性質が明らかになる。つまり著作権は、土地の一部や羊の脚肉といったような有体物を保護する権利ではない。著作権は人の精神の産物、すなわちあるときは書籍のページ上に現れ、翌日には楽曲や映画に登場するような思想や表現を保護するものである。こうした移ろいやすい「財産」に境界を設定するのは難しい。このような著作権の特有の性質については、すでに一五〇年以上前に、ジョセフ・ストーリー判事が次のように指摘していた。「著作権は法廷での議論に属する他のどのような事例よりも、法の形而上学と呼ばれるものに近い。そこでは、区別が非常に微妙かつ微細であって、少なくとも、時には区別がほとんど消えてしまうこともある」。

著作権法を理解するための第一歩は、著作権法を他の知的財産法理と区別することである。その業績ゆえに米国著作権法史の重要な一頁に名を残すであろう法学者のアラン・ラットマンは、一九七〇年に知的財産の専門家たちに向かって次のように述べた。「ほとんどの人は、特許と商標と著作権の違いがわかっていません。これは、クライアントにも他の法律家にも、時には裁判官にもいえることです。ある弁護士に著作権専門の法律家だと自己紹介したら、すぐさまこう訂正されました。『特許がご専門なのですね!』と。そして続けて、『まあ、特許専門の弁護士なら、私の名前を著作権で保護してくれますよね』と言うんです」(名前を保護するのは著作権法ではなく商標法だというのは、仲間うちでしかわからないジョークである)。

特許法の領域は、発明や技術、つまりトラクターであれ、医薬品であれ、電動缶切りであれ、新製品を生み出すための営みである。米国特許法は、発明者または発明者から権利を譲り受けた会社に対し、他者が許可なく特許製品の製造、販売、輸入または使用をおこなうことを禁じる権利を認めている。米国特許法は、著作権法と同一の合衆国憲法上の法源——つまり、発明者および著作者に対し、その「発見」および「著作」に対する「排他的権利」を保障することにより、発明と著作活動を促進する権限を議会に付与する合衆国憲法〔一条八節八項〕の条項——に基づいている。特許と著作権が混同されやすい一つの要因は、議会が「著作」という文言を広く解釈し、詩、小説、戯曲だけでなく、電話帳、帳簿、コンピュータ・プログラムなどの実用的なものも、著作権法により保護したことにある。

著作権が著作活動に関する法であり、特許が発明に関する法であるならば、商標は消費者マーケティングに関する法である。裁判所がコカ・コーラ、マクドナルド、アップルという名称の模倣や無断使用を禁止するのは、それらが創作や発明をもたらす精神の飛躍を表しているからではなく、製品の出所が一つであることや一定の安定した品質レベルであることを消費者に伝えるからである。商標法が目指すのは、メイン州ポートランドでもカリフォルニア州サンディエゴでも、お馴染みのゴールデンアーチのファストフード店に行けば、観光客は他のどこのマクドナルドとも同じメニューが食べられることを保証することにある。特許と重複するのと同じく、著作権は商標とも重複する。ウォルト・ディズニー・カンパニーがミッキーマウスが描かれた無許可ステッカーの販売を禁じることができるのは、ミッキーマウスがディズニー社の商標であって、同社がその製品の出所であることを示しているからというだけでなく、ディズニー社がミッキーマウスの画像の著作権を有しているからでもある。

米国において知的財産の守護神としての役目を担っているのは、議会と連邦裁判所だけではない。伝説と化しているコカ・コーラの秘伝のレシピといった秘匿された技術や製法など、営業秘密を産業スパイや忠誠心に欠ける従業員による窃盗から守っているのは、連邦法ではなく州法である。州裁判所で執行される不正競争防止法は、連邦商標法のような一連の手続はないものの、連邦商標法と肩を並べる存在である。もしコカ・コーラ社がワシントンにある特許商標庁にコカ・コーラのマークを商標として登録していなかったとしても、同社は、自作のソフトドリンクをコカ・コーラと偽って販売したり、コカ・コーラの偽ラベルを貼って販売する者から自社の製品を守るために、州の不正競争防止法に頼ることができる。

こうした州や連邦における知的財産のカテゴリーは、いずれも完全に厳密なものではない。著作権を含め、これらすべてを支えているのは、人は自ら創作した作品の価値を自分のものとし、自ら種を蒔いたところから刈り取ることができるはずだという直観である。知的財産法の伝統的な枠組みではこうした直観にうまく対応できない場合、裁判所は、創作者が自ら受け取ることができると考える利益を彼らに認めるためにその外延を押し広げてきた。有名なコカ・コーラのロゴをあしらったTシャツを渡されても、誰も自分が清涼飲料水を買ったとは思わないだろう。しかし、裁判所が「のれん（goodwill）」と呼ぶコカ・コーラのマークに長年にわたって蓄積された価値は、その価値を自ら受け取ることができるはずだという同社の直観に照らして、予測可能な結果をもたらす。つまり裁判所は、無断でコカ・コーラのマークを付して製造販売された他の製品と同様に、こうしたTシャツの販売を禁止するのである。

時には、裁判所が既存の知的財産法理を拡大解釈しても新たな商業的価値の源泉を保護することができない場合がある。一九六〇年代に有名アスリートがスポーツ用品の宣伝に名前貸しをしたり、ロック歌手がポスターに顔写真を載せたりするようになると、こうした有名人は自分たちの写真の使用権が自己の権利として保護されることを望んだ。裁判所は、有名人の肖像の無断使用は当該有名人の権利を侵害するという新しい主張を、伝統的な不正競争防止法や商標法によって正当化しようとした。しかし、それが難しいとわかると、裁判所とその後の立法府は、自己そのものの商業的価値に関するこの新しい考えを具体化するために、パブリシティ権という新たな法理を生み出した。ポータブルトイレのメーカーが、ジョニー・カーソンがホスト役を務める番組「ザ・トゥナイト・ショー」の冒頭の有名なフレーズ「ヒアーズ・ジョニー("Here's Johnny")」をもじった自社製品のキャッチフレーズ「ヒアーズ・ジョニー!ワールド・フォアモスト・コモディアン("Here's Johnny! World's Foremost Commodian")」を使用したことについて、連邦控訴裁判所は、この商品の販売がカーソンのパブリシティ権を侵害すると判示した。

剽窃は、一般に著作権に関係すると考えられているが、じつは法律上の原則ですらない。実際、剽窃は道徳に反する行為ではあるが法律に違反する行為ではない。剽窃に対する規律の執行は学術的な権威に委ねられ、裁判所が執行することはできない。剽窃は、時間がない学生や不注意な教授、たちの悪い作家などが、他人の言葉が著作権で保護されているか否かにかかわらず、それを自分の言葉と偽って発表する場合に生じる。もちろん、剽窃される作品が著作権で保護されている場合には、無断複製は著作権侵害にもなる。

これらの法理の核心、そしてもちろん著作権の核心には、公益と私益が複雑に絡みあっている。なにが公益でなにが私益かの判断は必ずしも容易ではない。たとえば、ジャーナリストが報道する価値のある出来事に遭遇したとしよう。その際、このジャーナリストは、自らが取材している事実を他のジャーナリストに報道させないことができるだろうか。それとも、ある出来事が報道に値するということは、誰でもそれに自由にアクセスできなければならないという意味なのだろうか。これに対する法的な答えは、そのニュースが傍観者からその友人に伝えられたのか、それとも費用をかけて競合する新聞の購読者に伝えられたのかによって変わるのだろうか。ある映画の無許可DVDを販売すればまちがいなく著作権侵害になる。しかし、学生が寮の自室で自分のノートパソコンにその映画をこっそりダウンロードした場合はどうなるのか。

知的財産における公益と私益の対立は、裁判所が新しい種類の複製に対する新しい法理の確立を求められたときに、特に顕著になる。指針とすべき先例がない場合、裁判官は、第一原理に立ち返り、自分たちに示された諸利益を独自に評価しなければならない。たとえば一九一八年に、最高裁判所はそうした事例での判断を求められた。その事例は、AP通信がライバルの国際通信社（INS）を相手取って起こした訴訟で、AP通信側は、INSがAP通信の電子掲示板やAP加盟社の早版に掲載された記事をコピーして販売したと主張した。判決文を執筆したマーロン・ピットニー判事は、判断の決め手は「ニュースに財産性があるかどうか」、つまり公的な事柄に私的な権利は存在するのかという点だと述べた。

ピットニー判事は、著作権はニュースを保護するものではないと認識していた。「憲法制定者が議会に対して『著作者および発明者に対し、一定の期間、その著作および発見に対する排他的権利を保障することにより、学術および有益な技芸の発展を促進する』権限を付与した際、歴史的事件を最初に報道することになる人物に、一定の期間、それに関する情報を広めるための排他的権利を付与することまで意図していたとは考えられない」。しかし同判事は、「種を蒔いていない競合他社にその種の実りを収穫させる」のは不公平だと考え、AP通信を守るために、新しい知的財産法理として不正流用（misappropriation）の法理を考え出した。「ある新聞の購読者には、それを販売する原告の権利を不当に妨害しない正当な目的のために、購読している新聞の内容を無料で広めることができる権利が認められるだろう。しかし、被告がおこない正当化しようとしている、そのニュースを商業利用目的で伝達し、原告と競合する行為は、これとはまったく別の話である」。しかし、ここでも、ピットニー判事は制限を設ける必要性を認識し、INSによる当該ニュースの不正流用が禁止されるべき期間は、AP通信のニュースが「原告やAP加盟社にとって、ニュースとしての商業的価値を持たなくなるまでのあいだ」に限られることを示唆した。

本件においてルイス・ブランダイス判事は反対を表明した。その長文の反対意見で、同判事は、関連すると考えられうる知的財産法領域をすみずみまで探しても、ピットニー判事が編み出した不正流用の法理を裏付ける判例は存在しない、との結論に達した。知的財産に関する新しい法理がパブリックドメインを侵害できるとするならば、その法理は、大統領によって指名された裁判官で構成される司法府ではなく、民主的に選ばれた議員で構成される議会によってもたらされなければならないとブランダイス判事は主張した。そして、ニュースの収集に相当な投資をおこなっているというAP通信の主張も、同判事の考えを揺るがすことはできなかった。「精神の産物を生み出すのにお金と労力がかかるとか、そうした産物には他人が喜んでお金を払ってもいいと思うだけの価値があるといったことは、ニュースに財産としての法的な属性をまとわせるには十分ではない。知識、確かめられた真実、概念、アイデアといった、人の生み出したもののなかで最も崇高なものは、他者に自発的に伝達された後は、空気のように誰もが自由に共同使用できるようになる、というのが、法の一般原則である」。

知的財産法における私有財産とパブリックドメインの区別は、法的フィクションであって、自然現象ではない。両者の境界線は、特定の裁判官の見解だけでなく、国境や文化的態度によっても変わる。長年、米国著作権法では著作権の保護期間を著作物の発行後二八年とし、さらに二八年の更新延長を認めていた。しかし、一九七六年に議会はこれを改正し、〔著作物が創作されてから〕著作者の死後五〇年が経過するまでのあいだ、著作権を保護することとした。そしてさらに一九九八年には、他のヨーロッパ諸国と同様に、著作権の保護期間を著作者の死後七〇年まで延長した（二〇〇三年に最高裁判所は、既存の作品の保護期間をさらに二〇年延長する立法が、著作権の保護を「一定の期間」に制限した憲法条項に反するかどうかが争われた訴訟で、違憲の主張を認めず、延長立法を支持した）。アフリカ諸国では、先進国の作家や出版社による流用から守るために、何百年という伝統をもつことも珍しくない先住民の民間伝承を知的財産として保護する運動が始まった。米国の著作権の専門家が「明らかに民間伝承はパブリックドメインだ」としてエジプトの民間伝承擁護派に異論を唱えたことに対し、エジプト人は冷ややかにこう言った。「パブリックドメインこそが、西洋の概念そのものです」。

著作権の形而上学がとらえどころのないものである一つの理由は、その基礎となる形而下学が安定性に欠けるためである。他の米国諸法が単一の広く共有された目的に基づいて運用されている一方で、著作権の根拠については意見が分かれている。一方で、著作権の根拠が自然的正義にあると主張する法律家は、ある作品のコピーを入手するために他者が支払う金銭は最後の一銭に至るまですべてその作家に与えられるべきだと考える。こうした著作権の楽観論者は、著作権というコップにはまだ水が半分しか入っておらず、あとは満杯になるのを待てばいいと考える。他方で、著作権というコップの半分は空でいいと考える悲観論者が存在する。彼らは、創造的な作品を生み出すためのインセンティブとして、コピーを管理できるなんらかの手段を著作権者に認めるべきだとは考えるものの、著作権の範囲はそのインセンティブを与えるのに必要な限度に限るべきで、それを超えた場合には、本来自分たちの書きたいことを文字にし、言いたいことを言えるはずのすべての人の一般的自由が侵害されたと考える。

著作権の楽観論者がマーガレット・ミッチェルの小説『風と共に去りぬ』の大ヒットに報いるために法律を制定する場合、その内容は悲観論者が制定する法律とは対照的なものになるだろう。楽観論者が制定する法律では、ミッチェルと出版社に対し、この小説の内容に関連する市場——たとえばハードカバーとペーパーバックの売上、小説を基にした映画の収益、舞台化、テレビ放映、インターネットでのダウンロードやストリーミング、他言語への翻訳や他言語での映画化、続編の出版——のすみずみまで権利を与えるだろう（実際、続編として執筆された『スカーレット』は、ミッチェルの遺産管理団体へのロイヤルティに対する前金として四九四万ドルを要求した）。

一方、著作権の悲観論者なら、たった一つの問いに対する答えに基づいて法律を起草するだろう。それは、マーガレット・ミッチェルをタイプライターの前に座らせて『風と共に去りぬ』を執筆させ、出版社にそれを出版させるにはいくら必要だったか、という問いである。この考えに基づけば、後続の作家は、自身の作品に『風はとわに去りぬ』というタイトルをつけ、『風と共に去りぬ』の登場人物、設定、筋書きを自由に使うことができるだろう。二〇〇一年に連邦控訴裁判所は、少なくとも後続の作家の目的が「『風と共に去りぬ』における奴隷制や黒人と白人の関係の描写に対する具体的な批判と反論」にあるとされた事件において、そのように判断した。

ニューヨーク・タイムズ紙で評論を担当するジョン・ペアレスは、プリティ・ウーマン事件について次のようにコメントした。「パロディ化されるほど有名な楽曲なら、おそらくその売上やライセンス契約、楽譜などで相当儲けているはずだ。だから私は、ときどきこう提案したくなる。ファンの人たちが対価と引き換えにその曲を著作権者から取り戻すかのように、一〇〇万枚以上(もしくは二〇〇万枚か五〇〇万枚)売れた楽曲はすべてその時点でパブリックドメインにすべきだ、と」。全米音楽出版社協会の会長で、著作権に関してはまちがいなく楽観論者であるエドワード・マーフィは、この冗談を真に受けて、同紙の編集者にこんな文面を送った。「世間の流れに明らかに逆行したこの考えは、世界のほとんどの国で否定されています」。そして彼はこう強調した。著作権保護のおかげで、「御社は世界中にもっておられる知的財産上の利益を守ることができるのです」。

ある珍しい現象が著作権をめぐる論争に拍車をかけている。すなわち、ある人が何かを「利用」しても他の人が同じことをする能力を損なわないという、人の活動のなかでも数少ない領域の一つを、著作権が囲い込んでいるという現象である。パンは食べたらなくなってしまう。しかし、「オー・プリティ・ウーマン」は誰かが歌ったり聴いたりした後でも、別の人が同じように歌ったり聴いたりすることができる。数え切れないほどのファンがその曲を聴き、コピーしても、他の人が望めば、同じようにその曲を歌うことも、聴くことも、コピーすることもできるのである。

この現象の意味するところについて、著作権をめぐる議論は分かれている。楽観論者は次のように考える。娯楽商品や情報商品は消費されることなく半永久的に「利用」できるのだから、著作権というコップの水の量を半分以上に増やすような、経済的に価値のある利用を含むように著作権の範囲を拡大しても問題はないと。作者は自分の作品のこうした価値をすべて生み出したのだから、そこから生じる報酬をすべて手にする権利を有している。同じ現象に対して、悲観論者は懐疑的な見方をする。友人の表計算ソフトをコピーしたり、お気に入りのレシピをメモしたり、インターネットから映画をダウンロードしたとしても、いったい誰が損害を被るというのか。誰かに明らかに不愉快な思いをさせることなく、著作物を簡単に見たりコピーしたりできるのであれば、そうした付加的利用については著作権法上の責任を問わなくても——特に、著作権者が新しい作品を生み出し続けるのであれば——なんら損害は発生しない。

この論争に関して両陣営は、その主張を裏付けるために、楽観論者は「自然権」、悲観論者は「個人の自由」というより大きな真理をたびたび引き合いに出す。しかし、立法者や裁判官が出した解決策は、それらの真理に独立した根拠をおかない、単なる法的結論である。ナッシュビルの連邦地方裁判所がツー・ライヴ・クルーは自作のパロディを自由にレコーディングできると判断したとき、それは米国の法になった。しかし、控訴審がそれと異なる判断を下すと、その状況は変わった。なぜなら、一九九二年八月に第六巡回区控訴裁判所が、ツー・ライヴ・クルー版の「オー・プリティ・ウーマン」は「きわめて営利的」であり、パロディとして抗弁するに値しないとの判断を下したからである。その後、連邦最高裁判所が一九九三年三月に本件の口頭弁論を開催することに同意したことで、再びこの法を変更したのである。議会は、もし最高裁の結論に承服できなければ同じことをしているだろう。

創作活動をうながすインセンティブとして、著作権保護は必要なのだろうか。楽観論者が悲観論者の主張に強硬に反対する理由の一つは、厳密な経験的証拠に基づくと、このきわめて重要な問いにイエスと答えられないことがわかっているからである。ツー・ライヴ・クルーのパロディが原曲のマーケットに影響をおよぼす可能性は低いとした第一審の判断は、「オー・プリティ・ウーマン」を作った時点でオービソンとディースがパロディのマーケットまでコントロールしようと考えていたことを証明するという、不可能に近い証明責任をエイカフ＝ローズに課した。この判断を覆した控訴審判決では、パロディがオービソンとディースの原曲のマーケットを阻害するだろうということを簡単に受け入れ、両氏には自らの創作活動を促進するためにパロディをコントロールする必要がなかったことを証明するという、第一審でエイカフ＝ローズに課せられた責任と同じように立証のきわめて困難な証明責任を、ツー・ライヴ・クルーに課したのである。

いずれにせよ、米国における著作権をめぐる大きな対立は、どれも基本的には著作権というコップにはまだ半分しか水が入っていないという考え方と、著作権というコップの半分は空でいいという考え方の対立である。時には、楽観論者が優勢なこともある。何気ない表現、たとえば走り書きした買い物リストでさえ、著作権の保護期間が切れるまでは保護の対象になるが、買い物リストを作成するインセンティブとして著作権を必要とする人はいない。私的な書簡もしかりである（ストーリー判事が形而上学について述べた事件で、最高裁は、被告が執筆した伝記はジョージ・ワシントン大統領の書簡の著作権を侵害すると判示した）。会話でさえも著作権で保護される（アーネスト・ヘミングウェイの未亡人は、伝記作家のA・E・ホッチナーが亡き夫とのあいだで交わした会話を伝記に無断掲載したとして同氏を訴えた。この著作権訴訟で未亡人は敗訴したが、その理由は、ヘミングウェイが自らの発言の利用をホッチナーに対して暗に認めていたからにすぎない）。

また時には、悲観論者が優勢となる。二〇世紀初頭まで、米国では、作者が自らの作品について著作権を取得するためにとるべき正式な手続ルール——著作権局への作品登録・複製物の寄託、ならびに"Copyright, 1926, Ernest Hemingway"といった立入禁止標識に等しい記述をすべての出版物に記載すること——が規定されていた。こうした方式要件について立法者は、作者が自らの作品を著作権で保護したいと思っているかどうかを知るためのリトマス試験紙のようなものだと考えた（買い物リストの場合、わざわざこのような正式な手続を踏もうとする者はほとんどいないだろう）。しかし、一九〇九年以降、楽観論者がこうした要件を減らしていくことに成功し、現在ではこれら要件のいずれも義務づけられていない。書簡も会話も買い物リストも作成された時点から著作権によって完全に保護され、著作権局への登録・寄託・通知、著作権局による審査はいずれも必要とされない。

楽観論者と悲観論者はある重要な点で一致している。それは、著作権で保護されるのは作品の表現のみであって、その根底にあるアイデアではないという点である。多くの場合、この原則は巨匠を夢見る者にとって嬉しくない驚きである。なぜなら彼らは、新しいテレビシリーズや映画で採用してもらいたい一心で、毎週、テレビ局や映画スタジオにさまざまなアイデアを送るものの、返事が来るとしても、それらのアイデアは著作権では保護されませんと書かれた手紙を受け取るだけ（そうした返事がもらえるだけでもまだましな方）だからである。テレビ局や映画スタジオは、投稿者がそのアイデアを説明するために使用した言葉をそのまま使わない限り、アイデアそのものは自由に使用することができる（もっとも、そうした会社はすでに過去に他の情報源から得た同じアイデアを検討し、不採用としていることが多いが）。

著作権楽観論者がアイデアと表現の区別に反対しない唯一の理由とは、アイデアが、たとえ具体的な言葉で表される前であっても、すべての創造性の源泉であることを理解しているからである。たとえば、創作時にプロットを作らないことはほとんどない。著作権でプロットが保護されることになれば、事実上、ほぼすべての人は小説の執筆や映画製作を禁止されることになる。複数の裁判所は、自らも有名な著作権訴訟の当事者になったことがあり、最高裁判所判事になった息子をもつオリバー・ウェンデル・ホームズ・シニアの洞察に着目した。彼によれば、「文学は、一部の者がそれを剽窃と信じてしまうような偶然の一致で満ちあふれている。空気中には常にさまざまな考えが漂っていて、それに遭遇することよりも、それをよけることに知恵を絞らなければならない」。

他人のアイデアを適法に借用できるという原則があるおかげで、著作権は、アイデア自体を保護する特許権ほど恐ろしいものではない。医薬品の特許権者が、薬がないと生きていけない患者から莫大なお金を取っているのだから、人気小説の出版社も、その小説をとんでもない価格で売り出すことができると思われるかもしれない。しかし、娯楽商品や情報商品は医薬品とはちがって完全に独占できるものではない。ある作家が思いついたアイデアや主題やプロットを別の作家は自由に使うことができる。だから、人気小説に一冊七五ドルの値段をつけるような愚かな出版社があれば、その作家の大勢のファンは、一冊二五ドル九五セントのハードカバーや七ドル九九セントのペーパーバックで発売された非常によく似た模倣作品に飛びつくことになるだろう。

悲観論者はすでに別の安全弁の取付けに成功している。その一つが、強制許諾の概念である。著作権法におけるいくつかのきわめて限定的な強制許諾規定に基づき、法律で定められた一定の使用料を支払えば、著作者に連絡しなくても、誰もがその作品を使用することができる。たとえば、ある楽曲が作者の許可を得て最初に録音された時点で、一コピーあたり九ドル一〇セントという所定の使用料を支払いさえすれば、誰もがそれをもとに独自のバージョンを録音することができる。おかげで、さまざまなアーティストがヒット曲を自分なりに解釈したいわゆる「カバー曲」を発表できる。じつはツー・ライヴ・クルーは、「オー・プリティ・ウーマン」をもとにしたコピーについて、一万三八六七ドル五六セントを寄託することで著作権法上の強制許諾規定に基づく保護を得ようとしていた。しかし彼らは裁判でこの筋での主張をしなかった。おそらく、強制許諾の対象にはもとの作品のパロディや滑稽化が含まれないからだろう。

もう一つの安全弁がフェアユースの法理である。著作権法では、著作物のコピーが報道、教育、批評など有益な目的のためにおこなわれ、かつ他の要件も満たす場合には、当該コピーを合法と認めている。長年、隠遁生活を送っていた億万長者のハワード・ヒューズは、自身に関する雑誌記事の著作権を買い上げ、誰かがそれを参考に彼の伝記を書こうとするのを阻止しようとした。しかし裁判所は、それらの記事の引用をおこなう者はフェアユースによって保護されると判示した。また、アマチュアカメラマンのエイブラハム・ザプルーダーが撮影したジョン・F・ケネディ大統領の暗殺シーンのフィルムの著作権を取得したライフ誌が、暗殺に関して論じた書物にそのフィルムの数コマが複製されるのを阻止しようとした際、裁判所はそうした複製はフェアユースであるとの判断を示した。プリティ・ウーマン事件では、ツー・ライヴ・クルーがフェアユースの法理に基づいて自らの作品がパロディであると抗弁した。

諸々の安全弁は、言論と報道の自由を保障した合衆国憲法修正第一条に違反するとの批判から著作権を守っている。一九八四年、最高裁においてネイション誌は、修正第一条に基づき、同誌にはジェラルド・フォードが出版前の回想録でリチャード・ニクソンに対する恩赦について述べた重要な箇所を引用する権利があると主張した。これに対し最高裁は、「著作権法が、著作権の対象となる表現とその対象とならない事実やアイデアとを区別していること、そして学術的著作や論評に対して伝統的にフェアユースという形で自由を認めていること」に照らせば、修正第一条の保護は「すでに著作権法の体系内に組み込まれているといえる」と判示した。サンドラ・デイ・オコナー判事は法廷意見のなかで、「私たちはニュースの拡散を急ぐあまり、著作権法の起草者が著作権それ自体を、自由な表現をうながすエンジンとして意図していたことを忘れてはならない」と指摘している。

著作権の適切な範囲をめぐる現在の議論と、裁判所や議会がそれを解決できるかどうかが予測不可能であることは、悲痛な驚きを生む。驚きの一つに、著作権侵害が犯罪になりうるという点がある。グルーチョ・マルクスも驚いたにちがいない。一九三八年、カリフォルニア州の第九巡回区控訴裁判所は、「ディブルとダブルのハリウッド・アドベンチャー」という著作権で保護された脚本をもとにした寸劇をラジオで放送したマルクスを有罪とした（原判決を維持）。マルクスは事前に作者からこの脚本を提出されていたにもかかわらず、使用許諾をとっていなかった。一九九二年、海賊行為という犯罪をさらに効果的に防ぐために、議会は、著作権侵害罪を軽罪から最高で五年の懲役が科せられる重罪に格上げした。

著作権の適切な保護範囲について、楽観論者と悲観論者の見解は一致しないだろうが、広く一般大衆への普及を目的とした相当数の作品の創作と流通をうながすためには一定程度の保護が必要だという点で、両者は一致している。しかし、著作権がインセンティブとして事実上必要でないと証明された場合はどうだろうか。これは、ハーバード・ロースクールの三二歳の助教授が一九七〇年に権威あるハーバード・ローレビューに発表した初めての論文「著作権擁護論の動揺（The Uneasy Case for Copyright）」で論じた過激な問いである。スティーヴン・ブライヤーの論文――後に彼は、この論文でハーバード大学における終身在職権を得ることになる――は、二〇〇年にわたり米国著作権法を支えてきた道徳上および経済上の主張を排除しようとする試みにほかならない（その二三年後、ブライヤーは裁判官に転じ、複数の裁判所で裁判官を務めた後、一〇八人目の連邦最高裁判所判事に就任した）。

ブライヤー教授は重大な局面でこの論文を発表した。なぜなら、その時期に議会と裁判所は、著作権をめぐる新たな争点、つまりコピー機、家庭用オーディオテープ・ビデオテープ装置、コンピュータなどの新技術によるコピーを著作権の規律対象とすべきかという問題に取り組もうとしていたからである。著作権が直面しつつあった技術上の大きな混乱にこの論文がどのような意味をもつのかについては、タイトルを読んだだけではよくわからないとしても、「書籍、複写、コンピュータ・プログラムにおける著作権の研究」という副題を読めば明らかになる。

論文の前半でブライヤーは、著作権の楽観論者が著作権の根拠としてしばしば援用する自然権を批判した。作者にはその作品が社会に対してもつ価値に応じて報酬が支払われるべきだという主張に対し、ブライヤーは、「自分が生み出したものの総価値に近い給与を受け取っている労働者などほとんどいない」と指摘した。そして、本来的にこの点について不道徳な要素はなにもないと述べ、その理由として、労働者の努力の価値とそれに対して支払われる金額との差が製品のより安い価格というかたちで消費者に還元される点を挙げた。したがってブライヤーは、作品はその作者の財産だという「直観的で分析されていない感覚」を否定した。「私たちは日常的に、財産権を創出しているわけでも修正しているわけでもないし、ましてや費やされた労力のみに基づいて報酬を与えているわけでもない」。

まちがいなくブライヤーの論文の核心は、全七〇頁のうちの六〇頁を占めるデータと分析にあった。そしてその部分で彼は、米国著作権法の経済的前提、すなわち、創作作品を生産し、流通させるためのインセンティブとして著作権は必要であるという点に問題を提起した。彼がおこなった経済上の主張のうち、次の二つが特徴的である。まず、著作権がない場合でも、オリジナルの出版社は海賊版よりも価格の安い「対抗版（fighting edition）」の発売を匂わすことで、海賊版の出版を阻止できるという主張である。そしてもう一つは、オリジナルの出版社が負担する出版費用よりも海賊版の出版費用の方が安いものの、オリジナルの出版社にはその費用を回収できるだけの市場先行のアドバンテージがあるという主張である。ブライヤーの概算では、「海賊版を出そうとする場合、本を選定し、印刷し、それを小売店で販売するまでに六週間から八週間かかる。それだけの時間があれば、オリジナルの出版社は小売店にかなりの在庫を提供することができる。価格差が一ドル未満であれば、多くの小売店や顧客は廉価版の発売まで購入を控えないだろう。なぜなら、ハードカバーのファンは価格の引き下げになかなか反応しないと思われるからである。結局のところ、彼らは値段の安いペーパーバックが発売されるまで待とうとはしないだろう」。

ブライヤーの論文は、著作権専門の弁護士をざわつかせた。歴史的に立法府は、責任の境界線をどこに引くかを問題にするだけで、著作権の必要性については無条件に受け入れてきた。議会の委員会は、そのような状況でブライヤーのマニフェストを手に入れたら、著作権に対して不確実な結果をもたらす立法上の議論を始めるかもしれない。裁判所は、原告と被告の主張が拮抗する著作権訴訟で被告に有利な判断を下すかもしれない。なにより彼らが不安に感じたのは、ブライヤーが提起した問題が書籍の著作権にとどまらない点である。映画、録音、雑誌の世界でも著作権は不要なのか。著作権は映画やレコードの家庭内でのコピーを禁止すべきなのか。図書館での資料の複写はどうか。古今東西、著作権専門の法律家のあいだで議論の的になったのは、ただ一つ、スティーヴン・ブライヤーの疑問にどう答えればいいのか、そしてそれに答えるのは誰か、ということであった。

結局、その役目は、カリフォルニア大学ロサンゼルス校ロースクール三年生のバリー・タイアーマンが同校の紀要に掲載した論文で果たすことになった。オリジナルの出版社は「対抗版」の出版をちらつかせることで海賊版を排除できるというブライヤーの主張は、タイアーマンの実感にそぐわなかった。「海賊版業者を排除し、かつ経済的にもペイできるように、出版にかかる費用を大幅に下回る価格で本を売ることなど、何回もできるものではない。対抗版の出版にかかる費用は、他の書物で得た余剰利益で賄えばいいというのでは答えにならない」。タイアーマンによれば、書籍市場は参入が容易であり、一冊でもヒットが出ればたちまち競争にさらされる。「ある本を最初に出版した出版社が、同一タイトルの書籍との競争にさらされることなく利益を上げ、それによって別の本の『対抗版』の制作販売費用を賄うことができるような安全な場所などどこにもないだろう」。

タイアーマンは、ブライヤーのもう一つの主張にも反論しなければならなかった。すなわち、著作権がなければ、オリジナルの出版社が本を出版する場合よりも安い費用で海賊版業者が本を出版できるとしても、オリジナルの出版社には、制作費を回収できるだけの市場先行のアドバンテージがあるという主張である。この主張に対するタイアーマンの反論も、これまた単純かつ現実的なものだった。なぜ、無許可で出版される海賊版がより高価なハードカバーではなくペーパーバックであると仮定すべきなのか。また、いずれにせよ、競合する違法なコピーは、出版社が意図的に発売を遅らせる正規の廉価版よりも早く市場に出回ることになるだろう。「書籍の消費者が価格に鈍感だという主張はおおよそ見当違いである。なぜなら、ほとんどの書籍に関して小売市場の性質を事実上決定しているのは、たいてい、一般消費者ではなく、(集団全体としては消費者よりも価格に敏感な)流通業者だからである」。

ブライヤーの分析に対する批判はこれだけにとどまらなかった。著作権なしに制作される本の数量を重視するあまり、ブライヤーは、著作権がないことが書物の質におよぼす影響を見過ごしていたのである。出版社はできることなら自分たちが出版するすべての本をヒットさせたいと思っている。しかし、未来を百パーセント予測することはできない。そこで出版社は、いくつかの本がヒットすれば、その売上げでヒットしなかった本の赤字を埋め合わせることができると考えて、数多くの本に投資するのである。著作権のない世界では、模倣者にはシグナル・アドバンテージがある。つまり、模倣者は売れている本だけを選んでコピーすることができ、その結果、正規の出版社は売れない作品の赤字を売れている作品の利益で埋め合わせることが困難となるのである。

両者の議論は、ブライヤーが短い応答を出したことで終わった。そのなかでブライヤーが当初の大胆な問題提起を早々と撤回したからだ。「タイアーマンが明らかに認めているように、重要なのは著作権を廃止すべきかどうかではない。著作権の厳格さを修正すべきか、修正すべきであるならばどのように修正すべきか、ということである」。明らかにブライヤーは急進的な主張を放棄し、著作権の悲観論者に加わった。それから五〇年近くが過ぎ、議論の中心がインターネットに移ると、ブライヤーはやや楽観論寄りになった。三名の裁判官が反対を表明した事件で、最高裁の多数派を代表して法廷意見を執筆した彼は、被告によるテレビ番組の実演〔送信〕は公衆に対するものであって、個人的なものではなく、したがって公の実演として著作権の規律対象となると判示した。

米国以外のほとんどの国の著作権専門の法律家であれば、ブライヤーの当初の論文とそれに対する応答を奇異に感じただろう。欧州、アジア、ラテンアメリカの諸国は、多くの点で米国と同様の体裁と機能を有する著作権法がある。しかし、米国、英国、旧大英帝国の構成国の著作権法とは異なり、これらの国の著作権法は、ブライヤーが「直観的で分析されていない感覚」と一蹴した、作品はその作者の財産であるという自然権に基づく哲学に堂々とその根拠をおいている。これらの国において、作者の作品は、作者の財産であるだけでなく、作者の人格が具体化されたものにほかならない。こうした諸国では、作者は道徳上、自らの労働の産物を支配する権利を有すると強く信じられているため、立法者が米国のような著作権をめぐる楽観論と悲観論の議論に興じることはないだろう。

米国とその他多くの国の著作権法のあいだには、前提や運用上の詳細に違いがあるため、自らの作品を海外で販売しようとする米国の著作権者の試みは時に煩雑になる。なぜなら、著作権は属地的なものだからである。米国人の作品がドイツでコピーされた場合、その行為が著作権侵害にあたるのか、また著作権者は補償を受け取る権利を有するのか、といった判断はドイツ法に基づいておこなわれる。ドイツと米国では著作権法が異なるため、米国の著作権者は、米国でコントロールできないような自らの作品の利用をドイツではコントロールできるかもしれないし、その逆も考えられる。

世界中の国は、多国間条約を締結することで、異なる法制度の対立を緩和しようとしてきた。しかし、著作権条約を締結していない国や、条約上の義務の履行を拒否している国では、他国の作家にとってこうした条約はなんの役にも立たない。一九八六年以降、ロシアでは、アガサ・クリスティのミステリー小説の翻訳版が五〇〇〇万部以上売れたといわれているが、クリスティの遺産管理団体にも、もとの出版社にも、ほとんどロイヤルティは支払われていない。ロシアの出版社フドージェストヴェンナヤ・リテラトゥーラは、『風と共に去りぬ』の続編として公認されている『スカーレット』をロシア語に翻訳する権利を得るために、マーガレット・ミッチェルの遺産管理団体に莫大な金額を前払いしたが、サンクトペテルブルグやハバロフスク、ノボシビルスクで海賊版が売り出されることをまったく予測していなかった。だが、実際には海賊版が売り出されたのである。

まるでパッチワークのような世界の著作権の状況が、一世紀以上のあいだ、著作権の実務を複雑にしている。これに加えて、情報や娯楽をめぐる新しい技術の爆発的な増加はいっそう深刻な混乱を招くだろう。デジタル形式で作品を保存・伝送する技術によって大きく変わる市場もあれば、まったく影響を受けない市場もあるだろう（学者はたびたび紙の書籍の消滅を予測しているが、彼らの予測は当たらないだろう。というのも、書店と出版本の数は、この五〇年で四倍になったからである）。長いあいだ、作者と読者とのあいだを取り持ってきた著作権は、新たな情報・娯楽環境がもたらす挑戦に対応できるのだろうか。

当初から著作権は技術の産物であった。印刷機が発明されるまで、著作権は必要なかった。しかし、活字のおかげで文学は誰の手にも行き渡るようになり、出版に際して、一握りの王侯貴族や単に経済力のあるパトロンの趣向よりも、大衆消費者の積年の需要が重要になったため、商業的に消費者と作家・出版社をつなぐための法制度が必要になった。その答えが著作権だった。それから数世紀を経て、写真、レコード、映画、ビデオデッキ、CD、DVD、コンピュータ、インターネットが登場したことで、機械的または電子的に複製された娯楽や情報の市場は急拡大し、これら市場の整備において著作権が果たす役割も増大した。しかし、インターネットのおかげで急速な進歩を遂げたこれらの技術こそ、今日、著作権がその役割を果たしうるかどうかの試金石になっている。

娯楽や情報にアクセスできる素晴らしい手段がすでに私たちの手の届くところにある。天空のジュークボックスである。何千マイル上空の軌道を周回する最先端技術を搭載した人工衛星のかたちをとるにせよ、地球上でケーブルや光ファイバーや電話線でつながれた装置のかたちをとるにせよ、これらの天空のジュークボックスのおかげで、何億もの人たちが膨大な数の映画や音楽や図書にアクセスすることができる。しかも契約者は電子端末を使って指令を出すだけで、手持ちのコンピュータやテレビの画面に見たい情報が映し出されるのである。ただいま深夜二時、ハイデラバードに住むある契約者は『ケープ・フィアー』という映画が見たくなった。ロバート・ミッチャム、グレゴリー・ペック、ポリー・バーゲンが出演した一九六二年のオリジナル版と、ロバート・デ・ニーロ、ニック・ノルティ、ジェシカ・ラングが出演した一九九一年のリメーク版のどちらを見ようか。彼が一方を選択したとたん、まるでその場所にいるような臨場感で音が響き渡り、映像がモニターに映し出される。

こうしたサービスが無料というわけにはいかない。天空のジュークボックスを使用するためには月額料金を払うことになるだろう。その支払い方法は、電話のように加入者に請求書が送られてくることもあれば、加入者の銀行口座やクレジットカードと紐付けられて加入者の口座から自動的に引き落とされることもあろう。あるいは、使用するたびに料金が課せられるかもしれない。価格はさらに細かく設定することもできる。電話の場合、請求額は使用時間と使用時間帯によって決まるが、天空のジュークボックスの場合、選択された作品の価値に応じて請求額を決めることもできるだろう。たとえば、一九六二年版の『ケープ・フィアー』は二ドル、一九九一年版は五ドルというように、需要に応じて価格を設定することができる。また、このサービスが加入者の娯楽に対する好みを把握している場合、その情報に基づいて、加入者に新作の公開を知らせるだけでなく、加入者自身が払う意思があると明らかにした価格を当該加入者に請求することもできるだろう。

一九六〇年代に入ると、高速コピー機や安価なカセットデッキ・ビデオデッキが登場し、作品の価値をその制作者に還元するという著作権の機能が脅かされるようになった。図書館から借りた学術雑誌から掲載論文を無料でコピーできるようになると、学術雑誌の定期購読者は減少した。放送された音楽や映画を家庭で録音・録画することで、レコード店やレンタルビデオショップ、映画館に行く機会を減らせるようになった。二〇世紀末にはインターネット技術が最大の脅威となった。一八歳の若者が発明したファイル共有サービスのナップスターは、自己の作品をコントロールできなくなるという著作権者の深刻な懸念を象徴する存在となった。二一世紀に入って二〇年が経過した現在、海賊行為は依然として横行しているものの、ウィキペディアなどの完全に合法的なサービスも広がってきている。そのため、著作権を保有する企業にとっては、いかにして無料のサービスに打ち勝つかということが死活問題となった。

少なくとも著作権楽観論者にとって、天空のジュークボックスのメリットの一つは、ユーザーが映画や音楽を無断でコピーした場合に著作権者が被る、と楽観論者が考えている損失を解消できる点にある。つまり、天空のジュークボックスでは、映画、楽曲データ、書籍、雑誌、新聞記事といったあらかじめデータとして記録された作品を提供し、それが使用されるたびに電子的に課金するシステムになるため、著作権者には自身の作品が選定されるたびに報酬が入ることになる。視聴者が増え、配信費用が安くなると、これらの作品にアクセスする際の価格はアナログ商品の価格を大きく下回るはずである。したがって、天空のジュークボックスでいつでも好きな作品を入手できることを知っているユーザーは、テレビやラジオから、あるいはインターネットからでも、作品をコピーする必要がなくなるだろう。

しかし歴史的に見ると、議会と裁判所は、著作権の適用範囲を家庭という私的な領域にまで拡大することに消極的な態度をとってきた。この公私の区別が貫かれ、天空のジュークボックス技術に対応できない場合、著作権のインテグリティが脅かされるおそれがある。シャワーを浴びながらヒット曲を口ずさむ人は、著作権で禁止されているのはその曲を公に実演する場合だけなので、自宅であれば、あるいは少なくとも「家族や社会的な知人のあいだ」であれば、歌を口ずさんでも著作権侵害にはならないとわかってほっとするだろう。しかし、天空のジュークボックスという手段によって享受されている実演は、家庭という私的な領域でも起こりうる。こうした実演が無断でおこなわれる場合、裁判所は著作権の侵害と判断するのだろうか。もし判断しないとすれば、著作権者は自らの作品がもつ価値の大部分を失うことになる。

著作権の範囲を私的使用にまで拡大したとしても、権利の執行が効果的になされるという保証はない。書籍・音楽の出版社および映画・レコードのプロデューサーは、著作権がこの新しいデジタル環境における自分たちの投資を保護してくれるのかという点について、当然ながら警戒のまなざしを向けている。作品をオンライン上で提供すれば新たな収益が約束されるが、はたしてそれは失った収益を相殺できるほどのものなのだろうか(人気ストリーミングサービスのネットフリックスでは、映画館でヒット作品を見る場合のチケット一枚分の値段よりも安い月額料金で、何千本もの映画やテレビ番組が見放題になる)。また、作品をデジタル環境で提供する場合、それらの作品には著作権のコントロールがおよばなくなってしまうのだろうか。しかし、作品の提供をオフラインに限るとすれば、重要なオンライン市場をライバルに明け渡すことになってしまう。

他のデジタル技術も、著作権、さらには作者という概念そのものの存在を脅かしている。デジタルサンプリング技術(コンピュータ上で音をデジタルコードに変換し、一つの音符にまで分解する技術)を使えば、初期のビートルズの録音からポール・マッカートニーの歌声を取り出し、実際に彼に歌ってもらうことなしにリゴレットのアリアを歌わせることができる(エイカフ＝ローズの専門家の一人は、事実審理において、ツー・ライヴ・クルーがオービソンの歌った「オー・プリティ・ウーマン」の一部をサンプリングした可能性があると証言した)。五〇年前の古い白黒映画から、ハンフリー・ボガート、ジェームズ・キャグニー、グルーチョ・マルクスの動画を取り出し、それをカラー化したうえで、それぞれの映画の相手役を主演としたコマーシャルフィルムの一部として使ってもまったく違和感はない。このように細分化され変化し続ける環境のなかで、著作権者の権利はどこで始まり、どこで終わるのだろうか。

コンピュータ技術の向上によって、一つの作品をデジタルな断片に分解し、同じく細分化された他の作品やデータベースと組み合わせることができるようになった。このことは、作者が自分の作品をデジタルなデータベースに入れた場合、その作品は、どんなものができあがるか予測もつかないほどサンプリングされ、並び替えられ、組み替えられることで、原型をとどめないまでに変わってしまうことを意味する。映画監督は現在でも、自身の白黒映画を映画会社がカラー化したり、放送局が映画の画像を家庭用テレビの画面におさまるように「パン・アンド・スキャン」したり、放送時間枠におさまるように編集することに文句を言う。デジタルサンプリングによって作品がぶつ切りにされ、ユーザーがそれを自由に組み替えてまったくちがう形態の作品を作り上げることができるようになったら、どうなってしまうだろうか。

もっと遠い未来では、人工知能が私たち人間にかわって情報を提供し楽しませるような製品を生み出し、しかもそれがテレビやノートパソコンの画面上だけでなく、人工の仮想世界でもおこなわれるようになるだろう。現在はコンピュータで天気図や事業概要が作成されているが、さらに高性能の製品も作成できるようになり、しかもそれらの製品は、プログラムを稼働させるために必要な電気代しか生産コストがかからないという日がくるかもしれない。デジタル環境における他の多くの製品と同じく、コンピュータによって創り出された作品は、従来の著作権の前提を覆す。人工知能によって引き起こされる著作権法上の問題について話し合うためにスタンフォード大学で開催された国際会議で、世界知的所有権機関(WIPO)の事務局長はこう問いかけた。「誰が、どの作品の、作者なのでしょうか」。

天空のジュークボックスが著作権者に与える、お金を払う聴衆と払わない聴衆とを区別する権限は、楽観論者にはありがたい恩恵のように思えるだろう。しかし社会にとってそれは悪夢になりうる。いまや消費者は、日々の情報や娯楽のほとんどを、民放テレビ・ラジオ、新聞に加え、インターネット上のプラットフォームから、「無料で」、あるいは少なくとも実費よりもはるかに安い価格で手に入れている。それは、こうした媒体が商業広告から収益の大半を得ているからである。天空のジュークボックスでは、お金を払う余裕と意思のある人たちにとっては娯楽と情報の量が明らかに増えていく反面、お金を払う余裕も意思もない人たちにとっては、おそらくその量は減っていくだろう。金銭的に貧しく、しかも減り続けている視聴者層にしか届かないテレビの放送時間やインターネット上の広告枠のために、広告主はこれからもお金を払い続けようと思うだろうか。

技術変化が加速するにつれ、議会は著作権法をその変化に対応させることができずにいるように思われる。米国で最初の著作権法が制定されてから二世紀が過ぎた。この間、議会はたいてい二〇年近い遅れをとりつつも、最初は写真、その後はレコード、映画、ラジオ、テレビ、ケーブルテレビと、新たな技術に追いつこうとしてきた。しかし、カセットデッキ、ビデオデッキ、パソコン、CDを焼くためのドライブ、そして現在のインターネットと、その後の新技術が世界中に普及するにつれて、それらを著作権の管理下におくという考えは政治的に受け入れがたいものになっている。上院著作権小委員会の元メンバーは、議会では「全会一致原則」が採られているため、著作権侵害の責任を課そうとする提案がすでに定着している消費者の習慣に混乱をもたらす場合には、議会に助けを求めるべきではないと警告を発した。一九八四年に米国著作権局と上下両院の関連小委員会委員長が企画した著作権と新技術に関するシンポジウムで、ある講演者は次のように述べた。「最先端の技術に取り組むつもりなら、その刃先が当たらないように後方に下がっておくことが最も重要だ」。その一年後、下院知的財産小委員会の委員長はこの見解を支持した。

著作権者は日頃から、連邦裁判所、とりわけ最高裁判所が自分たちを新技術がもたらす脅威から守ってくれるものと期待している。議会が新技術を用いた著作物の利用を著作権の適用範囲に含めるのに二〇年かかるとするならば、おそらく最高裁は、自分たちであればより迅速に、既存の著作権法の解釈によって新たな利用を著作権の適用範囲に含めることができると確信するだろう。しかし、わずかな例外（なかでも最も有名なのは数十年前のオリバー・ウェンデル・ホームズ・ジュニアの意見）を除いて、最高裁は、著作権というコップにはまだ半分しか水が入っていないという見方ではなく、著作権というコップの半分は空でいいという態度をとっている。

上告されたプリティ・ウーマン事件について最高裁が口頭弁論の開催を決定したことは、多くの最高裁ウォッチャーを驚かせた。最高裁が著作権に関する上告を一年間に複数件受理することは稀であり、しかもエイカフ＝ローズとツー・ライヴ・クルーとの訴訟には最高裁が検討事項とする法律問題はなにもないように思われた。しかしどうやら裁判官たちは、「ミー・ソー・ホーニー」と「マイ・セブン・ビゾス」というトラックに挟まれたあの曲に大きな問題が潜んでいることに気づいたのである。

一九九四年三月、最高裁は、エイカフ＝ローズの勝訴とした控訴審判決を全員一致で覆した。法廷意見を執筆したデイヴィッド・スーター判事は、ツー・ライヴ・クルーのアルバムのヒットがフェアユースの抗弁を排除するとの考えを明確に否定した。結局のところ、商業主義は著作権の信条なのである。ニュース報道、論評、批評というフェアユースの伝統的な文脈は、すべて利益を目的としておこなわれるのが一般的である。さらに重要なのは、パロディが新たに作品を創り出すためにオリジナルを改変する「変容的利用」だという点である。「学術および技芸を促進するという著作権法の目標は、通常、変容的作品の創作によって実現される」。つまりスーター判事は、著作権の原則を芸術上の優れた実践に適応させようとしたのである。一八世紀の作曲家であり音楽理論家でもあるヨハン・マッテゾンは、旋律の発明についてかつて次のように考察した。「借用は、許される行為である。ただし、借りたものは利子をつけて返さなければならない。つまり、借用元の作品をアレンジし、それよりも見栄えのいい優れた模倣作品を完成させなければならないのである」。

一五〇年前のジョージ・ワシントンの書簡をめぐる訴訟でストーリー判事が法の形而上学について思索を巡らせて以降、著作権が触れる世界は劇的に変化した。もとの本と一言一句ちがわない複写本を作成した者に加え、英語で書かれた小説をロシア語に翻訳したり、物語を映画化したり、ヒット曲のパロディをレコーディングしたり、デジタルデータベースからさまざまな要素をサンプリングするなど、他人の作品に自らの創作性を加える、以前よりも創造的な模倣者——自らの能力を発揮する作者——が現われた。印刷機の技術に加え、言葉や画像や音声をコピーし、保存し、操作するための優れた新しい機械が登場した。そのおかげで、誰もが自分自身の作品の作者や監督、出版者、あるいは映画プロデューサーになることができるようになった。

しかし、著作権の形而上学の難問は相変わらず解けないままである。著作権は、創造的な作者どうしが生み出す競合する作品間のどこで線を引くべきなのか。著作権の形而下学もまた、絶えず変化しており難解なままである。立法者や裁判所は、著作権というコップにまだ半分しか水が入っていないと考えるべきなのか、それとも、著作権のコップの半分は空でいいと考えるべきなのか。

著作権は、時に時代の変化に翻弄されながら、しかし同時に情報・娯楽市場を築き上げたほぼ三世紀の歴史がもつ揺るぎない力を発揮しながら、国内および世界におけるこうした逆流の中を果敢に進んでいる。契約、不法行為、犯罪など、他のもっと身近な法分野は、著作権よりもさらに歴史は長いものの、国家の文化をくまなく規律し、作者の自律性の維持に寄与するという点において、著作権ほど特別な地位を占めるものはない。著作権は他に例をみない権利である。需要と供給、創作者と消費者、そして作者とファンをつなぐために、著作権は、制作者に対し、自らの作品を顧客に提供するために必要な法的手段を与える。

本書は、著作権についての書である。本書では、著作権が支えている情報・娯楽世界に目を向ける。また、古くからある技術とともに、創造的な精神と調和しながら、この環境を劇的に変えると期待される新しい技術に光を当てる。そして、創造性が今後も繁栄し続けるために、米国を含む世界各国が下さなければならない決断について取り上げる。著作権はこうした責務を果たすことができるのだろうか。

その手がかりを与えてくれるのは、歴史である。

第2章

著作権思想史

THE HISTORY OF AN IDEA

活版印刷から天空のジュークボックスにいたるまで、著作権と新しい技術との出会いはいつも立法者に難しい選択を迫ってきた。すなわち、著作権を拡大して著者や出版者が市場で作品の対価を獲得できるようにするか、あるいは著作権を与えず、人びとが作品のコピーを無料で享受できるようにするか、である。著作権とは、消費者がコピーに対してお金を払うことになる、あらゆる市場に対する当然の権利を、その作品を生み出した者に与える、という著作者の権利のことだろうか。あるいは著作権は、利用者がお金を払わなければ、新たな作品を生み出し出版するインセンティブがなくなってしまうだろうということを著者やその出版者が証明できない限り、無料でコピーを享受する権利を与える、という利用者の権利のことだろうか。

約三世紀にわたって、立法、司法、学説はこれらの根本的な問題を解決してこなかった。米国連邦議会は、新たな情報技術の発明を、著作権のコップをさらに別の法的権利で満たす機会になるととらえることもあれば、新たな市場を著作権法の対象とすることを拒否することもある。裁判官も同様にアンビバレントである。議会の意図が不明確な場合、新たな技術をカバーするため連邦著作権法を拡張して解釈する裁判官もいれば、古い制定法の文言に厳密に従って解釈する裁判官もいる。法学者もまたしかりであって、「高保護主義者」もいれば「低保護主義者」もいる（これらの言葉には軽蔑的な意味がこもっていて、決して褒め言葉ではない。学者はこれらのレッテルを対立する相手に貼るのであって、自分自身に貼ることはない）。

著作権は、芸術や文学への欲求、自由市場へのコミットメント、言論の自由の伝統など、相反する文化的、経済的、政治的価値に直接かかわるものである。著作権法の行方をめぐる議論に魅了された文学者はあとを絶たない。たとえば、ジョン・ミルトンは『アレオパジティカ』で政府の検閲を激しく非難しつつも著作権を支持した。エドマンド・バークとオリバー・ゴールドスミスは、時間の都合をつけて、著作権の射程が問題になった最初の大事件が係争中だった貴族院での議論を傍聴した。ジョン・ハーシーはコンピュータ・プログラムを著作権の範囲に含むことを提案した米国議会の委員会報告書に激しく反対した。著作権の対立をめぐり、偉大な裁判官も洞察力に満ちた見解を述べた。マンスフィールド卿は強固な著作権を主張した。またオリバー・ウェンデル・ホームズ・ジュニアは数々の優れた法廷意見を書き、古くて硬直した一九世紀の著作権を、二〇世紀の技術発展にともなう緊張に対応できる開放的で柔軟な理論に変えた。

こうした交唱には長い歴史がある。著作権の拡張主義者の主張には、著者から労働の報酬を奪うことや、後から来た人に自ら種を蒔かなかった部分を刈り取るのを許すのは不当であるという倫理的な感覚が背景にある。しかし著作権の低保護主義者もまた正義に基づいて主張をしている。なぜ作家は執筆に必要な額以上のお金を受け取るべきなのか、と。それ以上の報酬はみな、読者のために書籍の価格を下げるといったかたちで分かちあうのが望ましい、ある種の臨時収入である。さらに、作家はみな必ず先人の作品や伝統を利用している、したがって他人から借用しているのだから、収益の一部を次の世代の人びとに分け与えるべきだ、と。

著者の保護を求める道徳的な衝動には、著作権よりもずっと長い歴史がある。ローマの詩人マルティアリスは、自らの作品を許諾なく朗読することを児童誘拐（plagium）であるとして非難したが、これはたしかに、著者とその作品が強い絆で結ばれていると彼が考えていたことを示すエピソードにほかならない（裁判所は今日においても著作権侵害を剽窃（plagiarism）であると表現することがあるが、この言葉はまさしくマルティアリスが言わんとしていたこと、つまり「他人の作品を自分の作品と偽ること」を意味している）。伝えられるところによれば、六世紀に修道士コロンバが大修道院長フィニアンの作である詩篇をひそかに写したところ、ディルムッド王は「仔牛は母牛のもの、写しはその書物のもの」と述べて、その無許諾の写しをフィニアンに引き渡すよう命じたという。

活版印刷が登場するまで、これらの道徳的な主張がなされることはほとんどなかった。著者の原稿を手書きで書き写す剽窃者は、原本を書いた著者や書記と同じだけの肉体的な労働をしなければならず、したがって海賊版を作るコスト的なメリットはほとんどなかった。しかし、活版印刷やその後の印刷技術の向上によって、著述業の経済は劇的に変化した。コピーが安くなるということはより多くの人に読んでもらえることであり、読者の増加は相対的により多くの収益をあげる見通しをもたらした。印刷のコストが下がるにつれ、各コピーの文学的内容の相対的価値が高まった。そうしてはじめて、著者の才能の価値が写本家の労力のコストを上回ることができたのである。計算は簡単で、公衆が支払うことになる金額からコピーの製造・流通コストを差し引いた残りが著者の貢献の価値である。

活版印刷は、著作権という概念が発明される何世紀も前に、著述作品に対する道徳的・経済的主張のバランスを取り返しのつかないほど変えてしまった。また活版印刷は、著作権法の核心をつく問題を提起した。新しく扉が開かれた文学作品の宝庫の分け前に与る権利を誰が有するべきか。テキストを生み出した著者か？　テキストのコピーが印刷・頒布のコストを返済するのに見合うだけの読者を永遠に得られないかもしれないというリスクを引き受けた出版者か？　あるいは、著者や出版者に対価が支払われたのちに、書籍の価格を下げるというかたちで、公衆が分け前に与るのか？　また、この価値を最初に開放した機械的発明である活版印刷を発明した天才にはなにかあるのだろうか？（一六世紀後半から、印刷機のような機械装置に対する王室特許によって、発明者に自らの発明が生み出した価値を共有する機会が事実上与えられた。）

英国では、二世紀近くにわたって、これらの競合する権原は政治的および経済的理由から王室によって厳格に割り当てられていた。文芸作品や政治的言説の流布に統制をきかせなければ、反政府的な活動を招くおそれがあった。また他の新興産業と同様に、印刷は王室に新たな収入源と利益をもたらした。「勅許」と呼ばれる、特定の文芸作品、法律書、教育書を印刷する排他的権利を、特定の書籍商に与えることで、英国の君主は王室に対する継続的な忠誠心と収入を獲得することができた。

しかし印刷勅許は、その所有者にとってどんなに重要だとしても、国民経済への影響は小さかった。おそらく、印刷勅許は取るに足らないとみられたために、一六世紀後半から一七世紀前半にかけて生じた、塩、でんぷん、酢のような他の王室特許に対する大規模な議会および司法の攻撃も受けなかったのである(技術的な発明に対する特許も猛攻撃を切り抜け、近代特許法の先駆けになった)。印刷勅許が存続したもう一つの理由は、王室と書籍出版業組合のあいだでなされた巧妙な同盟関係によって、その後百年近くにわたって印刷の独占が続いたためである。

印刷技術が英国に入ってくるずっと前から、書籍出版業組合はロンドンで写字工、製本工、書籍商のギルドとして活動してきた。そして長い年月を経て、書籍出版業組合は、出版取引の秩序および利益の維持を目的とした緊密で強力なカルテルに成長したのである。一六世紀なかばには、組合の名簿では写字工にかわって印刷業者が名を連ね、組合は王室にかわって書籍の印刷、製本、販売を許可する権限の直接的な源泉となった。王室の最終的な許可が条件となる点を除けば、英国の印刷市場に対する書籍出版業組合の権力は絶大だった。組合員でない者は組合の同意を得ずに作品を出版することはできなかった――したがって事実上すべての英国の印刷業者は組合員となるよう仕向けられた。書籍出版業組合は問題のある作品を探し出し、押収し、破棄する権限を有していた。

書籍出版業組合の利権は永久的で、代々印刷業者に引き継がれていった。作家は組合に居場所がなく、海賊版に対して、自らの原稿の権利を主張する資格がなかった。書籍出版業者は著者からテキストを印刷頒布する権利を一括で買おうとするのが一般的だった。そして書籍出版業者だけが書籍を印刷することを認められていたため、著者の唯一の権利はそのテキストの最初の出版をコントロールする条件ひとつにかかっていた。法学者のレベッカ・カーティンによる一七世紀の書籍出版契約に関する研究では、これらの条件は二一世紀のあるベストセラー作家のために交渉された出版契約と同じくらい複雑だったことが明らかとなっている。ジョン・ミルトンが『失楽園』の出版に同意した際、彼は「前記サミュエル・サイモン、彼の遺言執行者および譲受人に、この度出版が許可された『失楽園』というタイトルの詩の書籍、コピーあるいは原稿といったもののすべてを譲渡し、権利を与える」という約束の一部として、「同一の文言あるいは主題の」別の原稿を出版しないという約束を盛り込んだ。

この約束で、「この度出版が許可された」とある。ここに、王室が政治的反論を絶え間なくコントロールするための鍵があった。印刷業者は出版の独占権を享受していた。しかし、特許検閲法や相次ぐ勅令、命令、布告の下で、印刷業者が出版することができたのは王室の許諾を受けた書籍だけであった。特許検閲法の下で、王室はどの作品の出版を認めるかを決定した。そして印刷勅許の下で、書籍出版業組合は、王室の許諾を受けた作品の無断コピーに関する取引だけでなく、王室の許諾を得ていない作品の取引も同様に禁止した。書籍出版業組合は出版を独占できることで経済的報酬を手にし、王室は彼らに独占を認める見返りに、書籍出版業組合から冷酷で効率的な検閲の執行者を得たのである。ミルトンが、王室の許可も書籍出版業組合の登録もなく出版された珍しい作品の一つである『アレオパジティカ』を書いた際、彼は王室の政治的意図と書籍出版業組合の商業的意図をはっきりと区別し、検閲を攻撃しつつも「(神がそれに反対されることは絶対にないものとして)各人が自己の作品のコピー数冊を正当に保持すること」を保証する規約の一部の妥当性を認めた。

特許検閲法は一六九四年に失効し、それとともに書籍出版業組合の独占の背後にある主要な制裁手段も効力を失った(一六九五年以降、王室は反対意見を取り締まるために文書扇動罪で刑事訴追するようになった)。書籍出版業組合は印刷市場に対する名目上の支配は維持していたが、最も有効な武器である、問題のある作品や印刷機を押収し破棄し、罰金を科す権限をすでに失っていた。出版業者に残された唯一の制裁は、法廷で損害賠償を請求することだった。そこで彼らは次のように訴えた。ある出版業者が、「自らが被る損害の一〇分の一、いや一〇〇分の一も立証する」ことは不可能である。「なぜなら、千部の海賊版が王国中の様々な人の手に渡っている可能性があり、そんななかでは一〇部売れるということも立証できないからである」。

検閲の範囲を拡大する取組みに何年も失敗を重ねたのち、書籍出版業組合は法的戦略を変えた。自分たちが失った利益にかわって、作家と読者の利益を前面に掲げるようになった。一七〇六年の初頭、書籍出版業組合は議会に請願書を提出し、容易に行使できる財産権の保護がなければ著者は新しい作品を執筆しないだろうと陳情した。三年にわたる熱心なロビー活動が効を奏し、世界で最初の著作権法である通称アン法が制定された(正式名称は「一定期間の間、印刷された書籍の複製権を著者またはその購入者に付与することで学問の奨励を図る法律」)。アン法は、著者、出版業者、そして読者のあいだの権利配分を劇的に変えた。文芸に関する財産権の行使を書籍出版業組合の独占から切り離すことで、アン法は文学およびアイデアのための自由市場を開放したのである。

アン法は書籍出版業組合の著作権を確認し、彼らが求めていた強制的な救済手段を与えた。その見返りに、アン法は出版業者が当初独占していた特権の一部を公衆および著者に再分配した。それまでの永久的な独占にかわって、著作権の保護期間は作品の出版から二八年間とされた。その期間を過ぎると、誰でもその作品をコピーすることができ、おそらく公衆に販売することもできただろう。議会はまた、二八年間の著作権を一四年ずつの期間に切り離し、著者が特定の作品の著作権をすべて出版業者に譲渡していたとしても、アン法で最初の一四年間が終了した時点で著者に著作権を返還し、二回目の一四年間の保護を享受できるようにした。アン法が画期的だったのは、書籍出版業組合の会員資格から著作権を切り離したことである。王国内にいる出版業者と同様に、作家も、組合の登録簿に作品を登録するだけで、作品の著作権を取得することができたのである。

すでに著作権を保有している作品には永久的な独占を認めてほしいという書籍出版業組合の請願に対し、議会は一つだけ譲歩して、アン法成立前に初版が出版された作品につき、一回限りの二一年間の著作権を与えた。一七二〇年代後半になり、それらの書籍の保護期間が終わりに近づくと、書籍商は再び議会に請願し、永久的な独占という快適な状況への回帰を求めた。これが議会にはねつけられると、彼らは英国の裁判所に訴訟を起こし、巧妙な法的主張をおこなった。そしてこの主張が、英国での、またその後米国での、今日にいたる著作権保護期間の論争を形作ることになるのである。

以前の議会での主張と同様に、法廷でも書籍出版業組合は、著者の道徳的請求権という点に論陣を張った。つまり、アン法の限られた著作権保護期間に閉じ込められない請求権がある、と彼らは主張したのである。英国のコモンローでは、農民に自らの不動産に対する永久的な権利を付与しており、これは農民が自らの労力を土壌に加えているという理論によるものだった。なぜコモンローは著者にも永久的な権利を付与しないのか、彼らも自らのアイデアを形にしたテキストにその労力を加えているというのに、と書籍出版業組合は主張した。著者が出版業者に原稿を売り渡すとき、彼は有形の原稿を売っているだけでなくその原稿の内容を出版するという別個の永久的な権利も売り渡している。この権利はアン法とはまったく別の権利であって、道徳的な強制力をもつ、生涯存続する自然権であるというのだ。

出版業者は理論だけでなく戦略も有していた。その戦略とは、出版業者のうち一社が、コモンロー上の著作権侵害を主張する訴訟を、差止命令の権限を有する英国の司法機関である大法官府裁判所に提起するというものだった。その出版業者は、ある作品にその著者から譲渡されたコモンロー上の著作権を有しており、被告が無許諾でその作品をコピーすれば、アン法とはまったく別に、この権利を侵害することになると主張するつもりだった。もしこの戦略が成功したら、大法官府裁判所は、事実関係と準拠法についての判断を下すまでの間、一時的に差止めを命ずることになっただろう。大法官府裁判所の判事が適用法に疑問を持った場合——書籍出版業組合の議論はどうみても斬新なものなので、きっと疑問をもつことになったはず——、判事はコモンロー裁判所に事件を委ねることになっただろう。

当初、大法官府裁判所から得られる暫定的な救済措置こそロンドンの出版業者が求めていたものだった。無許諾で書籍を印刷することを一時的に禁止されると、コモンロー裁判所で訴訟を提起するだけの資金もないので、無許諾で印刷をおこなっている印刷業者は手を引いた。しかし出版業者にはわかっていた。資金力のある印刷業者がこの問題をコモンロー裁判所で追及するのは時間の問題であり、永久的な権利の主張の運命はまったく不透明になると。そうなると貴族院への上告は避けられない。しかし書籍出版業組合としては、貴族院での裁判はなんとしてでも避けたかった。貴族院は一貫して、アン法における保護期間を延長しようとする書籍出版業組合の目論見に反対しており、書籍出版業組合には、永久的な権利に関する自分たちの新たな主張が法廷で温かく受け入れられると期待できる理由がなに一つなかったからである。

貴族院への上告の可能性を回避するために、書籍出版業組合は馴合訴訟というリスクの高い戦術に打って出た。そのからくりはこうである。彼らの一人であるトンソンという書籍商が、無許可だが協力的な印刷業者であるコリンズを相手取って、マンスフィールド卿の法廷に訴訟を起こす。卿が永久的な著作権を支持していることは、かつて彼がある裁判で書籍商の弁護を務めたことで広く知られていた。原告・被告双方の弁護士には書籍商から報酬が支払われることになっており、両者は、コモンロー上の永久的な権利の存在をめぐってそれぞれの主張をおこなうが、コリンズの弁護人は、トンソンの弁護人ほど強く依頼人を擁護しない。判決は海賊行為をおこなった者の敗訴となるが、敗訴当事者が貴族院に上告しないことはあらかじめ決まっている。こうして、トンソン対コリンズ事件という永久的な権利を確立した下級審判決が、英国の法として存在することになるという寸法だった。

しかし、たった一つの些細なことからこの見えすいた茶番は失敗に終わった。弁護士たちによる二回の弁論を経て、マンスフィールド卿はこの事件を大法廷での議論に回すことを命じた。その後、本件が再び議論される前に、判事たちは——どのように気づいたのかはわからないが——この訴訟が馴合訴訟だと気づき、訴訟を却下したのである。

一〇年後、書籍出版業組合はミラー対テイラー事件において、トンソン対コリンズ事件で求めていた判決を手に入れた。問題となった作品はジェームズ・トムソンの著名な叙事詩である『四季』で、トムソンは一七二九年に『四季』に関する著作権をロンドンの書籍商アンドリュー・ミラーに売却していた。一七六七年にはアン法に基づくこの詩の著作権が満了しており、ロバート・テイラーという書籍出版業組合員ではない書籍商が安価な競合版を発行した。ミラーは、トムソンが自分に売却した永久的なコモンローの権利が侵害されていると主張して訴訟を提起した。王座裁判所で問われた問題はまさに著作権の核心を突いていた。すなわち、社会は著者にその作品に対する排他的権利を与えるべきか？　もしそうなら、著者の権利は永久的であるべきか、それとも執筆活動が続けられるだけの収入が確保できる期間に限り認められるべきであって、その期間を過ぎれば、公衆がその作品の版を無制限に享受できるようにするべきなのか？

王座裁判所の判事たちは永久的な著作権のことを熟知していた。マンスフィールド卿は、大法官府裁判所に提起された初期の二つの訴訟で法廷弁護士としてロンドンの書籍商の代理人を務めたことがあっただけでなく、トンソン対コリンズ事件では首席判事も務めていた。論争に長け、優れたリーガルマインドの持ち主であったマンスフィールド卿は、王座裁判所において最も威圧的な存在であった。一二年間の法廷生活の中で、彼の意見に思い切って反対する裁判官はいなかった。彼に匹敵するであろう能力の持ち主ではあるものの、彼ほど舌鋒鋭くはないジョセフ・イェーツ判事は、マンスフィールド卿が首席判事を務めた第二次トンソン対コリンズ事件の弁論において、海賊版業者として訴えられたコリンズの法廷弁護士を務めた。

マンスフィールド卿は首席判事だったので、彼の意見は最後に述べられた。予想通り、彼は陪席裁判官であるアストン判事とウィルズ判事の意見に賛成し、コモンローにおいては永久的な著作権が存在し、アン法はその権利に取って代わるものでもなければ、その期間を制限するものでもないとした。マンスフィールド卿が自らの意見の根拠としたのは、物的・人的財産の基礎となる自然権の理論であった。

著者が自らの創意工夫および労力に対する金銭的利益を得るのは当然である。他者が著者の同意なしにその名前を使ってはならないのは当然である。いつ出版するか、あるいは出版するかどうかでさえも、著者が判断するのがふさわしい。出版の時期だけでなく方法、数量、何巻にするか、印刷方法なども著者が決めるのが適切である。印刷の精密さや正確さを誰の気配りに任せるか、同様の趣旨だが著者の論証とは異なる余計なものをこっそりテキストに挿入しないという誠実さを誰がもっていると信用すべきかについても、著者が決めるのが適切である。

マンスフィールド卿の立場からは、未公刊の著作に対する財産権の理論的根拠は『四季』のような公刊済みの作品にも同様に適用された。したがって彼はアン法がコモンローに取って代わったという主張をそっけなく退けた。

イェーツ判事は反対意見を述べ――これはマンスフィールド首席判事に対する初めての反対意見だった――自身の見解を三時間かけて詳しく説明した。イェーツ判事は、主張の力点を以下の点に置いていた。すなわち、文学作品、なかでも表現や情趣は、いったん手を離れてしまうと誰でも利用可能になってしまい、そのようなうつろいやすく、権利を主張する者の物理的な占有からすっかり外れてしまうようなものに所有権を付与することができるのか、という主張である。コモンロー上の権利は一筆の土地あるいは原稿の一ページに対する占有によって保障されるかもしれない。しかし原稿に表現された考えは物理的次元を持たないために、それらの考えは所有され得ず、コモンロー上の権利も保障しえない。作家には自分の作品を出版しないという選択肢がある。しかしいったん出版されれば、その作品は空気のように自由になる。「自発的に外に出した鳥を失ったとしても、それに文句を言うことはできないだろう?」。発明家がその発明に対して有する以上の権利を、なぜ著者は自分の思想に対して有するべきなのか?　活版印刷などの発明が特許法の保護範囲を超えては保護されないということは、誰もが認めるはずだ、とイェーツ判事は主張した。

イェーツ判事はミラー氏の権利に関する基本的な価値については異議を唱えなかった。「ある著者の労働によって、たしかに報酬を得るための権利が生じる。だからといって、そこから彼の報酬が無限で終わりのないものであるということにはならない」。議会は著者の財産権の範囲を定める法律を可決していて、「二八年間の独占を享受したあとで、原稿が彼自身の財産としてなお残っているならば」、著者が不公平を訴える理由はほとんどない。イェーツ判事はさらにマンスフィールド卿の自然権に基づく主張を覆した。作家の永久的な権利は、公衆の自然権を侵害しないのか?　「自分と家族を養うために合法的な職業に従事することは、すべての人の自然権である。印刷および書籍販売は合法的な職業である。したがって、これらの合法な職業に対する侵害となりうるあらゆる独占は、臣民の自由に対する圧力である」。

一七七〇年、大法官府裁判所は王座裁判所の判決に従い、テイラーの複製を禁止した。テイラーは貴族院に上告したが、書籍商はただちに和解に持ち込み事件を終結させた。ミラーは最終的な勝利を見る前に亡くなり、一七六九年、彼の相続人は、新たに確立された『四季』の永久的権利を印刷業者のグループに売却した。しかしその後、彼らはすぐに訴訟を始めることを余儀なくされたのである。

スコットランドの書籍商として羽振りのよかったアレクサンダー・ドナルドソンは、イングランドの書籍商からすでに二回訴えられていた。今回、王座裁判所や大法官府裁判所の判決にもめげず、貴族院の権威ある判決を目指し、判決を得るための資金を用意して、ドナルドソンは『四季』の海賊版を発行した。『四季』の正規出版業者であるトマス・ベケットは、救済を求めて大法官府裁判所に向かった。そして、ミラー対テイラー事件によって永久的なコモンロー上の権利が確立されていたので、大法官バサースト伯爵は差止めを認めた。ドナルドソンは貴族院に上告した。こうして、書籍商が最も恐れていた貴族院での裁判、つまりそもそも彼らが訴訟戦略を練るきっかけとなった将来予測がついに現実のものとなったのである。一七七四年二月四日から三週間にわたり、貴族院においてドナルドソン対ベケット事件の弁論が審理されたが、その審理には大きな関心が寄せられた。二月五日のモーニング・クロニクル紙は、「貴族院の法廷は……超満員であった」、そして「傍聴席には、エドモンド・バーク氏、ゴールドスミス博士、デイヴィッド・ギャリック氏をはじめとする文人たちの姿があった」と報道した。

貴族院の裁判官は、ドナルドソン対ベケット事件について自ら判決を下さなければならなかった。ただし慣行として、上告受理にあたり、一二名の著名なコモンロー裁判官に助言を求めることができた。貴族院の裁判官が彼らに尋ねた五つの質問の中に、最も重要な問題が含まれていた。それは、英国のコモンローが著者に自らの文芸作品に関する排他的権利を与え、出版しても彼らはこの権利を失わないとすると、アン法はその権利を廃止し、アン法による救済、権利行使の条件および権利保護期間に彼らを制約するものなのか、という質問であった。

この質問について、コモンロー裁判官の意見は分かれた。六人はアン法がコモンローにとってかわるものであるとし、五人はそうではないとした。マンスフィールド卿の一票で可否同数になると思われたが、彼は意見を表明しなかった。その理由は、「貴族院への上告がおこなわれた際に、ある貴族が自らの判決を支持するというのは、(問題が繊細であることをふまえると) 非常に異例なことである」というものであった。判例集編纂官は判事の投票を数え間違えたのかもしれない。というのも裁判官たちは実際には六対五、あるいは七対四で、コモンロー上の著作権はアン法があっても生き延びるという側に投票したという証拠があるからである。いずれにしても、この投票は助言にすぎなかった。最終的に、貴族院の投票は二二対一一でドナルドソンを支持し (マンスフィールド卿は再度投票を棄権している)、これが本件の判決となり、大法官府裁判所の差止めを覆した。

貴族院の判決から一週間も経たないうちに、出版業者は救済を求め議会に戻ってきた。判決では彼らが主張する永久的な著作権が否定されたため、出版業者はより切実な主張を展開した。出版業者はこれまで、譲り受けた著作権が永久に存続することを前提に、著者や他の書籍商にかなりの額の著作権料を払ってきた、その権利がいまや二八年に限定されたことで、出版業者はそうした取引の利益を失ってしまったのだ、と主張した。出版業者に有利な法案が庶民院で可決されたが、貴族院では否決された。マンスフィールド卿は (貴族院の議会に) 出席しなかった。

書籍出版業組合の目論見がどのような結果に終わったのかを知ることができていたならば、ジョセフ・イェーツ判事はきっと喜んだにちがいない。彼はミラー対テイラー事件から一年も経たないうちに下級裁判所裁判官への任命を受諾するために王座裁判所の職を辞任し、その数か月後に亡くなったからである。もし彼がマンスフィールド卿の著作権に関する最後の見解を聞くことができていたら、これも喜んだだろう。最後の見解で、自然権の偉大な擁護者であるマンスフィールド卿は、著作権では事実上私益と公益の繊細なバランスをとる必要があるという考えに同調していたのである。マンスフィールド卿は以下のように記した。「我々は、等しく不利益をもたらす二つの極論の一方に陥らないよう注意しなければならない。一つは、共同体への奉仕に時間を費やしてきた才能のある人びとが、正当な功績や才能および労力の報酬を奪われないようにすること、もう一つは、世界が向上する機会が奪われたり、芸術の進歩が妨げられたりしないようにすることである」。

米国における初期の著作権の発展は、二つの点でイングランドにおける著作権の発展と類似していた。すなわち、著作権法がアン法にならっていることと、コモンロー上の自然権が制定法のあとも生き延びるかという問題を扱った高等裁判所の裁判例があるという点である。しかし米国の著作権法を形成する原動力は英国のそれとは異なっていた。米国では、書籍商ではなく作家が、著作権法を形成する原動力となったのである。また、植民地の印刷機は王室の許可に服していたが、植民地にあるどの組織も、書籍取引をめぐる書籍出版業組合の独占に匹敵するものではなかった。最後に、米国の著作権をめぐる初期の論争を支配していたのは、ロンドンの独占業者と地方の海賊版出版業者との対立ではなく、国家権力と地方権力との対立であった。

州議会で最も声高に著作権を擁護したのが、ノア・ウェブスターという若き校長であった。彼が執筆した、最終的に七〇〇〇万部以上売り上げることになる『英語文法綱要』の利益を海賊版が吸い上げてしまうのを恐れて、ウェブスターは州議会を次々と回り、アン法のように米国のすべての作家を含む一般的な著作権法によって、あるいは少なくとも『英語文法綱要』に著作権を授けるような特別法によって、自らの書籍に著作権を与えるよう請願した。その他の著作権支持者、そのなかでもトマス・ペインやウェブスターのイェール大学時代の同級生であるジョエル・バーロウは、一般法の制定を目指してロビー活動を展開した。コネチカット州では一七八三年に合衆国初の著作権法である「文芸および才能の奨励のための」法律が制定された。一七八六年までに、一三州のうち一二州が著作権法を制定したが――デラウェア州だけは制定に抵抗した――、これらはいずれも包括的で一般的な法律の形式を取っていた。

憲法制定会議が近づくにつれて、ジェームズ・マディソンを含む多くの人にとって、国益のために全国で通用する著作権が必要であることが明らかとなった。マディソンは、「共通の利益が協調性を求めている事柄において」、米国連邦政府が「協調していないこと」を嘆き、そうした「くだらないこと」の一例として文学的財産権に関する法が統一されていないことに言及した。憲法制定会議では著作権の必要性の問題を再検討する必要はなかった。なぜなら代議員の多く（ジョージ・ワシントンもその中に含まれていた）は州の著作権法をめぐる議論にすでに参加していたからである。

憲法制定会議の閉会まで二週間を切った一七八七年九月五日、ニュージャージー州のデイヴィッド・ブリアリは、連邦議会に国の著作権法を制定する権限を与える条項を憲法に挿入するという細目調整委員会の提案を陳述した。この条項は、どうやら議論もなしに満場一致で可決されたようだが、著作権と特許権を結びつける次のようなものだった。すなわち、「議会は、著作者および発明者に対し、一定期間その著作および発明に関する独占的権利を保障することにより、学術および有益な技芸の進歩を促進する……権限を有するものとする」（当時の語法によれば、「学術」は著作権の対象であり、「有益な技芸」は特許権の対象だった）。一七九〇年五月一七日、連邦議会は、この憲法条項で与えられた権限を行使して「学問の奨励のための法律」を可決した。この法律には、その国土が無限に広がると思われていたにちがいない新しい共和国にとって最も実践的な関心事項が反映されていた。連邦著作権法は一四年間の著作権を「書籍」だけでなく地図や図表にも与えた。一七九〇年五月三一日、ワシントン大統領は法案に署名した。

憲法が議会に「一定期間」のみ著作権を認める権限を与えたということは、英国の裁判所がかつて直面した、コモンロー上の永久的な権利を著者が有するか否かという大きな問題に答えたように見えるかもしれない。しかし、この憲法条項は連邦議会だけを拘束し、州を拘束しない。そして米国においてコモンローの宝庫は中央政府ではなく州なのである。したがって、コモンロー上の著作権が連邦の法律に優先するか否かが争点となった最初の訴訟で対立したのは、州の権限と連邦政府の権限であった。ホイートン対ピーターズ事件である。

ヘンリー・ホイートンは米国連邦最高裁判所の第三代判例集編纂官で、リチャード・ピーターズは第四代判例集編纂官だった。裁判所から任命され、裁判所の意見を記録し、索引をつけ、要約し、注記をつけることおよび出版の準備をすることが判例集編纂官の仕事であった。ホイートンは裁判所判例集の正確性と即時性を向上させるために、十二年間わずかな報酬で身を粉にして編纂作業をおこない、常にその判例集に彼自身の学術的な注釈を加えていた。結局彼は辞職し、裁判官としての任命を願って手を尽くしたものの実現せず、デンマークに外交官として赴任することになった（外交官の方が連邦最高裁の判例集編纂官より給料がよかった。編纂官としてのホイートンの年収は一八〇〇ドルを超えることがなかったが、外交官という新しい職では四五〇〇ドルになった）。

ホイートンの後任であるピーターズは、ホイートンの元の出版業者の協力を得て編纂官の仕事を積極的に探していた。ピーターズはホイートンのような学者肌ではなかったが、若い編集者としてははるかに重要な、非常に企業家精神にあふれた素質をもっていた。判例集に学術的な注釈を加えると紙代や印刷代がかかる。ピーターズは、一巻七・五ドルのホイートン判例集は多くの弁護士には手が届かないことを知っていた。彼はまた、忙しい弁護士が学術的な注釈よりも要約と総括を好むことも理解していた。そこで彼は、判例集のサイズを小さくすることで、価格を下げてより多くの部数を販売できるのではと考えた。

要約版がいまの判例集よりも多く売れるなら、過去の判例集も要約版を出せば売れるのではないか。ピーターズは前任者の判例集二四巻を六巻に要約した版の作成に着手した。タイトルは『要約版米国連邦最高裁判所判例集　設立から一八二七年一月期のピーターズによる判例集までの全連邦最高裁判決を含む』とした。彼はこの要約版の価格をホイートン判例集よりも約七五％安く設定した。

『要約版判例集』は非常に大きな商業的成功を収めた。しかし、ピーターズが利益を上げればホイートンは損をするということであり、ホイートンは自分の判例集の市場が縮小していくなかで、ピーターズを相手取って訴訟を起こすことを決意し、かつて法律事務所のパートナーであったイライジャ・ペインに弁護を依頼した。この訴訟では、著作権侵害を主張し、侵害行為の差止請求およびピーターズが得た不当利得返還請求をおこなった。裁判所の二名の裁判官が二年間にわたって議論した結果、ホイートンに不利な判決が下された。ホイートンはすぐに、ペインを介して旧友のダニエル・ウェブスターに弁護を依頼し、上訴することにした。一八三三年九月下旬、ホイートンは本件訴訟に参加するためにリバプールからアメリカに船で戻った。

ホイートンの主張は、連邦著作権法とコモンローの両方に基づく権利を主張するものだった。ホイートン判例集の連邦著作権法上の保護期間はまだ満了していなかったが、出版後六か月以内に国務長官へ判例集の複製物を納本するといった連邦著作権法の形式的な保護要件をすべて満たしていないという決定が下ることに備えて、コモンロー上の訴因も主張した。厳密にいえば、連邦最高裁はコモンロー上の訴因を取り扱う必要はなかったが、判事たちは、ミラー事件とドナルドソン事件という、すでに耕されていた土地を耕すことがあまりにも魅力的に思えたため、些末な技術的な理由でそうした機会を失うわけにはいかないと考えた。

連邦最高裁は一八三四年三月一九日に判決を下した。ピーターズが編纂した判例集の第八巻に正確に掲載されているように、連邦最高裁は、書籍が出版された時点で、連邦著作権法がコモンローにとってかわって適用されることになり、出版された作品に関する権利の排他的な源泉となると判示した。多数意見を執筆したジョン・マクレーン判事は、ミラー対テイラー事件でのイェーツ判事の反対意見を引用して次のように述べた。「ある文人が、社会の他の構成員と同様に、自らの労働の産物に対する権利を有しているという議論には、論争の余地がない。そしてその答えは、文人が自らの原稿を譲渡することによって、あるいはその初版が販売された時点で、この産物を実現しているということである」。反対意見を述べたスミス・トンプソン判事は、マンスフィールド卿の意見を引用した。「すべての人は自らの労働に対する報酬を、種を蒔いたのであればその収穫を、果樹を植えたのであればその果実を享受すべきである」。英国の言説をどんなに引用しても、ホイートン対ピーターズ事件が、連邦政府の権限が州の権限に勝るということを示した米国的な判決であることは、紛れもなく明らかであった。

ホイートン対ピーターズ事件は、最終的に、ある法技術的な論点で決着がついた。第一審では、連邦著作権法にある納本要件は強行規定であり、ホイートンは期限までに地方裁判所に判例集を納本しなかったため、著作権を喪失したと判断された。連邦最高裁では、ホイートンが実際に納本要件を遵守しなかったのかどうかが明らかではなかったため、第一審の判決を覆し、この点の審理のため事件を事実審裁判所に差し戻した。ホイートンが差戻審で勝訴したため、ピーターズが上訴した。この二回目の上訴審のさなかにホイートンが亡くなり、それから一か月もしないうちにピーターズも亡くなった。ピーターズの遺族は、ホイートンの遺族に四〇〇ドルを支払うことで和解した。

転機になったのは、一八七〇年の連邦議会による包括的な著作権法改正であった。一点目の改正は、著作権の登録を連邦地方裁判所から米国議会図書館に移した点であり、二点目は著作物ごとに二部ずつ納本することを求めた点である——一部は登録の証拠として（一六世紀に書籍出版業組合が始めた慣行）、もう一部は図書館の蔵書に加えるためだった。納本義務が広がったおかげで、米国議会図書館の規模は国内で五番目からトップへと急速に拡大した。一八九七年に広々とした新館に移る時点で、米国議会図書館は八四万冊の書籍を所蔵しており、その半分近くが著作権登録納本制度によって得られたものだった。

エインズワース・ランド・スポッフォードの力強いリーダーシップのもと、米国議会図書館は米国における著作権活動の中心地となった。一八七六年から図書館に勤務していたトーヴァル・ソルバーグは、著作権の専門家として全米にその名が知られるようになった。そして一八九七年、議会図書館内部に独立した著作権の部局が作られると、彼は初代著作権局局長に任命された。ソルバーグがおこなった積極的な活動の数々は、事実上その後の局長のお手本となった。そして、今日の著作権局は登録申請が法定の要件を満たしているかどうかを審査するだけでなく、どんどん複雑化する法規則の運用にもあたっている。

一八七〇年の著作権法が米国議会図書館の規模を拡大するために納本を奨励したことが、南北戦争後の国家遺産の保存に対する強い思いを表したものだとするならば、文芸作品の無許諾での新たな利用を禁じるために著作権の範囲を拡大したことは、米国文化がどんどん多様化していくことへの感受性を表すものであった。ピーターズの『要約版判例集』のような抄録本の登場は、出版および著作権に関する新しい傾向を示唆していた。しだいに作家や出版者は、ドナルドソン版『四季』のような安価なコピーを作るのではなく、著作権のある作品を土台にして、抄録本や翻訳本といった新たな作品、つまり原作者の労力に後続の著者が独自の労力を加えたような作品を作り出すようになった。著作権の最初の、そして最も一般的な保護対象であった比較的地味な綴り字教本や辞書、それに判例集に加え、ジェイムス・フェニモア・クーパー、ワシントン・アーヴィング、そしてナサニエル・ホーソーンの作品のような重要な米国文学が出現したことにともなって、最初は翻訳や脚色といったかたちで、最終的には録音、活動映画、そしてテレビといったかたちで、文学作品を原著作物として利用した新たな市場が生まれたのである。

これらのケースは、当初は活版印刷以降の新技術に関係するものではなかったが、著作権の中心的な問題を、著作権は自然権か否かといった抽象的な問題から、著作物の新たな技術的利用によって引き起こされる課題をより具体的に予想することへと変えていった。これらのケースが示しているように、英語で執筆した小説の著者が、ある出版社による無許諾のドイツ語版の出版を禁止する権利を著作権が与えるか否かを問うことは、つまるところ、小説家に、小説を原作とした映画やテレビ番組で自らの小説を利用することをコントロールする権利をも与えるか否かを問うことに等しい。

ハリエット・ビーチャー・ストウが『アンクル・トムの小屋』を彼女に無断でドイツ語に翻訳した作家を訴えた一八五三年の事件では、この問題が直接取り上げられた。当時、米国で施行されていた一八三一年連邦著作権法には翻訳に関する規定がなかった。裁判所は同法の文言を狭く解釈し、ストウのアイデアが表現された「まさにその言葉」のみを保護し、他の言語に翻訳されたものについては保護を認めなかった。「私はかつて、バーンの詩がフランス語の散文に直訳されたものを見たことがあるが、それを原作のコピーと呼ぶことは、この翻訳自体と同じくらい馬鹿げている」とロバート・グリア判事は記した。一八七〇年の改正法はこの結論を覆し、翻訳者に対し、また文学作品を脚色する者に対しても、原作の著作権者の同意を得るよう義務づけることによって、著作権をこの新たな文学の時代に適応させたのである。

新世代の著作権訴訟は、決定権限に対する問題の変化も反映していた。ホイートン対ピーターズ事件では、州政府と連邦政府とのあいだの著作権の権限配分が問題となったが、新しい事件では連邦議会と連邦裁判所とのあいだの決定権限の配分が問われた。このパターンはすぐに、産業革命による予期せぬ新技術に著作権が遭遇した際の裁判所と連邦議会との関係を特徴づけるようになった。著作者が、自らの作品が新しい技術によって利用されたとして著作権侵害で訴えた場合、裁判所は著作権法を厳格に解釈して著作者に不利な判決を出し、立法措置への支持を得る長期的なプロセスに任せるべきなのか、それとももっと拡張論者になって、新たな現実を取り込むために著作権法を広く解釈するべきなのか？

写真は米国の著作権法に挑戦した最初の新しい技術だった。化学処理された感光板に光が当たって作られる画像は、憲法が要求する「著者」の「著作」として認められるだろうか？　連邦議会は認められると考えていたことは明らかで、一八六五年に著作権法を改正し、写真プリントとネガを著作物の類型に加えることを明示した。二十年後、連邦最高裁はこの改正の合憲性を初めて論じた。

ニューヨークの有名写真家ナポレオン・サロニーは、オスカー・ワイルドの写真をコピーしたとして、バローガイルズ・リトグラフ社を著作権侵害で訴えた（この写真は座っているワイルドを写したもので、入念に配置した片方の手で頭を支え、もう片方の手は膝に置かれたエレガントな装丁の本を持つという構図だった）。バローガイルズ社はサロニーの許諾なくその写真を八万五〇〇〇部複製し販売した。連邦最高裁は、写真は画像であって言葉ではないから、憲法が意図する「著作」の類にはなりえない、とするバローガイルズ社の主張を即座に退けた。地図や図表も同様に文字どおりの意味での「著作」ではないが、憲法制定に貢献した多くの人びとの支持を得て制定された最初の著作権法に含まれている、と最高裁は述べた。

バローガイルズ社の二番目の主張はより厄介だった。「写真は、自然物や人の正確な形を紙の上に複製したものであって、その製作者は著者ではない」。写真は単に現実を写す鏡であり、それ自体芸術的な創造物ではないという考え方は、サミュエル・ミラー判事を悩ませた。そのわずか五年前、いわゆる商標事件で、ミラー判事は連邦最高裁の全員一致の意見として、次のような意見を述べていたからである。すなわち、ミラー判事によれば、商品宣伝用のシンボルや図形は、それらは独創的なものでも創造的なものでもなく、したがって「知的労働の成果」ではないので、憲法上、著作権の保護対象ではない。それにもかかわらずミラー判事は、再び連邦最高裁の全員一致の意見を執筆し、サロニーの写真は芸術であり商業製品ではないという理由で、サロニーの著作権を認めたのである。普通のスナップ写真には著作権が認められないかもしれないが、サロニーの写真には写真家の創造性がはっきりと表れているとミラー判事は記した。サロニーはその写真を「すべて彼自身の独創的で精神的な構想から作り出している。オスカー・ワイルドにカメラの前でポーズさせ、本件写真で使用する衣装、優美なひだを寄せた布、その他のさまざまなアクセサリを選び配置し、優美な輪郭を示すように被写体を整え、光と影を調節し、望ましい表現を示唆し引き出すことによって彼はその構想を具現している。こうしてすべて自らなしたそれらの配置、調整、表現によって、原告サロニーは本件写真を制作したのである」。

サロニー事件は、著作権というコップにはまだ半分しか水が入っていないと考える人たちにとって、自分たちの考えを支持する力強い宣言とは言い難かった。また、新しい技術を使った製品を無条件に歓迎するものでもなかった。連邦最高裁の判決は、連邦議会や裁判所が著作権の対象となるにふさわしい芸術的な作品とそうでない作品を、自信をもって見分けることが可能であるという前提に基づいていた。この判決でも、連邦最高裁の意見は、商業製品がいかに技巧的で大衆受けするものであろうとも、著作権の対象となりうるのではないか、という商標事件判決が残した疑問を払拭することができなかった。

最終的にこうした曖昧さが検討されたのは、オリバー・ウェンデル・ホームズ・ジュニア判事が陪席裁判官を務めたときの連邦最高裁であった。ホームズ判事は、マンスフィールド卿に負けず劣らず、弁舌に長けた自信家で、その主張には説得力があった。そしてマンスフィールド卿と同様に、ホームズ判事も著作権に精通していた。連邦最高裁で彼が最初の著作権訴訟を審理する四年前、連邦最高裁は、ホームズ判事の父が執筆した人気作品『朝食テーブルの独裁者』について、正式な著作権の要件を満たしていないのでパブリックドメインに入ったという判決を満場一致で下した（この要件は、ヘンリー・ホイートンが第一次上告審で敗訴し、事件が事実審に差し戻されるきっかけとなった要件でもあった）。父親の遺言執行人だったホームズ・ジュニア自身がその事件の原告だった。この判決の記憶があったからこそ、彼は著作権法への難解で技術的なアプローチをとろうとはしなかった。

ブライシュタイン対ドナルドソンリトグラフ事件は、ホームズ判事が連邦最高裁で最初に著作権の意見を提示した判決である。一九〇三年に判決が下されたこの事件は、印刷業者二社のあいだで争われた。原告は、被告がサーカスの宣伝のために準備した三枚のポスターを複製したことにより著作権を侵害したと主張した。第一審および控訴審では、商標事件を含むこれまでの一連の判例に従って、広告を著作権の対象から除外するという、被告勝訴の判決が下された。ホームズ判事は彼らしい緻密な手法でこれらの先例をさらりと片づけた。「たしかに、作品の絵の質は大衆を惹きつけ、それゆえ実際の用途をもたらすのであるから、たとえ用途が商機を増やし、金儲けに役立つということを意味するとしても、当該作品には純粋美術との関連性が少なくないといえる。絵画はやはり絵画であり、広告に使用されたとしても著作権の対象であることに変わりはない。現に使用されているように、もしも絵画が石鹸や劇場や月刊誌の広告に使用されることがあるのなら、サーカスの宣伝にだって使用されることがあるだろう」。

ホームズ判事が大衆演劇やバーレスクを好んでいたことが、この寛大な見識を育んだのだろう。著作権はボストン・ブラーミン〔ボストンの伝統的な上流階級〕だけのものではなく、むしろ、大衆市場のためのものであった。洗練された法的基準を課せば、「裁判官ほどには教養のない一般大衆にアピールする」絵画の著作権を否定することにつながりかねない。「しかし、そうした絵画が大衆の誰かの関心を集めるのであれば、それには商業的な価値がある。そうした絵画に審美的・教育的な価値がないというのはおこがましいだろう。どんな大衆の嗜好もないがしろにしてはならない。変化への希望がどのようなものであれ、それは当面の究極の事実である。これらの絵に価値があり、人気を博しているということは、それらの絵を原告らの権利もわきまえずに複製したいという欲求によって十分に証明されている」。

連邦最高裁がオスカー・ワイルドの事件で採用した創造性の基準は、著作権が認められるべき対象と認められない対象を分ける魅力的な境界線を提供しており、この基準によれば、この手の込んだサーカスのポスターには間違いなく著作権が認められただろう。しかし、ホームズ判事は、このようなリトマス試験が著作権純粋主義者に権限を与えてしまうことを懸念していた。そこで彼は、いまや非常に有名となった格言を付け加えたのである。「法の訓練しかしていない者に、最も狭く最も明確な範囲を超えて、絵画による表現の価値を最終的に判定させるのは危険だろう。極端な場合、天才の作品に価値を見出し損ねることもありうる。天才の作品は、その大いなる斬新さゆえに、作者が話す新しい言語を大衆が理解するようになるまで、大衆に嫌悪感を抱かせるだろう。たとえば、ゴヤのエッチングやマネの絵画が世に現れたとき、これらが確実に保護されたかどうかはかなり疑わしいだろう」。

写真の著作物性がオスカー・ワイルド事件で確立され、商業製品の著作物性がブラインシュタイン事件で認められたのであれば、裁判所が映画の著作権を認めるのは時間の問題で、ほんの小さな司法上の一歩を踏み出せばいいだけのはずだった。しかし、トーマス・エジソンの会社の従業員が撮影したドイツ皇帝ヴィルヘルム二世のヨット「メテオ」の進水を撮影したフィルムをライバル社が無断で複製したとして、エジソンが同社を訴えた事件で、第一審裁判所は、著作権法では映画は明示的に保護対象とされていないとして、エジソンの訴えを退けた。一九〇三年、控訴裁判所はこの判決を覆し、連邦議会が写真を著作権の保護対象に加えた時点で、映画の登場も見込んでいたはずだと判示した。「このような芸術が発展するはずがなく、またそのような発展に対してなんの保護も与えてはならないと議会が考えていたとは思えない。」（一九一二年、連邦議会は映画を著作権法に明記した。）

映画が著作権の保護対象となり、ある映画を複製した別の映画が著作権侵害になるということと、長編小説や短編小説からテーマや所作だけを借用した映画がその文学作品の著作権を侵害することになるということは、まったく別の話である。連邦議会はその頃にはアンクル・トムの小屋事件の判決を覆し、無許諾の翻訳や脚色に対しても著作権の保護を拡張していた。この立法措置は、著作権者のコントロールを拡張し、彼の表現を借りたあらゆる形式の作品を含むように裁判所が判断することを勧めたように読みうるものだったのか？　それとも、著作権侵害となるラインを狭く解釈し、書物の形式での翻訳や演劇の形式での脚色以外は対象にしないと指図したものだろうか？

ホームズ判事は、ルー・ウォーレス将軍の小説『ベン・ハー』をもとにした無許諾の映画に関する事件で、この問題に取り組んだ。彼は、アンクル・トムの小屋事件でとられた狭いアプローチを否定し、技術的な区別を一蹴する見事な論理を展開した。「芝居は台詞だけでなく所作によっても達成される」。だから小説をもとにしたパントマイムが小説の脚色であることは誰も否定しないだろう。そして、「『ベン・ハー』のパントマイムが『ベン・ハー』の脚色なら、そのパントマイムが、演者の姿そのものによってではなく、幻想的な、あるいは不思議な効果をねらって時折用いられてきたように、ガラスの反射によって観客に披露されるとしても、やはりそれは脚色であろう」。したがって、「映画は鏡の反射に比べると鮮明さに欠けるだけにすぎない」。ホームズはこう結論づけた。

ホームズ判事は、ベン・ハー事件をもっと単純な根拠で解決することもできた。映画製作前に、被告は小説に基づいて脚本を描くように手配していた。この脚本も無許諾でなされており、これが著作権法上の脚色であることは明らかなので、この脚本が著作権を侵害しているという主張に従って原告勝訴の判決を容易に導くことができたはずである。ではなぜ、ホームズ判事はパントマイムや鏡に写る姿を引き合いにだすといった回りくどい方法をとったのか？　その答えはおそらく、脚本だけに焦点をあてた見解では、経済的にはるかに重要なメディアである映画の劇場公開が著作権の範囲外になってしまうと考えたからだろう。早い話がブ、ラ、イ、シ、ュ、タ、イ、ン、事、件、の再来である。つまり、解釈の幅の狭い法律の文言、法改正を躊躇する議会、そして著作権と大衆文化とのあいだに橋を架けようと努める連邦最高裁判事、という組み合わせだった。

『ベン・ハー』の脚本ではなくその上映に焦点をあてた本判決は、ことによると厄介な問題を呈していた。つまり、ホームズ判事の意見の論理では、著作権を侵害したのは映画の製作者でなく映画館主であるにもかかわらず、映画館主ではなく映画の製作者が提訴されたからである。ホームズ判事があえてこの矛盾を利用して著作権の範囲を広げたのは、多数の侵害者を個別に訴えることにはコストがかかることを踏まえると、著作権者にとって唯一有効な救済となるのは、侵害を可能にした一個人に対して救済を求めることだけである、という状況に法律を適応させるためであった。映画を上映できるようにすることで、製作者は事実上侵害行為に加担しており、したがって共犯者とみなしうるとホームズ判事は論じたのである。「もし被告がその侵害に寄与していなければ、最終的な行為に被告が関与する以外、当該侵害は生じえない」。

従来の楽譜形式による音楽作品は一八三一年から著作権で保護されていた。楽譜を複製した者は誰でも著作権侵害者だった。しかし、著作権法は録音された音楽の問題を取り扱っていなかった。つまり、自動ピアノで使われるピアノロールやレコードなどの録音物を製作する行為は楽譜の著作権を侵害するのか、という問題である。この問題に答えるのは容易ではなかった。ある写真や映画に著作者の個性の痕跡を探し出すことと、意味不明に小さな穴が開いた自動ピアノ用ロール紙や、さらに判読不能な蓄音機のレコードの溝に著作者の個性の痕跡を見つけることとは、まったく別の話である。

作曲家や音楽出版社は、長いあいだ自分たちの曲をコピーしたピアノロールの製作を黙認してきた。しかし、ピアノロールやのちのレコードが楽譜販売の収入を脅かすようになると、音楽の著作権者等は連邦議会に救済を求めた。彼らは時機を逃さなかった。一九〇五年に、連邦議会が一八七〇年著作権法の全面改正に着手すると、作曲家や音楽出版社は、改正案の中に、機械的な音楽作品の録音に「特に対応した装置」の製造・販売に対する排他的権利を認める規定を盛り込むことに成功したのである。

自動ピアノメーカーはこの法案に反対したが、それは予想された理由とは違っていた。彼らは作曲家や音楽出版社と収益を分け合うことに異論はなかった。彼らが不平を訴えたのは、著作権で無許諾の録音が禁止されることによって、唯一法案に賛成していた自動ピアノメーカーのエオリアン社が、事実上業界全体を独占することになる点であった。明らかに、機械的録音権について有利な判決が出ることを見越して、エオリアン社はアメリカの主要な音楽出版社から、近々認められることになるであろう機械的録音権をほぼ買い占めていた。エオリアン社、他の自動ピアノメーカー、そして著作権者の三つ巴の紛争は、著作権改正のアジェンダにおいて最も厄介な問題の一つだった。この問題をめぐる事件が——エオリアン社から資金援助を受けて——法廷で争われることになったおかげで、幸い、連邦議会は連邦最高裁の判決が出るまで本法案の審議を先延ばしにすることができた。

ホワイト＝スミス対アポロ事件は、一九〇七年の開廷期に連邦最高裁へ上訴された。自動ピアノおよびピアノロールのメーカーであるアポロ社は、上訴趣意書の冒頭陳述において、ホイートン対ピーターズ事件を引き合いにだして米国の著作権は法律の産物であると主張し、またアンクル・トムの小屋事件を引用して、裁判所は法律をその文言どおりの意味で適用しなければならないと主張した。裁判所が著作権法の範囲を、法律で定められた「複製」——音楽作品の例でいえば、作曲家がページに音符を書き込むことで「他の人が読めるように具現化したもの」——を超えて自由に拡張することはできないとアポロ社は主張した。ピアノロールは、小さな穴が判読しにくい形で散らばっているだけなので、侵害を構成する「複製」にはなりえない。これに対し音楽出版社は、判決で自分たちの主張が認められなければ、「適切に演奏された場合に、作曲家の真の発明であるメロディを生み出す音符の編集物をもたらした知的な構想を保護する」という著作権の目的に反することになると主張した。

連邦最高裁はアポロ社勝訴の判決を下したが、これはその後、技術的な正確さを芸術的な本質に優先させたとして著作権法学者から激しく批判された。にもかかわらず、この判決は、人気のある新技術を扱う際の、連邦議会と裁判所とのあいだの、著作権の問題をめぐる権限配分に対する実務的な評価を示していた。連邦最高裁によれば、一九〇二年に米国では自動ピアノ装置が七万台から七万五〇〇〇台利用されており、同じ年にピアノロールは一〇〇万個から一五〇〇万個製造されていた。必要とされていたのは繊細に調整された法律であって、自動ピアノを所有する何千人もの人びとの期待を打ち砕くような、差止命令という鈍器は必要とされていなかったのである。

ホームズ判事でさえも連邦最高裁の法廷意見に賛成した。しかし彼の同意意見は、良き著作権政策の問題として連邦議会がなにをすべきかについて、彼の考えが明らかになるような言葉を使い議会へ呼びかけるものであった。ホームズ判事によれば、原則として、音楽作品の「音の合理的な組み合わせ」を機械的に再製したものはすべて複製と評価するべきであって、「あるいは、法律の規定が狭すぎるならば、今後の法律でこれを複製と評価できるように規定を作るべきである」とする。だが、ここでホームズ判事は、「ただし政策とは無関係の考慮がそれに反対する場合を除いて」という留保を付しており、これはおそらくエオリアン社の独占を考慮に入れたものと思われる。

連邦最高裁はホワイト＝スミス事件の判決を一九〇八年二月二四日に下した。連邦議会で中断されていた法案審議は、それから一か月足らずで再開され、一九〇九年著作権法において無許諾での音楽作品の機械的複製に対する排他的権利が追加された。連邦議会は自動ピアノのピアノロールと同様にレコードも新法の対象とし、エオリアン社による独占への懸念を考慮して、この権利を強制許諾の対象とした。これにより、いったん著作権者がどこかの自動ピアノ会社やレコード会社に自らの音楽作品の機械的複製を許諾すると、他のどの会社も、製作するレコード一枚につき二セントを著作権者に支払うだけで、その楽曲を自由に録音することができるようになった。

ヴィクター・ハーバートやジョン・フィリップ・スーザといった当時著名で人気のあった作曲家らは、無許諾でのピアノロールやレコードの複製に対する著作権保護に賛成する証言をした。ハーバートは、音楽業界専門の弁護士であるネイサン・ブルカンの助けを借りて、ホワイト＝スミス事件にアミカスブリーフ〔法廷助言者の書面〕を提出していた。そして今回、ハーバートは、ほかの音楽仲間とともに、ブルカン弁護士の惜しみない、しばしば無報酬での協力を得て、全米の何千ものレストランやダンスホールで自分たちの作品が無許諾で公に実演されていることを問題視した。彼らがたどった道程は、二つの点で機械的録音権の発展と共通していた。すなわち、新しい技術との出会いが変革をもたらしたこと、そして、決定的なタイミングでホームズ判事から祝福を受けたことである。

連邦議会は音楽作品の公の実演権を一八九七年に認めていたが、この権利の行使は困難だった。第一に、一九〇九年著作権法では、無断実演が著作権侵害にあたるためには、その実演が公衆に対してなされるだけでなく、「営利目的」でなされなければならなかった。たとえば、入場料を徴収するコンサートであれば判断が容易だが、レストランのBGMは「営利目的」で実演されているだろうか？　第二に、米国のほとんどの市町村のキャバレー、ダンスホール、レストランでは無許諾で楽曲が実演されていた。個々の侵害行為を取り締まり、それらの者に対して訴訟を起こそうとしても、裁判によって得られる損害賠償額よりもコストの方が高くつくことが多いと思われた。

必要なのは、「営利目的」要件の寛大な定義を導くためのテストケースで作曲家と出版社が協力することと、いたるところで著作権侵害を取り締まりロイヤルティを徴収する機関だった。このような組織的な取組みの先例は欧州にあった。欧州では音楽の演奏権がもう少し前から存在していた。フランスでは一八五一年に、作曲家、作詞家、そして出版社が音楽演奏の許諾とロイヤルティ徴収を目的として音楽作詞家作曲家出版者協会（SACEM）を設立した。SACEMは一九一一年にニューヨーク事務所を開設して、米国の作曲家に参加を呼びかけていたが、集団行動のアイデアは関心をもたれずふるわなかった。そうした関心が浸透するには、想像力に富んだネイサン・ブルカンが、米国実演権管理団体を設立するというアイデアに興味をくすぐられるまで待たなければならなかった。

一九一三年一〇月の雨の日の夜、ブルカンと九名の作曲家と音楽出版社が、米国実演権管理団体の設立を目指して、マンハッタンの「リュショーズ」というレストランの個室に集まった（この会合には三五名が招待されていた。テーブルの空席は、この冒険の前途に不吉な予兆を感じさせたに違いない）。この会合に出席した作曲家の一人がレイモンド・ハベルで、彼はのちに誕生間もないこの団体について非公式な歴史を執筆した。ハベルによると、最初にやってきたのはヴィクター・ハーバートで、「いつものように情熱的で、威勢よく、せわしなく」、湿っぽい空気を吹き飛ばしてくれたという。出版者の一人である英国人が、その協会の名称を米国作曲家作詞家出版者協会にしようと提案したところ、作詞家の一人が、米国では「作曲家、作詞家」の順ではなく、「作詞家、作曲家」の順で呼ぶのが普通だと指摘した。英国人は気にもとめなかった。「うーん、でも頭文字を並べたときにどっちがかっこいい電信コードになるか考えてみてほしい」。こうして米国作曲家作詞家出版者協会（ASCAP）が誕生したのである。

四か月かけてASCAPを組織し、その方針を決定した後、作曲家と出版社は、まず最初に、ニューヨークのカフェやレストランにASCAPからの実演ライセンスを取得させるという仕事にとりかかった。リュショーズは最初にライセンスを受けたレストランだった。こうしてリュショーズは、月額一五ドルでASCAP会員の作品をどれでも実演する権利を得たのだ。ほかのレストランはリュショーズほど従順ではなく、自分たちの実演が「営利目的」であるという主張に対抗しようと、最終的にニューヨークホテル・レストラン協会という独自の組織を設立した。

一九一四年の夏になると、試みていた交渉が行き詰まり、ASCAPは訴訟で決着をつけるしかなくなった。ネイサン・ブルカンはジョン・フィリップ・スーザの出版社を代理して、ヒリアード・ホテル・カンパニーに対し、スーザ作曲の行進曲「メイン州からオレゴン州まで」をマンハッタンのホテルであるヴァンダービルトのダイニングルームで実演したとして訴訟を提起した。第一審では出版社が勝訴したが、控訴審では覆った。レストランの常連客は入場料を支払っていないのだから、ホテルにおける実演は「営利目的」とは認められないというのが控訴審の理由付けだった。

ブルカン弁護士は臆せず、二か月後、今度はヴィクター・ハーバートの代理人として法廷に戻ってきた。被告はシャンリーズというマンハッタンの劇場街にあるレストランで、ハーバートのミュージカル曲の中の「恋人たち」をフロアショーで実演していた。先のスーザの控訴審の先例に従い、第一審ではハーバート敗訴の判決が下された。控訴審も第一審の判決を支持したことから、二つの事件は連邦最高裁判所に上告されることになった。

連邦最高裁は一九一七年一月二二日に判決を下し、ホームズ判事が（全員一致による）法廷意見を執筆した。ベン・ハー事件のときと同様に、ホームズ判事は著作権法を狭義に解釈するという被告の主張を退けた。ホームズ判事によれば、連邦議会が「営利目的」という制限を課したのは、権利の範囲を、作曲家や作詞家から彼らの作品の経済的価値を目一杯奪う行為に限るためではない。「もし著作権に基づく権利が、入り口で金を取られるような実演に限って侵害されるとするなら、それらの権利の保護はまったくもって不完全である。被告と同種の実演の中には、著作権法が意図する原告の独占の達成と競合し、それを破壊するおそれすらある実演なども考えられる」。

ホームズ判事はこれらの実演に価値があるとすぐに気づいた。問題は、その価値を誰が享受するか――著作者か利用者か――という点だった。

被告の実演は慈善活動ではない。被告の実演は公衆が支払う対価の全体の一部であって、全体の金額が、その場にいる人たちが注文することが期待される特定の商品に起因するという事実は重要ではない。たしかに音楽が唯一の目的ではないが、料理だけが目的でもない。料理はたいていよそでもっと安く食べられるはずだからである。ここでの目的は、会話に自信のない人や、あるいは周囲の騒音を嫌う人たちに、黙って食事するのでは得られない贅沢な喜びを与えるような環境で食事を提供することである。音楽に対価を払う価値がないのであれば、実演は取りやめになるだろう。対価を払う価値があるのなら、その対価は公衆の財布から支払われるだろう。対価を払う価値があるかどうかにかかわらず、音楽を使用する目的は営利であって、それだけで十分である。

商業的な実演が「営利目的」であるという原則が確立されたことで、ASCAPは最も重要な使命にとりかかることができるようになった。つまり、ライセンスを受けた人からロイヤルティを徴収し、それを協会の会員に分配するという使命である。当初から、中心的な徴収のメカニズムは、ＡＳＣＡＰのレパートリーに含まれるあらゆる楽曲を、一律料金で何度でもライセンスを受けた人が自由に実演することができる包括ライセンスだった。包括ライセンスの魅力は、必然的にＡＳＣＡＰのレパートリーの広さにかかっていた。ライセンスを受けた人は、実演しようとしている曲がＡＳＣＡＰのレパートリーに含まれているかどうかを判断する手間をかけたくないし、判断しそこなって、ＡＳＣＡＰの会員でない作曲家や出版社から侵害訴訟を起こされるリスクを背負いたくもなかった。

包括的なレパートリーを構築するために、ＡＳＣＡＰは規約で、一定の基準を満たした作曲家、作詞家、出版社は誰でもＡＳＣＡＰの会員になれると定めた。入会すると、会員は自身の作品の非演劇的実演を許諾する権利をＡＳＣＡＰに譲渡することになる（これらの非演劇的実演権は「小さな」実演権と呼ばれていて、オペラやミュージカルの一部で実演される場合の「大きな」実演権と区別されていた。この大きな実演権は作曲家や出版社が保持した）。ＡＳＣＡＰは、ライセンスを受けた人の実演をサンプル抽出して、どのくらいの頻度で個々の作品が実演されたかを調べ、諸経費を差し引いたのち、会員らの作品の相対的な人気を考慮した分配表にしたがって、ライセンス収入を会員に分配した。

ＡＳＣＡＰの事業の論理、特に包括ライセンスの論理は、独占の論理である。つまり、著作権で保護されているすべての楽曲をレパートリーに寄せ集めることでのみ、ＡＳＣＡＰはユーザーに対して、訴訟の心配なくどんな音楽作品も実演できるという包括ライセンスを与えることができた。しかし独占は不満を生む――そしてその不満は、米国連邦議会や司法省の反トラスト法執行当局のあいだで生じるだけにとどまらない。ＡＳＣＡＰに新規加入した会員の多くも不満を募らせていた。なぜなら、著作権使用料の分配が、設立当初からの会員に有利になるように計算されていると感じたからである。しかし加入できる競合組織がないので、ＡＳＣＡＰの古いメンバーが考案したシステムでやっていくしかなかった。この不満に火をつけ、ＡＳＣＡＰのビジネスモデルを根本的に変えたのが、ラジオという新しい技術だった。

ＡＳＣＡＰの理事会は、ラジオ放送から得られる収入がレストランやダンスホールから得られる収入をすぐに超えるだろうと正しく認識していた。そこでまず、ラジオでの実演は公衆に向けてなされており かつ営利目的であるという判例を作ることにした。ラジオ局は自分たちの利益を守るため、新しく結成された業界団体である全米放送事業者協会を頼った。ラジオ放送局としては、一般市民は誰も放送局のスタジオに立ち入れないのだから、そこでの実演は公になされているとはいえないし、また一般市民はラジオを聴くために料金を払っているわけではないのだから、その実演は営利目的ではない、というのが基本的な立場だった。

第一ラウンドではＡＳＣＡＰが勝訴した。作曲家と出版者は、ニュージャージーのラジオ局を運営し、そこの番組のスポンサーになっていたバンバーガー百貨店を訴えた。そして、ラジオでの実演は公に営利目的でなされているという判決を勝ち取ったのである。その際、裁判所は、ハーバート事件のホームズ判事の意見にほぼ全面的に依拠して、ラジオ局がその番組から間接的に利益を上げることを意図しており、ラジオで流されたバンバーガーの広告がそれに一役買っていることを原告が証明すれば足りると判示した。ホームズ判事の先見の明が、音楽業界の窮地を救ったのである。

一九三〇年代に入り、ラジオがますますさかんになると、ＡＳＣＡＰはライセンス料を引き上げることで自身の収入の大部分を確保しようとした。音楽の実演が放送時間の大部分を占めているのだから、それが筋というものだとＡＳＣＡＰは主張したのである。さらに、ラジオでの実演が原因で、会員の他の収入源、特にレコードや楽譜の売上が減少していた。ラジオ放送局は、ＡＳＣＡＰのやり方は独占的な価格設定であり、いずれにしても、ラジオで会員の楽曲が実演されれば無料の宣伝になるのだから、実際には、楽譜やレコードの売上を押し上げていると反論した（バンバーガー百貨店がこの主張をしたとき、裁判所は鋭く以下のように述べた。「ラジオによる広告の可能性に関する我々自身の見解では、新たに著作権が付与された音楽作品がラジオで放送されることによって楽譜の売上は大きく伸びるだろうと考えている。しかし選ばれた楽曲を世に広める方法を誰よりもよく知っているのは、おそらく著作権者と音楽出版社自身だろう」)。

放送局にうながされた司法省は、ＡＳＣＡＰを反トラスト法違反で提訴し、ＡＳＣＡＰが会員と非会員のあいだの競争、さらには会員同士の競争を阻害していると主張した。するとある大手出版社がすぐにその争いに参加し、ＡＳＣＡＰのレパートリーの三分の一近くを占めていた同社の作品を引き揚げ、ＡＳＣＡＰの経営陣は古くからの会員を優遇しているという以前からの不満を表明した。どちらの主張も決定力に欠けていた。一〇日間の審理ののち、司法省は、おそらく敗北を感じとったのか、休廷を提案した。ＡＳＣＡＰを脱会した複数の出版社も、八か月にわたって自社作品のライセンスを独自におこなおうとしたもののうまくいかず、再びＡＳＣＡＰに加盟した。第一ラウンド同様、第二ラウンドもＡＳＣＡＰの勝利に終わった。

ＡＳＣＡＰのライセンスが一九四〇年一二月三一日に満了するのにともない、さらに高いロイヤルティを要求されると予想して、放送局は新たな戦略を打ち出した。すなわち、音楽ライセンスビジネスに自ら参入し、ＡＳＣＡＰの直接の競争相手になろうというのである。一九三九年九月、放送局は放送事業者のみで所有する放送音楽協会（ＢＭＩ）の設立を発表した。ＡＳＣＡＰから新たな――案の定より高額な――ロイヤルティが提案されると、放送局は交渉を拒否し、そのかわりＢＭＩの音楽カタログの充実にとりかかった。彼らは、ＡＳＣＡＰの会員をＢＭＩに乗り換えさせるのはほぼ成功しなかったが——大手の一社とだけなんとか契約した——、将来のロイヤルティを前金で支払うことで、新人の作曲家との契約に成功した。また、BMIはASCAPがそれまで見向きもしなかったラテンアメリカ音楽の権利も獲得した。

一九四一年一月一日、ASCAPの提示する条件で契約を更新した一部の独立系ラジオ局を除き、ASCAPの管理楽曲は全米のラジオで放送されなくなった。古いスタンダードナンバーや当時の新しいポップミュージックにかわって、リスナーは再編集したパブリックドメインの名曲——特にスティーヴン・フォスターは人気だった——や、「フレネシ」「パーフィディア」「アマポラ」といったラテンビートが延々と繰り返されるのを楽しむようになった。放送番組の唯一の収入源である広告主が放送局の味方についた。ASCAPの会員は二重の痛手を負った。というのも、ラジオからの使用料が減っただけでなく、レコードや楽譜の販売による収入も減ったからである。このことは、ラジオ放送が音楽の売上を押し上げているという放送局の主張が経験的に正しいことを証明した。

放送局はASCAPのハッタリを見抜いて勝利を収めた。ASCAPは、一九四一年八月の時点ですでに負けを覚悟し、一〇月には二年前に提示した額の三分の一強にすぎないロイヤルティで新たな契約に合意した。しかし、一九四三年には、ASCAPは失速前よりも多くの収入を得て持ち直した。

こうしたラジオ戦争の騒動のなかでも、司法省はASCAPのことを忘れていなかった。一九四〇年一二月下旬、ASCAPと放送局との契約が切れようとしていた頃、政府は——今度はBMIとASCAP双方に対して——八件のシャーマン反トラスト法違反を理由に、提訴する意向を示した。一か月後、BMIは、今後のBMIの運営を規制する条項が盛り込まれた同意判決に署名することで、政府と和解した。ASCAPはさらに一か月粘ったものの、結局は同意判決に署名した。この同意判決では、直接取引を望むユーザーに非独占的ライセンスを与える会員を、ASCAPが妨害することを禁じた。また、数十年前にエオリアン社の独占を防ぐために強制許諾が利用されたように、この同意判決ではその後の修正を経て、ライセンスを受けることを希望する者がライセンス料についてＡＳＣＡＰと合意できない場合、連邦裁判所に対し「合理的なライセンス料」について拘束力のある決定を求めて提訴することが認められた。

リュショーズでの小さな会食から、年間一〇億ドル以上を徴収し、六〇万人以上の作詞家、作曲家、出版社の会員に分配するという現在の運営にいたるまでのＡＳＣＡＰの発展を振り返ると、その成功の一つの要因がはっきりする。それは、ＡＳＣＡＰの日々の業務において、アーティスト――作詞家や作曲家――が中心的な役割を果たしてきたという点である。一九四〇年代以降、モートン・グールド、ハル・デイヴィッド、ディームズ・テイラー、オットー・ハーバックといった作詞家や作曲家がＡＳＣＡＰの歴代の会長を務めてきた。ＡＳＣＡＰの理事会では出版社にならんで作詞家も名を連ねている。侵害訴訟を提起する場合、出版社ではなく作曲家の名前で提起されることが多く、ＡＳＣＡＰの名前で提起されたことはない。協会会員の利益にかかわる議題の連邦議会の公聴会が、人気のある作詞家や作曲家による証言抜きにおこなわれることはほとんどない。

ＡＳＣＡＰがクリエイターを前面に出しているのは決して偶然ではない。永久的な独占の保持を望んだ書籍出版業組合の要望が議会で拒絶されたとき、出版者は、作家と手を結び、かつての独占的な会社に彼らを加えることが成功への最善の策であると気づいていた。アーティストが屋根裏部屋でひとり奮闘している姿こそ大衆の共感を呼ぶ。そのアピールは感情的だが、同時に、合理的でもある。著作権とはまさに作者性のことであり、アーティストがなにもないところから、一心不乱に熱烈な労力によって、『アパラチアの春』『陽はまた昇る』『市民ケーン』といった作品を生み出す創造性のための条件を整えておくことである。市場依存的な文化において中核をなすのが、創造的な作者性である。

二〇世紀なかばまで、著者の存在や作者性の思想は、著作権と新たな技術との遭遇をすべて支配していた。たとえば、ミラー判事がナポレオン・サロニー撮影のオスカー・ワイルドの肖像写真に見出した、「新しく、調和のとれた、特徴のある、優美な写真」という文言であったり、ホームズ判事がブライシュタインのポスターに見出した「自然に対する人間の個性的な反応」という文言、そしてシャンリーズ・レストランに対する訴訟におけるヴィクター・ハーバートとその熱狂的な支持者の大きな存在感である。

著作権と新技術との次なる大きな遭遇である、一九六八年に起こった無許諾複写に対する訴訟が、ASCAPとラジオとの遭遇シーンを再演したのもわからなくはない。あれは著作者と出版社が結託して気骨ある一団となり、臆面もなくなされる海賊行為に抗うというアーティスト達の苦境をドラマチックに演出するためにお膳立てされた一種のテストケースだったのだ。しかし、ボルチモアの出版社であるウィリアムズ&ウィルキンスが、米国国立医学図書館および米国国立衛生研究所を自社の医学雑誌の論文を複写されたとして訴えたとき、作家はもちろん、他の出版社でさえも、この訴えを支持しなかった。著作権とコピー機との極めて重要な出会いの帰趨は、創造的なアーティストが大衆に振りまく魅力や海賊版に対する大衆の蔑視に左右されるものではなかった。このケースは、ウィリアムズ&ウィルキンスの社長である、ウィリアム・ムーア・パッサーノという一人の非常に頑固な男の情熱と意志にかかっていたのである。

第3章

10ドルを回収するための50ドル

FIFTY DOLLARS TO COLLECT TEN

ウィリアム・パッサーノの甥にあたるマック・パッサーノの自宅の居間には、先祖の肖像画が一枚飾られている。それは、ジョセフ・ダ・パッサーノの肖像画で、米国で新生活を始めるために、妻と幼い息子をともなってジェノバを旅立つ前夜に描かれたものだ。そこに描かれた、ローマの教会裁判所の著名な裁判官の息子であるパッサーノは、読書机に座っている。よく見ると、机に乗せられた片方の腕の肘のあたりに、「我こそは狂気のパッサーノ」という謎めいた言葉が書かれた一枚の紙があるのがわかる。

彼から数えて四代目にあたるウィリアム・パッサーノは、一族の歴史をまとめながら考えた。誰に聞いてもジョセフ・ダ・パッサーノは一族の厄介者だった。あの謎めいた言葉は、他の一族との不和が原因で、彼はジェノバを離れることになったという意味か。それとも、彼自身が、米国行きを正気の沙汰ではないと思っていただけなのか。「私の直観ではどちらも正しい」とジョセフの末裔は記している。ジョセフ・ダ・パッサーノは一八六五年にメリーランド州ボルチモアで亡くなり、同地のグリーンマウント墓地に埋葬された。

一九六三年一月、ウィリアム・パッサーノは、彼の父が家業の印刷業から派生するかたちで一九〇九年に創業した医学専門の出版社ウィリアムズ&ウィルキンスの社長に就任し、ボルチモアで出版業を営むことになった。エンジニアとしての教育を受けたパッサーノは、それまでずっと印刷業務に携わり、新型のライノタイプ〔欧文の活版に使用される、一行分の活字塊をまとめて鋳造する自動鋳植機〕の導入を監督し、新しい凸版活字印刷機を試し、新たな印刷技術を評価するために研究・開発担当役員を採用してきた。彼は、ある印刷技術が、出版業者としての彼の人生を大きく変えることになるとは思ってもみなかった。その技術とは、一九六〇年に発売されたゼロックス914という複写機であり、この高速複写機の性能は、従来の技術をはるかに凌駕し、早く、安く、きれいな複写を実現していた。

ギャンブルとしての競馬が馬の飼育とまったく違うように、出版業も印刷業とはまったく違う業種である。印刷業は、労働力とモノづくりのビジネスである。競合他社とは同じ土俵で戦う。つまり、人件費、インク代、紙代、活字代が同じであれば、競合他社がより安く売ることは至難の業だ。それに比べると、出版業の方がはるかにリスクは高い。書籍の出版とは、頻繁に発生する赤字本を補填しうるだけのヒット作を探し当てることができる、と信じる行為である。さらに、売れない本を出版するというリスクを負わず、しかも出版された本の作者に印税も支払わずに、自分が苦労して見つけてきたヒット作を複製しようとする不届き者から、法律が自分を守ってくれると信じなければならない。

米国政府が運営する国立医学図書館（NLM）がウィリアムズ&ウィルキンスの学術雑誌に掲載された何万本もの論文を無許可で、つまりお金を払わずに複写していると従業員から聞かされたパッサーノは激怒した。「いいカモだと思われるのはごめんだ。どこの世界に、自分の家の門柱に、『ここの住人はすぐにだまされます』と書いた札をつるす奴がいると言うんだ。私がそれと同類だなんて思われてたまるか。私の金を巻き上げておいて、うまく逃げおおせると思ったら大間違いだ」。それを聞いていたパッサーノの息子はぶっきらぼうに言った。「〔父さんは〕主義主張のためなら、一〇ドルを回収するのに五〇ドルだって使うだろうね」。パッサーノも、この言葉を否定しなかった。

技術者気質のウィリアム・パッサーノにすれば、採算性の問題ではなかった。作成者に報酬を支払わずに著作物を複写できるとなれば、それは不公平であって、正しいことではないと彼は考えたのだ。しかし、彼は悩んだ。声を上げて抗議すべきだとはわかっていたものの、その後のことを考えて怖じ気づいてしまった（数年後、彼は一族の歴史について執筆中、若い時分、自分が印刷工で父親がまだ会社を牛耳っていた頃のある出来事によって自分があがり症になったことを明らかにした。彼は、ニューヨーク市で開かれた全米機械学会の会合で能力給についての論文を発表するよう依頼を受けた――と彼は思っていた――のだが、「登壇の直前に会長からこう言われた。『お父様にお願いしたつもりだったんですが』と」）。実際、図書館団体との話し合い、同業出版社の説得、議会での証言など、複写問題をめぐって図書館業界と争うことを決断するのは、少なからぬ狂気に取り憑かれているようなものだった。出版社、とりわけ医学専門の出版社にとって、この問題で図書館と対峙することは、一番の顧客と闘うことを意味していた。当然のことながらパッサーノに同調する同業者はいなかった。勝訴の可能性が見えて気持ちが浮き立ってきたときに、彼は背筋が凍るような噂を耳にした。全米の医学専門図書館が彼の会社が出版している学術誌をすべてボイコットするつもりだというのだ。

図書館に無許可で複写できる権利はないというパッサーノの主張の背後には、二世紀にわたる著作権の歴史がある。蓄音機、無線、テレビといった新しい技術が著作物の新たな市場を生み出すと、遅ればせながら議会も、その都度、新しい利用形態が含まれるように法律の適用範囲を拡大しようと行動を起こした。しかし、パッサーノは、法や歴史よりも影響力の大きい、ある状況を考慮しなければならなかった。この状況は、たちまち合衆国の著作権制度を混乱に陥れた。蓄音機用のレコード、無線そしてテレビ放送は、そのいずれもが、所在の特定が容易で利用許諾が簡単に得られる。しかし複写機は違う。この機械は、国中の何十万か所ものオフィスや図書館で、他人に見られたり監視されることなく、誰でもコピーを作成できるようにした初めての技術だった。コピー一枚あたりの料金が安く、プライバシーに対する脅威がきわめて大きい場合でも、議会は責任を課し、裁判所は著作権を適用するだろうか。

技術者としての教育を受けたパッサーノには、不安定な構造物は遅かれ早かれ自壊するものだとわかっていた。すぐに彼は女性差別という実業界の問題点に気づく。そこで彼はウィリアムズ&ウィルキンスの社長に就任して真っ先に、ある部署の責任者に女性を任命した。「『パッサーノ社長、そんなことしてはいけません。男性は女性からの命令に従いませんから』。だから私は言ってやったんだ、『何を馬鹿なことを言ってるんだ。男性は、おむつをつけていた頃から、男性は女性の命令に従っているんだぞ』とね」。

無償コピーという異常事態もいずれ崩壊するだろうとしばらく静観していた彼だが、ひょっとするとこれは、自重しているだけでは解決しない構造上の問題があるのではないかと不安を覚えるようになった。実際、図書館職員は議会か裁判所から命じられない限り、複写の慣行をやめるつもりはなかった。一九〇九年著作権法の改正作業中だった議会は膠着状態だった。上院の知的財産小委員会で証言したパッサーノは、大好きなジェイムズ・ラッセル・ローウェルの詩を引用した。

古い概念をたわごとと言い
良心をまげて商売にうつつを抜かすことのなんと虚しいことか
十戒は決して変わることなく
盗みは盗みのままなのだ

パッサーノは、小委員会の委員長を務めるジョン・マクレラン上院議員（アーカンソー州選出）が、「なんて生意気な奴なんだ」と言わんばかりに自分をにらみつけていたことを覚えている。

強硬な図書館業界からは足蹴にされ、冷ややかな議会からは無視された。ジェノバからやってきた狂気の男の玄孫であり、ボルチモアで最初の出版社の社長を務めた彼が最後に救いを求めたのが、公共政策に関する重大な問題を解決するための合衆国唯一の制度、すなわち訴訟だった。一九六八年二月一七日、同業者の忠告に耳を貸さず、彼は、ＮＬＭと米国国立衛生研究所（ＮＩＨ）を相手取って著作権侵害の訴訟を起こした。その無謀な試みは最終的に連邦最高裁判所まで争われることになった。ワシントン・ポスト紙の見出しによれば、この争いは、最高裁が審理をおこなう案件で最も重大な案件に挙げられた。「ウィリアムズ&ウィルキンス対合衆国事件は、近年まれに見る難題かつ重要な著作権訴訟である」とその記事にはあった。

政府を相手取って訴訟することを選んだため、ウィリアム・パッサーノは、合衆国に対して提起された著作権訴訟を扱う事実審〔第一審〕裁判所である請求裁判所に訴訟を提起した。この訴訟は受理され、事件記録に掲載されると、裁判所の一五名の補助裁判官のなかで二人しかいない知的財産の専門家の一人であるジェームズ・F・デイヴィスが担当することになった。彼は、両当事者の事実審理前申立てと証拠の開示を指揮し、事実審の審理を取り仕切り、事実認定をおこない、最後にどちらの主張が認められるかを判断した。三六歳のデイヴィスは裁判所で最年少の補助裁判官だったが、その実績には目を見張るものがあった。というのも、補助裁判官に就任してから一年余りのあいだに、知的財産訴訟における彼の判断が請求裁判所によって覆されたことが一度もなかったからである。

NLMは、膨大な数の医学専門書や医学雑誌を所蔵している。NLMは図書館のための図書館として、図書館間相互貸借を通じて他の図書館に蔵書の貸出しをおこなう。一九五七年から一九六一年までに、NLMは三五万二二六二件の著作物を「貸し出し」、その大部分にあたる三〇万一五二八件は複写形式の貸出しだった。複数の専門的な医学研究機関の集合体であるNIHには独自の図書館があり、研究スタッフのために蔵書の複写をおこなっている。その数は、一九七〇年までのあいだに、年間ほぼ一〇〇万ページに達した。どちらの組織も自分たちに著作権侵害の責任が発生する可能性があることについては無関心だった。もっとも、一九五七年にNLMの館長であるマーティン・カミングスは、次のように予言していた。「実際には可能性はそれほど高くないとしても、遅かれ早かれ数年後にはこの問題が裁判に持ち込まれるかもしれない」。

一九六七年四月二八日、パッサーノはカミングスに書簡を送り、ウィリアムズ&ウィルキンスとしては、一ページにつき二セントのライセンス料で自社の学術雑誌に掲載された論文の複写をNLMに許可する意思があることを伝えた。カミングスはこの書簡を当時の保健教育福祉省の法律顧問に見せ、パッサーノに対し、当分のあいだはウィリアムズ&ウィルキンスの学術雑誌の複写を控えるとただちに回答した。その一か月後、パッサーノのもとに最終回答が届いた。「当方の見解としましては、研究目的での複写行為という長年にわたるこの慣行は、著作物のフェアユースであり、したがって私はこれまでどおりサービスの提供を続けるよう職員に指示いたします」。

長年、結核の研究に携わってきた著名な内科医のマーティン・カミングスは、NIHで上級行政官として三年間を過ごしたのちに、一九六四年、NLMの館長に就任した。館長就任後の三年間、彼の主たる仕事は、新しいコンピュータ・システムの導入を監督することだった。のちに彼は「楽しい」三年間だったと述べた。その後突然、彼は、複写をめぐる対立で、政府を代表してNLMだけでなくNIHのためにその解決にあたることになった。そしてそれからの六年間、彼はこの対立の解決に時間の大半を費やすことになる。

カミングスから二通目の書簡が届いた頃、パッサーノはニューヨーク市で開催されていた著作権に関する会議に出席していた。そしてそこで偶然、アラン・ラットマンという弁護士と出会った。ラットマンはハーバード・ロースクールで、伝説のベンジャミン・カプランの指導のもと、著作権を学んだ。そしてカプランの他の弟子たちの多くと同じように、彼もまた優雅でエキセントリックな著作権のとりこになった。幸運なことに、実務家としての二一年間も、彼は著作権という専門分野から距離を置かずにすんだのだった。

当時のパッサーノは知らなかったのだが、ラットマンは、政府が運営する二つの図書館を相手にした裁判でのちに大きな争点になるフェアユースの法理に関して、全米有数の専門家だった。フェアユースは司法上の安全弁として、たとえ著作権法の文言上で禁じられている場合であっても、著作物の一定の引用または複製について著作権侵害を問わない権限を裁判所に認めるものである。ラットマンは一九五八年に著作権局のために執筆した論文で、合衆国で下されたフェアユースに関するすべての判決——この法理には長い歴史があり、この法理が最初に取り上げられた判決としては、ジョセフ・ストーリー判事が著作権の形而上学について考察した一八四一年の判決にまでさかのぼる——を分析した。そして、その結果として、裁判においては、さまざまな理由から、またパロディからニュース報道、学術研究にいたるまでの多岐にわたる状況で、執筆者に著作物の引用が認められているとの見解を明らかにした。こうしたフェアユースによる複製行為には、批評や私的研究のためにおこなう複製も含まれた。しかし、図書館による複写という問題については、裁判所も研究者もまったく言及したことがなく、ラットマンの論文でも十分な検討がおこなわれてはいなかった。

フェアユースの法理において、慣習は重要な要素である。著作権者が他人による特定の複製や引用を常に黙認していることは、それだけで当該著作物の使用が合理的で公正であることとの証拠になる。ウィリアムズ&ウィルキンスにとって不安材料になりかねない一つの慣習とは、一九三五年に図書館の代表と出版社の代表のあいだで交わされた紳士協定の存在であった。そこには、当時の技術で許容される複製行為の範囲についての両者の理解が明らかにされていた。その協定によれば、図書館は、複製の実施から利益を得ない限り、「著作権のある出版物の貸与に代えて、あるいは手書き転写に代えて、専ら研究目的で」著作物の「写真による複製一部」を希望すると書面で表明した研究者のために、当該複製をおこなうことができるとされていた。

ラットマンと出会ってから一週間も経たないうちに、パッサーノは、NLMとの著作権訴訟で我が社の弁護をする気はないかと打診した。ラットマンはやってみたいと熱を込めて即答した。同社顧問弁護士のエベン・パーキンスは、著作権が専門ではなかったため、この大変な裁判をラットマンが引き受けてくれるとありがたいと言った。

一九六七年七月一一日、NLMへの正式な補償請求を行うためにパッサーノとパーキンスがベセスダに出向いたとき、カミングスは、彼らがまだ知らない事実を入手した。それは、一九六二年にあるNLM職員が所蔵する学術雑誌の著作権者を調べたところ、そのほとんどが専門の医学系学会であることがわかったという事実だった。つまりNLMによる複写の頻度が最も高い学術雑誌の中で、ウィリアムズ&ウィルキンスのような営利目的の出版社が著作権を有しているものはごくわずかだということになる。さらにこの職員によれば、一ページ二セントで使用料を計算したところ、三か月間にNLMがウィリアムズ&ウィルキンスに支払わなければならない金額はたった三〇〇ドルにしかならないという。毎年、NLMでは、あらゆる出版社の学術雑誌を約一〇〇万ページコピーしているのだから、一ページあたり二セントの使用料で計算すると合計二万ドルになる。「これなら大した額じゃない」とカミングスは言った。「その程度なら支払える。これですべて解決だ」。

では、なぜカミングスは、一ページあたり二セントの使用料というウィリアムズ&ウィルキンスの提案を受け入れなかったのか。この点に関して、パッサーノとパーキンスはこの館長を誤解していたようだ。たしかにワシントンに来る前のカミングスは内科医であり医学専門の研究者だったが、いまや彼は、(図書館の一員として)同僚の図書館職員と一心同体となっていたのだ。当時を振り返って彼はこう話す。「他の図書館の館長やこの問題に関心のある人たちと話し合うと、誰もがこう言ったのです。『図書館業界全体から見れば、NLMは一つの小さな組織にすぎないが、もしこの一ページあたり二セントという使用料が全米に適用されることになれば、とんでもない額になる。だからほかの学術図書館や公共の図書館を関与させずに、NLMがこれに応じるのは不公平だ』と」。一九六七年六月二四日、米国研究図書館協会(ARL)は、ウィリアムズ&ウィルキンスの要求に対し、これまでどおり複写を続けるというカミングスの方針の支持を決定した。さらにその五日後には、米国図書館協会（ALA）もNLMを支持した。

相手を誤解していたのはパッサーノたちだけではない。一ページ二セントというわずかばかりのロイヤルティが手に入れば、パッサーノは裁判を思いとどまるだろうとカミングスが考えていたとすれば、それは彼が、一〇ドルを回収するために五〇ドルを使う男を誤解していたことになる。さらにカミングスがパッサーノと彼の従業員を図書館に招いて複写作業を見学させたことも間違いだったかもしれない。「あれはとんでもないミスだった。というのも、もし連中が来ていなければ、おそらくここまで強固な考えをもつことにはならなかっただろうから。彼らはまるで工場のような複写作業を見て、不安に感じたのかもしれない。本格的な設備で複写されている光景を目の当たりにすれば、誰だってこれでは自分の会社の経営に影響が出ると思うだろう」。

印刷工場と見紛うほどの設備を見て、パッサーノは怒りを増幅させたのかもしれないが、彼には政府を相手取って裁判を起こすことに戦術上の理由もあった。その少し前に、議会は合衆国法典第二八編を修正し、合衆国政府が知的財産侵害訴訟の当事者になることを初めて認めていた。その規定では、ラットマンと彼が本訴訟でパートナーを組むアーサー・グリーンバウムが有力だと考える新たな救済上の工夫が示されていた。私人に対する著作権侵害訴訟では、当然のことのように勝訴した著作権者に差止めが認められるのに対し、合衆国法典第二八編第一四九八条では、政府に対する差止めを禁止し、著作権者には「合理的かつ十分な補償の回復」が認められるにすぎなかった。これこそが、科学情報の流れを止めるのではなく、ただ自らの財産が使用された場合に公正な補償を受け取りたいという、ウィリアム・パッサーノのねらいにぴったりの規定だった。

政府が運営する二つの図書館を相手取った訴訟は、戦術的に難しいものだった。「合理的な補償」を算定するために、ウィリアムズ&ウィルキンスは図書館が複写した何千本もの学術雑誌掲載論文をすべて特定しなければならなかった。結局ラットマンは、訴訟を二つの部分に分けることが最善の戦略だと判断した。まず前半では、無断複写が著作権侵害にあたることの立証のみをおこなう。これは、数件の侵害でも何百件もの侵害でも、同じように立証することが可能な原則である。次に後半では、侵害の総件数を数えることで、図書館側の金銭的責任を計算する。そして、この時点までに、うまくいけば図書館側にはウィリアムズ&ウィルキンスが出版する学術雑誌すべてを対象とするライセンス契約の締結に応じる用意ができているだろうから、そうなればウィリアムズ&ウィルキンスとしては個々の侵害についていちいち計算する手間が省けると彼は考えた。

しかし、二つの図書館がウィリアムズ&ウィルキンスが訴状で特定した論文以外の論文についてライセンス契約の締結を拒否した場合はどうなるのか。そうなった場合の防御策として、ラットマンは画期的な秘策を思いついた。彼は、訴状で七件の具体的な侵害行為を主張し、さらに八つ目の包括的な訴因として、「前述の著作権の対象となっている各論文の複製、印刷、増刷、出版、販売、頒布を行うことによって、被告が原告のその他の著作権を侵害した」ことを「原告の信じる二次的情報に基づいて」主張することにしたのだ。彼は、「そのような他の著作物を特定した場合、この申立書を訂正することの許可を裁判所に」求めるつもりだった。ウィリアムズ&ウィルキンスは、コピーされた論文七本を示すことで自身の義務を果たしたことになる。そして、事実審前の証拠開示の過程で、他の膨大な数の侵害行為に関して文書化するかどうかは、政府次第ということになる。

ラットマンが思いついた八番目の包括訴因には、著作権法では証拠漁りが認められていないという問題があった。集団代表訴訟では、瑕疵ある製品で損害を受けた購入者一名が同一製品を購入した不特定多数の個人を代表してメーカーに対し訴訟を提起できる。しかし、著作権法では、著作権者に対し侵害を主張するすべての著作物について著作権登録証の作成を義務づけている。この登録証がなければ、裁判所には当該著作権者の請求を受理して審理をおこなう管轄権すらないことになる。

裁判所が包括訴因却下を求める政府の申立てを認めたため、ラットマンはすぐさま、メディシン誌に掲載されていた「ヒトの肝静脈閉塞」という論文の著作権が侵害されたという訴因を新しい八番目の訴因として加えた。こうしてウィリアムズ&ウィルキンスの請求がきれいにそろえられたのを見て、グリーンバウムは請求裁判所で勝訴すれば、「おそらく私たちは八ドル一二セントを回収した」ことになると冗談交じりに言った。

結局、八本の雑誌論文に限定して訴えを起こすことになったため、ラットマンにとっては、政府が運営する二つの図書館が各論文を複数部複写したことの証明がますます重要になった。これまでのところ、パッサーノは、一九三五年の紳士協定で許されていた行為である図書館側が一部複写したケースしか特定できていなかった。ラットマンはパッサーノに対して、複数部の複写がおこなわれたという証拠を集めるために、従業員の誰かに命じてＮＬＭの記録を調べさせるように強く求めた。だが、パッサーノは応じなかった。その理由の一つとして、そんなことをすれば裏目に出るのではないかと彼が不安に感じていたことがある。彼の考えでは、裁判所は複数部の複写がおこなわれたことを証明するさまざまな証拠を利用して、複数部の複写は著作権を侵害するが、一部の複写物作成はフェアユースだと判断することで、両者を妥協させるための口実にするかもしれなかった。そうなれば、彼には、一回につき一部の複写という主たる問題に対する救済が認められないことになる。しかもパッサーノは記録調べを買って出てくれるような主たる従業員を見つけることができなかった。パッサーノはラットマンへの手紙にこう記した。「我が社は決断しました。論文の複写を一部取ることが著作権侵害にあたるかどうかという基準に基づき勝敗を決すべく、政府に対する訴訟を遂行していきます」。

大きな事件で事実審に向けた弁論準備がスムースに進むことはめったにない。八番目の包括訴因が認められなかったことに加え、複数部の複写物作成については証明をおこなわないというパッサーノの決断は、ラットマンが考える弁論の進め方に大きな衝撃を与えた。しかもさらなる衝撃が彼を待ち受けていた。一九六八年六月、最高裁は、フォートナイトリー対ユナイテッド・アーティスツ・テレビジョン事件で、ケーブルテレビ会社が著作権者の許可なく地元のテレビ局から映画番組を再送信する行為について著作権侵害にあたらないとの判断を下したのである。ラットマンには、著作権法で認められている「実演（perform）」の排他的権利（フォートナイトリー事件における争点）と「複製（copy）」権（ウィリアムズ&ウィルキンス事件における争点）とが異なることはわかっていた。しかし、最高裁が著作権の争点に言及することはめったになく、最高裁が言及した場合には、その一つの事例の事実関係にとどまらない法的風潮をつくりだす。フォートナイトリー事件でつくりだされた、著作物の新たな技術的利用については著作権侵害を問わないという法的風潮は、パッサーノの請求にとって有利に働きはしなかった。「文字で表されていなくても判決の精神はいつか私たちに不利に引用されるにちがいない」と、ラットマンはエベン・パーキンスに宛てた手紙にそう記した。

不安材料はこれだけではなかった。証人の証言録取が順調におこなわれているさなかの五月に、ラットマンは最新の証言録取についてパッサーノに報告した。その際、彼はできるだけ平静を装って爆弾発言をした。「興味深いことに」政府関係者への尋問から、ウィリアムズ&ウィルキンスの学術誌に掲載された研究の大半が、連邦政府から助成金を受けていることが明らかとなった事実を伝えた。「一九六五年七月一日から、米国公衆衛生局のポリシーに、公衆衛生局交付金を使った出版物を複写その他の用途で使用するために、非排他的で使用料の要らないライセンスを政府に認めるという規定が明記されていたことがわかりました」。ウィリアムズ&ウィルキンスが著作権侵害を申し立てている著作物八件のうち五件は、この交付金を使って執筆され、一件は無料で複写できる権利を政府に明示に認めたポリシーの採択後に執筆され、残りの四件については、政府の主張によれば無料での複写を認める黙示のライセンスが政府に与えられた時点で執筆されたものだった。ラットマンは黙示のライセンスという主張に焦点を絞って尋ねた。「政府にライセンスの付与を認めることを明示する文言は、それ以前の慣行を変更するために加えられたのですか、それとも単にそれを法典化するために加えられたのですか」。

法律家ならこの質問になんらかのかたちで答えることができるだろう。だが、明示のライセンスと黙示のライセンスという法律家独特の区別は、パッサーノの不安を解消できるものではなかった。もともと彼は過去のことではなく将来のことを考えていた。そして、将来に関していえば、政府からの交付金でまかなわれている研究の成果としての論文については、政府が使用料の支払いなしで複写できる明示的な規定があるため、NLMやNIHはウィリアムズ&ウィルキンスの雑誌に掲載される論文の四分の三までは無料で複写できることを意味する。

一〇ドルを回収するために五〇ドルを使うとしても、もし裁判に勝訴して、将来、複写行為からその何倍もの収益を確保できるようになるのであれば、その五〇ドルには払うだけの価値がある。しかし、新しい公衆衛生局のポリシーは、たとえどんなにつらい事実であっても、技術者であればすぐに理解できる事実であった。そこにはニュアンスもグレーゾーンもなかった。救いの手は奪い去ることもできるのであって、政府はウィリアムズ&ウィルキンスが出版する学術誌に掲載された論文の大部分から収益が得られるという見込みを奪い去ったのである。パッサーノはラットマンにこう手紙に書いてよこした。「今わかっていることが政府を相手取って裁判を起こす前にわかっていたならば、裁判なんて絶対にしなかったのですが」。そして、いくつかの選択肢の一番上に、「無駄なことに金をつぎ込むくらいなら今ここで訴えを取り下げること」を挙げた。

ラットマンは一週間かけて現状を検討し、パートナーの助言を仰いだ。六月一〇日、彼はパッサーノに宛てた手紙で、訴訟を継続し、公衆衛生局の交付金を使って書かれたものではない論文を対象にした新しい訴因を加え、公衆衛生局の交付金を使って一九六五年以前に書かれた研究論文の複写については、黙示のライセンスが認められるという政府の主張について争うことを提案した。しかし、明らかに明示のライセンスの対象となるため、一九六五年以降に出版された論文に関する訴因は取り下げるべきだと示唆した。パッサーノはこれに同意したものの、それでもなお、無駄なことに金をつぎ込むことになるのではないかと心配していた。「当社で意見が一致したのは、当社にとっては裁判によらない和解が最も望ましいものの、私には良い結果が出るとは思えないこのアプローチに時間や金をつぎ込むのは正しいとは言えないということです」とラットマンに手紙で伝えた。

自分が思い描く明確な裁判像が法律の細かな議論によって姿を変え始めると、パッサーノは、裁判で法律上の主張が認められなかった場合に備えて、技術者らしい解決策を考えるようになった。一九七〇年四月、彼は複写機による複写を不可能にする特殊で「ノイジーな」用紙に印刷したメディシン誌をラットマンに見せた。パッサーノは、「こんなミサイル迎撃用ミサイルみたいな方法を使わなくてもいいように勝訴できればいいのですが」と言った。ラットマンはその用紙について、「少し見づらくて目に悪い点を除けば、すごいアイデアだ」と思った。その四年後、この裁判の審理がまだ最高裁判所で継続していた頃になっても、パッサーノは技術者として思いついた「最後の切り札」にこだわり続けていた。

当時、ラットマンは技術的な解決策にまったく興味がなかった。彼は、自分たちの主張を正当化するための法理論——事実に法的な重要性を与えることで、補助裁判官のデイヴィスがウィリアムズ&ウィルキンスの主張が正しいと判断せざるをえないようなメタファ——を考えなければならなかった。最も簡単な教科書的な方法は、本件を一応の証明がある事件（prima facie case）ということであった。著作権法第一条（a）は、著作権者の同意なしに著作物を複製することを違法と定めていた。ウィリアムズ&ウィルキンスの学術雑誌に掲載されている論文はいずれも著作物である。そして、NLMとNIHは、ウィリアムズ&ウィルキンスの同意なしにこれら論文を複写していた。政府にとって唯一の逃げ道はフェアユースの法理だった。しかし、フェアユースの法理は一世紀以上前から教科書に載っているにもかかわらず、裁判所が、著作物全体の複写を免責するために同法理を適用した事例は一件もなかった。

理論上、本件を一応の証明がある事件ということには説得力があるように思えるかもしれない。しかし、ラットマンとグリーンバウムは、デイヴィス補助裁判官の判断を再検討する上訴審では、連邦裁判所裁判官の厳しい精査に耐えうる以上の何かが必要だと重々承知していた。この二人の弁護士にわかっていた——パッサーノは決して忘れさせてくれない——のは、法律が自分たちの側にあるということだけでなく、正義もまた自分たちに大義名分を与えると説明しなければならないことだった。ラットマンとグリーンバウムは本件を一応の証明がある事件と主張するつもりだったが、ほかにも次のような主張をすることにした。それは、複写という手段はウィリアムズ&ウィルキンスが出版する学術雑誌の購入を代替するものであり、パッサーノがすでに費用を負担している何かを無料で研究者に提供し、それと同時に定期購読料という彼の収入源を枯渇させる行為だという主張である。当時を振り返って、グリーンバウムは次のように話す。「NLMやNIHによる複写行為で、ウィリアムズ&ウィルキンスがどれほどの損害を被るかについての説明を考えるのは大変でした」。お金を払って専門家に依頼する必要はなかった。なぜなら、「ビル・パッサーノがどれほどの損害を被っているのかについては、彼自身が説明できましたから。彼は誰よりも自分のビジネスのことがわかっていました。だから説明できたんです」。

ウィリアムズ&ウィルキンス対合衆国事件の事実審は、一九七〇年九月九日水曜日、ホワイトハウス真向かい、ラファイエット広場に建つ請求裁判所の美しいウォルナットの羽目板が貼られた法廷で始まり、その後、六日間続いた。ラットマンの最初の証人はウィリアム・パッサーノだった。背が高く、頭のはげたこの男の、ともすればいかめしい印象を与えるその姿に、鼈甲のめがねときれいに整えられた口ひげが柔和な印象を与えていた。

ラットマンは自分のクライアントであるパッサーノに、彼が経営する会社とその事業について尋ねた。パッサーノは、ウィリアムズ&ウィルキンスは彼の一族が保有するウェーバリー・プレスという印刷会社の一部であり、ウェーバリー・プレスの印刷による収益は出版による収益を大幅に上回っていると説明した。ウィリアムズ&ウィルキンスは、出版している三七種類の学術雑誌のほとんどを医学系の学会と共同で製作していた。たとえば、米国免疫学会はジャーナル・オブ・イミュノロジー誌のスポンサーだった。通常、医学系の学会は編集委員会を編成し、そこで学術誌に掲載する論文が決定される。「掲載が決まった論文は出版社に渡され、そこから私たち出版社が製本をおこなうのです」。収益は学会とウィリアムズ&ウィルキンスが折半していた。

続いてラットマンは事件の核心に迫る質問に移った。「大規模な複写行為に話を戻したいのですが、図書館によるそのような複写行為の潜在的な影響があるとすれば、あなたはどのような影響があるとお考えですか」。パッサーノは、複写行為によって自分の会社の定期購読者数が伸びず、また増刷やバックナンバーの売上も止まってしまうと答えた。

ラットマン　それ以外の潜在的影響としてはどのようなものが考えられますか。

パッサーノ　そうですね、複写が制限されない場合には、弊社が特定の事業で得ている複写によるロイヤルティが得られなくなるという影響が出るでしょうね。

ラットマン　いまあなたがおっしゃった潜在的影響と、学術雑誌の出版にかかる費用のあいだに何か関係はありますか。

パッサーノ　いわゆる準備費用、つまり雑誌を一部製作するのにかかる費用ですが、これが総経費の五〇％から六五％を占めています。学術雑誌のような定期刊行物の場合、定期購読者数は三千とか五千とかなのですが、定期購読数が減少するようなことがあると、部数が減少しても準備費用はかかるわけですから、結果として一部あたりの費用、つまり単価が急騰することになります。

これこそが、五年間にわたり、パッサーノがことあるごとに、連邦議員、図書館職員、出版業者さらには耳を傾けてくれるすべての人に説いて回っていたメッセージだった。そしてラットマンがこの裁判で主張する理論をしっかりと取り入れたメッセージでもあった。つまり、無制限な複写が定期購読にとってかわり、費用が跳ね上がることでさらに定期購読者が減ってしまう、ということだ。

トーマス・バーンズは、司法省の特許課に移ってから五年も経たないうちに、この裁判の被告である国側の弁護を担当することになった。彼は科学者として六年間を過ごしたのち、「これからずっと研究室に閉じこもっているなんてごめんだ」との思いから、「週五日、夜二時間を四年間」かけて夜間のロースクールに通った人物である。デイヴィス補助裁判官と同じく、特許専門の弁護士であるバーンズも、特許訴訟での政府側の弁護に明け暮れていた。ウィリアムズ＆ウィルキンス事件は彼が初めて担当した著作権訴訟だった。「たしか、当時の特許課のブラウン課長から言われたんだと思います。『この事件を担当するつもりはあるか』と。だから『はい』と答えました。あの頃の私はいつでも『はい』と答えていました。とにかく仕事がしたかったですから」。

バーンズは当初、この訴訟を、政府を相手取ったごく普通の裁判だと思っていたことを覚えている。

そんなふうに暢気にかまえる彼を見て、マーティン・カミングスは不安にかられた。というのもカミングスは、原告側の弁護士がこの裁判を希有な事例だと考えていることを知っていたからだ。だから、バーンズがそう考えていないことが気がかりだった。「この裁判の潜在的な影響を彼に理解させるのに数か月かかりました」。

当初、バーンズはこの裁判の重要性をわかっていなかったかもしれない。それにラットマンやグリーンバウムに比べると彼は経験不足だったし、この裁判を担当する人員も十分ではなかったかもしれない（バーンズはこの裁判を最初から最後まで一人で担当した）。しかし、ウィリアム・パッサーノに対する反対尋問ではそうした不利な要素があることなど微塵も感じられなかった。周到に準備し、ある時には単刀直入に、またある時には抜け目なく遠回しに、彼は一本ではなく二本の危険な道へとパッサーノを巧みに誘導していった。しかもそのどちらの道も、ゼロックス社の複写機が登場して以降、複写の数が増加したという話から始まり、パッサーノはそれに同意したのである。

バーンズ　もしゼロックス社の複写機を使うこと、つまり複写の提供によって、あなたの事業になんらかの有害な影響が出るとした場合、その影響は着実に増えていたといって差し支えありませんか。

パッサーノ　ええ、私の考えでは、それは正しいご意見だと思います。

ここで重要な意味をもつのが「なんらかの有害な影響」という言葉だ。有害な影響とは、学術雑誌の収益性の低下のことだろうか。もしそうであれば、パッサーノは実際に利益が減ったことを証明しなければならないだろう。それともこの言葉はウィリアムズ&ウィルキンスの定期購読者の減少を意味するのだろうか。もしそうであれば、パッサーノは同社の定期購読者が実際に減ったことを証明しなければならないだろう。

バーンズは、ジャーナル・オブ・イミュノロジー誌の財務諸表をパッサーノの前に置き、この雑誌が一九五九年と一九六〇年に純損失を出したものの、それ以降は純利益を上げ、一九六三年には、一九五九年と一九六〇年の損失を帳消しにできるほどの利益を上げたことを指摘した。この相殺分の半分はアメリカ免疫学会に分配される利益から支払われた。

バーンズ　一九六九年、ジャーナル・オブ・イミュノロジー誌は一万六九〇〇ドルの収益を上げています。そして一九七〇年には四万五〇〇〇ドル、翌一九七一年には五万ドルの収益を見込んでおられますね。

パッサーノ　その数字が書かれたときにはそのように予測していました。それ以降はあまり楽観視しないようにしています。

バーンズ　いずれにせよ、それは財務状況が改善されたということですよね。

パッサーノ　はい、そのとおりです。

次にバーンズは、定期購読者数の減少に関する質問に移った。彼はパッサーノに、一九六七年四月に上院の特許・商標・著作権小委員会で彼がおこなった次のような発言を紹介した。「弊社としましては、弊社が出版している三九種類の定期刊行物の大部分からの収益が、複写が原因で大幅に落ち込んでいることを承知しています」。

バーンズ　メディシン誌について複写が原因で金額にしてどの程度の損失を被ったかはおわかりですか。

パッサーノ　金額については調べていません。定期購読者数で判断しています。

バーンズ　では、定期購読者数はどのような方法で調べておられますか。

パッサーノ　二つあります。一つは毎年の定期購読者リストの動向です。もう一つは、その雑誌で想定される合理的な潜在的定期購読者数と実際の購読者数を比較しています。

バーンズ　メディシン誌の場合、合理的な潜在的定期購読者数はどのくらいですか。

パッサーノ　たぶん今出ている部数の三〜四倍だと思います。

バーンズ　その根拠は。

パッサーノ　あの雑誌が世界最高の医学雑誌の一つとして認知されていることです。

まさにこのように話を紡ぎながら、バーンズは複写行為の有害な影響に関する質問から断続的に離れ、自分が張り巡らした網の別の角にパッサーノを誘導した。パッサーノは、ウィリアムズ&ウィルキンスが論文を寄稿した研究者に金銭を支払っていないことを認めた。実際、多くの場合、論文を寄稿する研究者の側が「掲載料」、具体的には原稿が既定の分量を超える場合に一ページごとに定額の料金を出版社に支払っていた。ウィリアムズ&ウィルキンスは執筆者になんらかの報酬を支払っていたのですか、とバーンズは尋ねた。

それに対しては、「弊社は彼らの資料を出版していました」という答えが返ってきた。

バーンズが聞こうとしていたのは、どの種類の出版社が執筆者に印税を支払う必要のない出版社なのかということだった。自費出版専門の出版社の場合を除き、どの種類の出版社が作品の出版と引き換えに執筆者に対して金銭を要求するのか。著作権法の前提とは、著作者や出版社に対して新しい作品の創作と普及につきもののリスクを自らの判断で負うように促すためには、財産権が必要だというものである。医学系の学会とリスクを共有できて、しかも執筆者が費用を負担してくれるとなれば、ウィリアムズ&ウィルキンスはどの程度のリスクを負っていたのか。編集上の判断について、パッサーノは、自分の会社が出版している学術誌のほとんどで、医学系の学会や独立した編集者が日々の運営に携わり、掲載する論文を自分たちで選び、出版しているのだと証言した。

実際のところ、バーンズは、ウィリアムズ&ウィルキンスが出版社ではなく、印刷会社にすぎないことを暗に示そうとしていたのかもしれない。彼が証拠として提出した同社の財務諸表では、学術誌で最も大きな支出は印刷費だった（ジャーナル・オブ・イミュノロジー誌の一九六六年度の財務諸表によれば、同誌の支出九万二三〇六ドルのうち、ほぼ七万七〇〇〇ドルが印刷費、郵送費および諸経費で占められており、「修正」や「編集」の費用に回されたのは一万四〇〇〇ドルをわずかに上回る程度にすぎなかった）。ウィリアムズ&ウィルキンスは、ウェーバリー・プレスの付属組織以上の存在だったのか。親会社であるはるかに規模の大きい印刷会社に定期的に仕事を流すための組織にすぎなかったのではないか。

今度はバーンズが自説を展開する番だった。五日間にわたり、彼は次から次に証人尋問をおこない、彼らの証言を、連邦裁判所で著作物のフェアユースについて判断を下す際に伝統的に重視している四つの要素へ結びつけていった。その要素とは、①被告は原文全体のうちどの程度複写したのか（これはパッサーノに有利にはたらく。図書館側は論文を丸ごと複写していた）、②著作物の性質（特に科学的著作物についてはフェアユースの主張が認められやすい）、③使用目的（図書館が医学研究や看護に貢献していることもバーンズの主張には有利だった）、そして最も重要な要素として、④複写行為が著作物市場にもたらす影響（定期購読者の減少についてパッサーノがうまく証言できなかったことは、バーンズに有利にはたらくだろう）の四つである。

バーンズ側の証人は、今回の裁判に関係する論文の執筆者や、ウィリアムズ＆ウィルキンスの雑誌に掲載された論文を研究や看護で参考にしたことがある人たちだった。彼らの証言から二つの点が明らかになった。それは、ウィリアムズ＆ウィルキンスの雑誌に論文を執筆した人たちは、自分の論文を図書館がお金を払わずに複写しても抗議しなかったこと、そして研究者も医師も雑誌に掲載された論文をできるだけ早く、しかも簡単に手に入れたいと思っていることである。医師の場合、増刷されるまで待たざるをえない、しかもいつも増刷されるとは限らないというのは、命を救うために必要というまさにその瞬間に、きわめて重大な情報が手に入らないということにもなりかねない。たしかにそういう場合は稀かもしれないが、強烈に真実味を帯びた話ではあった。アラン・ラットマンは、バーンズ側の証人に対する反対尋問で、彼らの証言の矛盾を突くことがほとんどできなかった。

バーンズが最後の証人としてロバート・ブルームを登場させたことには、フェアユースの第四の要素、つまり図書館による複写行為がウィリアムズ＆ウィルキンスの市場に損害を与えたとの主張をくつがえすという目的があった。元政府エコノミストのブルームは、統計表とカラフルな図を携えて証人席に座った。彼の証言によれば、一九六〇年以降、今回の裁判で訴因に名前が挙がっているメディシン、ジャーナル・オブ・イミュノロジー、ガストロエンテロロジーの三誌の合計定期購読者数は、米国全土の科学者および技術者数よりも急速に増加しており、ウィリアムズ＆ウィルキンスの収益は米国の国民総生産および科学研究費の増加を上回っていた。

ラットマンがブルーム博士の図表を見たのはこのときが初めてだった。そこで彼としては、ブルームの証言に対してただちに反対尋問をおこなうべきか、それとも彼の証言とデータを検討するために休廷を願い出るべきかという、戦略上の決断をすぐに下さなければならなかった。ラットマンにはブルームの前提や結論をくつがえすだけの十分な経済学や統計学の知識がなかった。しかし弁護士として経験豊富なラットマンは、補助裁判官のデイヴィスが合図を出してくれることを期待した。するとデイヴィスが反対尋問は有益なものになるだろうと言おうとしているように思えた。事実審の記録が上訴裁判所で検討されることを視野に入れて、デイヴィスは、ブルームに対する反対尋問の準備に必要な時間をラットマンに認めると言った。しかし、彼は次のように付け加えた。「ただし、ブルームの証言を聞いた限りでは、あの分析はまったくの嘘であるというのが私の印象です。この点について、私は間違っているかもしれませんが、短時間の準備でも反対尋問する論点はあると思います。私はエコノミストでも数学者でもありませんが、ここまでの話はかなり理解できましたし、私が反対尋問をするならば、聞いてみたいと思うこともあります」。これは、ラットマンにとって断る理由などない申し出だったし、もしデイヴィスがいい質問だと思うことをブルームに訊けなかったとしても、裁判所が助け船を出してくれるという意味に等しい申し出だった。

十分間の休廷時間後そのまま、ラットマンはブルームに対する反対尋問を開始した。そして、さまざまな方向から質問をぶつけ、ウィリアムズ&ウィルキンスの業績を測定するためにブルームが選んだ指標、ブルームの専門家証言の内容に関してバーンズが果たしたと思われる役割、図書館の複写総数に関するデータをブルームがもっていないことなど、その証言に弱点はないかと探った。そしてついに彼は、積極的に審理に参加していたデイヴィス補助裁判官ならば重要だと思うにちがいない質問を思いついた。エコノミストであるブルームが図書館による複写の総数について実際にデータをもっていたならば、彼は、ウィリアムズ&ウィルキンスの収益が複写行為によって減少したかどうかを判断できるのだろうか。彼は回答をためらった。実際のデータがなければその質問には答えられなかったのだ。

証言の途中であったにもかかわらず、デイヴィスが口を挟んだ。「実際問題として、いまあなたがお持ちの資料と、ある年のウィリアムズ&ウィルキンスの出版物の部数しか参考にできない場合、それだけで同社の業績が良くなったか悪くなったかの判断はできないのではありませんか」。ラットマンはデイヴィス補助裁判官の質問を引き継いで言った。「ある事象Xを構成する特定の出来事によってウィリアムズ&ウィルキンスの特定の形態の収益が減少したかどうかなんて、どうして言えるんですか」。

事実審初日におこなわれたウィリアム・パッサーノに対するトーマス・バーンズの反対尋問が、学術雑誌の定期購読にかわって無料の複写行為がさかんにおこなわれるようになるという出版業者の主張の信憑性に疑問符をつけたとするならば、最終日のブルームに対するラットマンの反対尋問も、少なくとも事実の信憑性に疑問符をつけることには成功した。これまでのところ、複写行為がウィリアムズ&ウィルキンスに損害を与えたかどうかについては誰も証明できずにいた。

すでに通常の閉廷予定時刻である午後四時半を大幅に過ぎていた。「たしかみなさんには、審理にどんなに時間がかかろうと、予定どおりに審理を終えるようにしましょうとお話ししたと思います。私としては、ちょっとした冗談のつもりだったのですが、結局、予定時刻になっても審理を終えることができませんでした。午後四時頃に休憩をとったときに、私は双方の弁護士を呼び寄せて言いました。終わるまでやりましょうと」。結局閉廷したのは、デイヴィスが目標にしていた九月一六日を二〇分過ぎた、九月一七日木曜日の午前〇時二〇分だった。

午後九時の段階で、裁判所内の扇風機も空調もすべて止まっていた。デイヴィスは法服を脱ぎ、双方の弁護士にも上着を脱ぐよう促した。バーンズはパッサーノの証言録取書の一部を読み込んでいた。その箇所でパッサーノは、複写ができなければこの雑誌を定期購読しましたかという質問をしただけで、その雑誌の購読者数が複写によって減少したことが証明されると話していた。その後、明らかになるように、この質問に対する答えには危険な意味が含まれていた。最後にもう一度、ラットマンはパッサーノを証言台に立たせた。

ラットマン　パッサーノさん、あなたはいまでも「複写ができなければこの雑誌を定期購読しましたか」と質問するだけで、複写が原因で雑誌の売れ行きが落ちたことを証明できると信じておられますか。

パッサーノ　いいえ、そうは思いません。

ラットマン　考えが変わった理由を説明してもらえますか。

パッサーノ　そうですね、質問をしてもその点を証明できるとは思わないからです。

ラットマン　なぜですか。

パッサーノ　割った卵はもとに戻せないからです。答えがわからなければ、憶測で答えるという人もいます。人に質問をしても、本当に信用できる情報は手に入らないでしょう。

バーンズはパッサーノの反対尋問をおこなわないことにした。しかし、夜遅い時間になっていたにもかかわらず、若くエネルギッシュな補助裁判官はパッサーノの答えに興味を覚えた。「ちょっと待ってください。確認していいですか、パッサーノさん。つまりあなたは、定期購読したかどうかについては回答者がよく考えたうえで答えなかった可能性がある、とおっしゃりたいんですか。その点がよくわからないんですが」。

パッサーノは答えた。「私の考えでは、あの手の質問は回答者が正確に答えられる立場にはない質問でしょう。回答者は、自分が思ったことを言ったのかもしれませんし、自分が心の中で思ったことではなく、ここではこう答えた方がいいと思ったことを言ったのかもしれません。ただし、本当に思っていることを言ったとしても、実際に彼らが言ったとおりに雑誌を購入するという保証はありませんから」。

デイヴィスは満足したようだった。しかし、証人は聞かれていないことを自発的に発言してはいけないという鉄則を無視して、パッサーノは話を続けた。「ご質問に対していまのようにお答えしたのは、弊社で出版している学術雑誌の一つの定期購読者数が減った際に、複写が原因なのではないかと考え、電話アンケートを実施したからです。一八人に電話をかけたところ、その中の一人が、コピーが手に入るから定期購読を更新しなかったと答えたのです。そこで私は思いました。『ということは、このアンケートをアメリカ全土で実施したら、同じような答えばかりが返ってくるかもしれない』と」。

ラットマンが話を遮ろうとしたにもかかわらず、パッサーノはなおも話し続けた。「そのことを考えれば考えるほど、ますます私はそれがまったく不当な結論であると思うようになったのです」。ラットマンは次のような質問をして、ようやくパッサーノの発言を封じることに成功した。「その質問に答えるために、回答者はかなりの憶測を加えなければならないと思いますか」。

「その通りです」。

しかし、パッサーノの事細かな発言にデイヴィスは興味をもった。「その学術誌の定期購読者数が減ったとか、電話をかけたというのは、なんの話ですか。なんのことなのですか」。

パッサーノ　ボルチモア在住で定期購読を更新しなかった人に電話をかけて、更新しなかった理由を尋ねたのです。たしか、ボルチモア在住の元購読者一八人に電話をかけたところ、そのうちの一人が、図書館に行けばコピーできるから更新しなかったと答えたのです。

デイヴィス　他の一七人からは、それ以外にどのような答えが返ってきたか覚えておられますか。

パッサーノ　もう利用していないとか、研究室に行けばあるとか、あるいはすでに別の場所に引っ越しておられて連絡がつかない人もいました。ただ、返ってきた答えとしてはそんなところです。そんな答えが返ってきました。

デイヴィス　なるほど。よくわかりました。ありがとうございました。

ウィリアムズ&ウィルキンスの定期購読者数減少の原因が複写なのかどうかという問題について、その答えが明らかになるかもしれない一つの証言、つまり一つの事実が、六日間の審理の終了直前に突然飛び出した。デイヴィス補助裁判官は、一八人の元定期購読者のうちの一人の回答を、複写行為によって定期購読者数が著しく減少したことの証拠として扱うのだろうか。それとも複写行為がわずかな影響しか与えなかったことの証拠として扱うのだろうか。あるいはどちらにしても大した価値のない証拠として扱うのだろうか。あの「なるほど」というあいまいな言葉を、補助裁判官はどういうつもりで言ったのだろうか。

事実審が終わって数か月後、ラットマンとバーンズは関連する法律について詳細に述べた書面を作成し、自分たちが主張する事実認定をデイヴィス補助裁判官に示すために、裁判記録を熟読し、証拠を精査した。一九七一年一月七日の段階で、すでにラットマンは「一三〇〇ページを読み終え、証拠に目を通し」、さらには「そこにあることがわかっている数百もの貴重な情報を抜き出した」ことをクライアントに伝えた。バーンズは春までに自身の書面を提出していた。パッサーノはそれらに対する詳細で批判的な分析をシングルスペースでタイプした五ページの原稿にまとめた。ラットマンとバーンズそれぞれの書面には、複数のアミカス・キュリエつまり「裁判所の友」による意見書があわせて提出された。すなわち、原告側には、米国出版協会と全米作家協会の意見書が、そして被告側には、米国図書館協会、北米研究図書館協会、医学図書館協会、そして米国法律図書館協会の意見書が添えられたのである。

デイヴィス補助裁判官は、一九七二年二月一六日にウィリアムズ&ウィルキンス対合衆国事件に関する自らの判断を明らかにした。事実審が結審してから一七か月が経ち、その間に高まっていた緊張感を一気に爆発させるかのように、彼は六三ページにおよぶ意見の冒頭で自らの結論を次のように述べた。「私は、被告が原告の著作権を侵害しており、原告は〔合衆国法典第二八編〕第一四九八条（b）に規定された『合理的かつ十分な補償』を回復する権利を有すると考える」。

さほど重要ではないいくつかの争点に言及したのち、デイヴィス補助裁判官は事件の核心に触れた。それは、自分たちがおこなっている複写がフェアユースだとする図書館側の主張である。デイヴィスは、図書館の行為がフェアユースの四つの基準のいずれも満たしていないと述べ、特に、市場への影響に関するきわめて重要な四番目の基準に言及した。「複写物はオリジナルの論文の正確な複製であり、オリジナルの論文の代用品として、それと同じ目的のために用いられることを意図しており、また、原告の市場を構成する人びとからの要請で、それらの人びとのために複写がおこなわれるようになっているため、原告のオリジナル論文の潜在的市場を縮小させる要因にもなっている」。デイヴィスは、「複写行為が原因で失われた定期購読者数を割り出すことは（不可能ではないにしても）難しいであろう」と認めつつも、なおも次のように判断した。「複写の各利用者が潜在的な定期購読者である、あるいは少なくとも許諾された複製行為からの使用料収入源となる可能性があるということは、依然として事実である」。さらに彼は続けてこう述べた。「一人の定期購読者が、学術雑誌を複写する場合の費用のほうが原告が出版する学術雑誌の年間定期購読料よりも安いと考え、当該雑誌の定期購読をやめたことを示す証拠が存在する」。

デイヴィスは事実認定にあわせて短い意見を書いても、まったく意見を書かなくてもよかった。「この事件の事実認定を書き終えて、精根尽きはてたのを覚えています。大変な作業でしたから。より詳細な理由を明らかにした完全な意見を書くべきかどうか迷っていました。考えれば考えるほど、『完全な意見を書かなければ』と思うようになったのです。この事例はきわめて重要で、しかも言うべきことは山ほどありましたので」。さらに、「この事例について自分の判断は正しいと強く感じていました。実際、自分は正しい結論にたどり着いたと思います。ですから、意見は書きたかったし、それで上と揉めることになとになるのはわかっていました」。

「上と揉める」というデイヴィスの不安は、政府を相手取って訴訟を起こすというパッサーノの判断の戦略上の過ちをもう一つ浮き彫りにした。請求裁判所では、政府に対する請求についてのみ判断を下す。そのため、こうした限定的な管轄権が原因で、裁判官の中には最初から政府に有利な判決ありきと考える者も出てくるだろう。「私の認識は正しくなかったかもしれませんが」と当時を振り返ってデイヴィスは言った。「あの裁判所には、今回のような裁判で政府にお金を払わせるという判決を出しそうもない裁判官がいると思ってはいました」。請求裁判所の知的リーダーの一人であるオスカー・デイヴィスも、経験からそう学んでいたのかもしれない。「上訴審で一度だけ彼と意見が対立したことがあったんです。私が、政府を訴えた原告に有利な判断をしたところ、彼はそんなことはすべきでないと言ったのです」。

その四か月前の一九七一年一〇月、パッサーノ、ラットマン、グリーンバウムの三人は、自分たちに有利な判断が出た場合にそなえてＮＬＭとＮＩＨに提示する和解案を作成しておいた。実際に有利な判断が出たことで、ラットマンはその和解案を政府に提示した。それによれば、ＮＬＭとＮＩＨの両図書館は、ライセンス料を支払うことを条件に、図書館の通常業務の一環として図書館利用者のためにウィリアムズ＆ウィルキンスの学術雑誌に掲載された論文を無料で複写することができる。ライセンス料は、図書館が三つの選択肢の中から選んだページ数に雑誌一ページあたり五セントをかけたものとする。その三つの選択肢とは、定期購読が始まる年の初めにウィリアムズ＆ウィルキンスが各雑誌に掲載を予定している原稿のページ数、図書館が実際に複写したページ数、それに図書館による複写ページ数の概数として両当事者が合意した数である。

司法省からは三月二〇日に冷ややかな回答が返ってきた。「上記表題の訴訟の和解に関する貴殿の申し出につきましては、残念ながら受け入れることができないとの結論に達しました。本訴訟の主たる被告となっている政府機関は、本訴訟における争点について、最終的に司法によって解決することを強く希望しています。私どもは、本訴訟の和解という可能性を永久に排除することは望んでおりませんが、貴殿の書簡における申し出に類似の和解案が、今後、好意的に受け入れられることはないでしょう」。

対案が示されないまま真空状態で交渉をおこなうことは難しい。しかし政府から提示されたのはこうした真空状態だけであった。それにもかかわらず、パッサーノと二人の弁護士は、さらに二か月をかけて、最初に提示したライセンス制度を大幅に簡素化したうえで、料金を下げた新しい提案を作成した。政府が運営するＮＬＭとＮＩＨの二つの図書館だけでなく、すべての図書館が、個人の定期購読者に適用されるよりも若干高い団体向けレートでウィリアムズ＆ウィルキンスの雑誌を定期購読できるようにしたのである。この個人向けレートよりも高い団体向けレートでは包括ライセンスが与えられ、図書館利用者のために一部のコピーを作成することができる。また、図書館間相互貸借での複写には一ページあたり五セントが課せられる（すでに図書館は図書館間相互貸借の記録を残しているため、さらに記録を残すという負担が増えることはないだろう）。

当事者とその弁護士による話し合いが六月におこなわれたものの、結論は出なかった。八月にラットマンは、司法省に対し、図書館が団体向けの定期購読レートを支払うのであれば、「そのような団体向けレートで想定されている『right to copy』とは、複製をおこなうためのライセンスではなく、『replication right』であるとの理解に基づいて」、彼のクライアントは図書館間相互貸借における複製料金の徴収を放棄するだろうと示唆した。「replication right」は「ライセンス」とは若干異なるという、この法律家のちょっとした言葉遊びは、お互いに相容れない三つの現実に対処するためだった。その現実とは、図書館には自分たちの行為にライセンスが必要だという原則を受け入れる意思がないこと、パッサーノには自分の権利が侵害されているという原則に対するこだわりがあること、そして、ニクソン政権時代の価格統制が定期購読をする図書館に付加価値を提供しないレートの上昇をほぼ間違いなく禁止したことである。

パッサーノが妥協を知らない司法省に徐々に条件を緩和した提案で圧力をかけるのは、彼が訴訟を起こすきっかけになった補償原則を世間に認めさせるためだった。しかしその一方で彼は、自分の会社の最終収益のことを懸念していた。たった一つの出版社に図書館が総出で抵抗していることによる影響を、一九七二年春から夏にかけて彼はいやというほど思い知らされていた。NLMは、三月に自分たちが助成金を提供していた人たちに文書を送り、NLMの事前承認なしに出版社へ支払われたライセンス料に助成金を使用できないことを伝えた。また夏になると、ウィリアムズ&ウィルキンスは、複写に対するライセンスを含むレートでは定期購読を更新しないことをあからさまに伝える書簡を、複数の医学図書館から受け取った。八月には、パッサーノは、「そろいもそろって我が社の学術雑誌の定期購読を一時停止すると伝えてきた」イリノイ州の複数の医学部付属図書館からの書簡の写しをラットマンに見せた。さらにその朝、テキサスの取次店の代表が社長のチャールズ・レヴィルにかけてきた電話によると「彼の販売地域にある大規模な医学図書館の中に、おそらくカミングス博士からだと思うが、我が社の学術雑誌をボイコットするようにとの指示を受けたところがあると教えてくれた」と、パッサーノは話した。

九月下旬にグリーンバウムは、パッサーノに対し、政府が自分たちの最終提案を拒否したことを伝え、たとえ名目はどうであれ、複写に関係する一切の料金の支払いに政府は同意しないだろうと言った。医学部付属図書館によるボイコット以上の不安材料だったのが、NLMが定期購読を更新しない可能性があることだった。医学雑誌がすべて掲載されている最も権威ある索引誌である「インデックス・メディカス誌ではＮＬＭが所蔵していない学術雑誌を掲載しないことになっている」。この業界の基準となる索引誌にクライアントが出版する雑誌が掲載されなくなることを望まないグリーンバウムは、自分と政府代表のあいだで、この索引誌への掲載問題が「ＮＬＭへの書籍の贈与によって解決するだろう」という点で意見が一致したとも付け加えた。

一〇月初旬、パッサーノは降伏した。「顧客と友人」に宛てた書面で、次のように決意を述べた。「ＮＬＭをはじめとするすべての図書館がより高いレートでウィリアムズ&ウィルキンスの学術誌を定期購読できるようにするために、そして弊社の学術誌がインデックス・メディカス誌に掲載されるようにするために、弊社といたしましては、ＮＩＨとＮＬＭの見解を受け入れることにいたしました。弊社の新しい団体向けレートにつきましては、今後も引き続きその受入れを求めてまいりますが、このレートは複写に対するライセンスが黙示のものかそうでないかにかかわらず、当該ライセンスとは一切関係ございません。つまり図書館は、利用者に対して、これまでどおりウィリアムズ&ウィルキンスの学術誌に掲載された論文の複写物一部を使用料なしで提供することができるでしょう」。それまでと同じ気持ちで、彼はこう付け加えた。「弊社は、今回の訴訟の上訴審での審理がおこなわれるまでのあいだ、権利関係に不利益を与えることなく、図書館相互間貸借に一ページあたり五セントの料金を課すという提案を撤回いたします」。

請求裁判所は五か月後に判決を言い渡した。オスカー・デイヴィス請求裁判所裁判官は、補助裁判官のジェームズ・デイヴィスと同じように、判決文の冒頭で「この画期的な著作権侵害訴訟」における裁判所の判断について、「アメリカ合衆国には、本記録で示されている特定の状況における責任はない」と述べた。

裁判所は、判決の根拠を次の三点に要約した。

第一に、私たちの見解では、ＮＩＨおよびＮＬＭのこれら具体的な慣行によって原告が重大な損害を被っている、または被るおそれがあることについて、本件原告は証明をおこなっておらず、かつそうした損害を被っているか、または被るおそれがあると信じるに足る十分な理由がない。第二に、このような特定の慣行を侵害行為とみなすことにより、薬学および医学の研究が阻害されると私たちが確信していること、そして第三に、科学の利益を出版社（および論文執筆者）に提供するという問題には、基本的に法律による解決策や指針が必要であるが、このような解決策や指針はいまだ明らかにされておらず、したがって議会がなんらかの行動を起こすまでは私たちが科学や医学にそうした損害のリスクを負わせるべきではない。

著作権者の損害という最も重要な問題について、裁判所は、疑わしい場合には、著作権というコップの半分は空でいいと考えるのではなく、著作権というコップにはまだ水が半分しか入っていないと考えるべきであるというデイヴィス補助裁判官の前提を否定した。「原告にはライセンスを付与する権利があることを常に前提としたうえで、想定されているロイヤルティ収入の喪失によって原告が被る不利益を判断するのは誤りである。もちろん、被告の慣行が『フェアユース』にあたらないことが最初に判断されている場合に限ってそれは真実であろう」。裁判所はまた、ボルチモア在住の定期購読者に対してパッサーノがおこなった非公式のアンケートの信頼性を否定した。「定期購読を更新しなかったとされる人数がこれほど少ないというのは、原告の学術誌の経営上の健全さと定期購読者リストの増加に関する詳細でより説得力ある証明としては些細なことである」。

裁判所の判決は四対三の多数決で決まった。反対を表明した裁判官にはウィルソン・コーワン裁判長も含まれていた。フィリップ・ニコルズ裁判官は個別の反対意見で、どんなに直接的な表現を避けたところで、「この判決は、著作権者には図書館に遵守義務を負わせるような権利がないという意味で解釈されるだろう。私たちは著作権法においてドレッド・スコット事件と同じような判決を下しているのだ」との見解を述べた。彼はまた、少なくとも一人の定期購読者が複写が簡単に手に入るという理由で定期購読をやめたという事実認定を含め、ジェームズ・デイヴィスの事実認定を勝手に大きく書き換えていると批判した。事実審でいったん認定されれば、その事実は上訴審で否定されるべきではない。

請求裁判所の判決の第一報を聞いたとき、パッサーノは休暇中だった。「これで終わりにしようと思いました。無駄なことにこれ以上金をつぎ込むつもりはありませんでしたから」。彼はこの裁判にすでに多くの時間を費やしていただけでなく、一〇万ドル以上のお金を弁護士に支払っていた。今回の請求裁判所の判決が他の出版社に与える影響――彼らは今回の判決で自分たちの生活を脅かす危険な先例が確立されたと考えるだろう――を鋭く見抜いたうえで、彼は最後通牒を出した。「やるだけのことはやりました。これ以上続けるつもりはありません」。

他の出版社には図書館による複写がフェアユースだという先例を懸念する理由があった。一九六〇年代に実施された複数の研究によれば、著作物の複写は一九六七年に一〇億万枚を超え、その後も増え続けているという。そしてそのほとんどが著作権者の許可なく複写されている。教科書の一部、教材、補助教材といった、授業で使用する資料の大量複写についても、図書館による複写と同じくやたらと声高なフェアユース主張だと裁判所に納得させるためには、説得力ある弁護と事実以上に必要なものはないのかもしれない。

マグロウヒル社長で米国出版協会の著作権委員会の委員長を務めるカーティス・ベンジャミンは、パッサーノのメッセージを受け取ると、すぐさま最高裁で争うための資金を募り、最終的には一一万ドルを集めた。もちろんパッサーノは喜んだが、最高裁でこの事件が審理されることはまずないだろうと思っていた。最高裁では上訴される訴訟のほんの一部が審理されるだけで、特に著作権関係の事件の上訴が認められることは無きに等しかった。過去に最高裁がフェアユースの法理に簡単に触れたのは、ジャック・ベニーがラジオで自分が披露した「ガスライト」という映画のパロディはフェアユースだと主張した裁判だけだった。結局、この裁判は四対四の賛否同数となり（ウィリアム・O・ダグラス判事は採決に参加せず）、賛否同数の場合の慣例としてベニー敗訴という原審の判断が支持された。また最高裁は、情報へのアクセスというとてつもなく難しい問題をめぐる裁判でも審理をおこなった。一九七四年五月二四日、特別検察官のレオン・ジャウォスキーは、最高裁に対し、リチャード・M・ニクソン大統領が執務室で録音したテープの開示を命じた原審の判断を見直すよう求めた。ちなみに、このテープが開示された結果、ニクソン大統領は同じ年に辞職に追い込まれることになった。

しかし、そして大方の予想を裏切って、最高裁は一九七四年五月二八日にウィリアムズ&ウィルキンス対合衆国事件の裁量上訴を認め、上訴を受理した（その三日後に、最高裁はジャウォスキーの裁量上訴の申立ても認めた）。ラットマンが著作権局に在籍していた頃からの知り合いだった同局局長のバーバラ・リンガーは、彼にこんな手紙を送った。「今回、最高裁は、大統領の事件からあなたの事件まで、換言すれば、誰にも見せたくないという人の権利から事実上自らの意のままにコピーを排除しようとする人の権利まで、幅広くカバーするつもりでしょうね」。パッサーノは、裁量上訴が認められた二日後にはラットマンに、「もちろん最高裁は上訴を認めるはずだとずっと思っていました。ただ、裁判所にはニクソンの録音テープの一件をなんとかしろという圧力がかかっていましたので、私たちの裁判は後回しにされるんじゃないかと心配していました。カーティスには貴兄から伝えてもらえますでしょうか。本格的に資金集めを始めてくれるはずですので」と話し、早々と行動を起こした。

ラットマンとグリーンバウムは、軍隊そっくりの方法で最高裁での弁論の準備を始めた。最高裁で審理が始まる五日前の一二月一二日に、ラットマンは自分の事務所の会議室にニューヨークの弁護士を集め、法廷を模して弁論のリハーサルをおこなった。重複を避けるために、六人の友人に具体的な重要事項を割り振った。パッサーノは提出された書面をすべて見直し、妻にその一部を読んで聞かせた。「妻にはこう言いました。この裁判がこれまでよりもうまくいくかどうかはわからないと。すると妻はこう答えました。今回、上訴が認められた一番の理由は、貴兄と私が協力してお互いに尊敬し合っていたからだと。妻の言葉はまさに貴兄への私の思いを代弁するものです。貴兄も私に対して同じ気持ちであると思っています。勝とうが負けようが、賛否同数になろうが、今回のことはじつに素晴らしい経験でした」。

最高裁における政府側の弁護は、訟務長官という最高裁でのみ弁護をおこなう司法省の役人が務めることになっている。ほとんどの場合、訟務長官は部下に弁論させるのだが、ロバート・ボーク訟務長官はウィリアムズ&ウィルキンス事件を数少ない重要事例の一つと位置づけ、自ら弁論することにした。弁論のちょうど二日前に、ボークはこの事件について話し合うためにマーティン・カミングスを呼び出した。カミングスは次官のハロルド・スクールマンを連れだって出向いた。この話し合いで、理想主義者のカミングスは現実を思い知ることになる。「ここ何年かはずっとこの裁判にかかりっきりだったが、いままでは誰も興味がない。そこに、最高裁で私たちの弁護をしてくれる男が現われたわけだが、私は彼が法廷でなにを話すつもりなのか知らなかったし、彼も私たちにはなにも教えてくれなかった。私は無視されたような気分になった」。

一二月一七日の朝、ウォーレン・バーガー首席判事は開廷を宣言した。「まず、事件番号七三―一二七九のウィリアムズ&ウィルキンス対合衆国事件の審理を開始します。ラットマン弁護士、準備ができ次第、弁論を開始してください」。

バスケットボール選手並みに背が高く、ウェーブのかかった黒髪で、丸く人なつっこいくぼんだ目をしたラットマンは、緊張して待機していた。これが彼にとっては初めての最高裁での弁論だった。弁護士席から歩みだし、判事席の前の演台に向かった。その真正面に首席判事のバーガーが着席し、彼を挟んで左右に四名ずつの陪席判事が着席していた。「首席判事、まず申し述べさせていただきます。本件は合衆国政府による著作権侵害を主張する裁判であります」。

これまで最高裁も議会もフェアユースの法理を明示的に認めたことはなかったが、同法理が教科書に掲載されるようになってから一世紀が過ぎ、最高裁がこの法理は信用に値しないとの判断を下す可能性はほとんどなかった。ラットマンに課せられたのは、数多あるフェアユース判決のなかから、黄金の糸、つまりフェアユースの例外を維持しつつ、政府が運営する二か所の図書館がおこなった大規模な複製についてはこれを禁止するための光輝く一本の線を引き出すことだった。引き出されるのを待っている黄金の糸の先とは、これまでのフェアユースの事例では、裁判所は作品の部分的な複写しか認めておらず、作品全体の複写は認めていなかったというものであった。法廷でラットマンは次のように述べた。フェアユースの法理は、「ある作家が他人の著作物の一部を付随的に利用する場合に適用されますが、決してもとの著作物の効果的な代替物を作成するために適用されるものではありません」。

最高裁における理想の弁論とは、弁護士と判事との会話が成り立つ場合である。弁護士は自分のクライアントの事件について弁論を組み立て、ところどころ色をつけながら、自分たちに有利な判決へと判事を誘導する。判事が弁論をさえぎった場合——彼らは必ずそうするのだが——、弁護士はできるだけ周囲に気づかれないように、自分のストーリー、つまり自分の主張する理論に裁判所を引き戻そうとする。ポッター・スチュワート判事がラットマンの弁論をさえぎった。そして、費用のかからない簡単な複写方法の登場で一九六〇年代初頭からの図書館における複写慣行に革命が起こったのであれば、そのことは、ウィリアムズ&ウィルキンスの出版する学術雑誌の定期購読者数の水準になんらかの明らかな影響を与えたのかどうかを尋ねた。「六〇年代初頭以前には、図書館、国立図書館およびＮＩＨはあなた方の出版物をいまよりも多く定期購読していたのですか」。

ラットマンにはスチュワート判事の質問の趣旨がわかりすぎるほどわかっていた。もし複写の普及によって定期購読者が減らなかったのであれば、ウィリアムズ&ウィルキンスは、いまここに申立てができるほどの損害を被ってはいないのではないか、ということだ。ラットマンとしては二つの選択肢のいずれかを選ばなければならなかった。一つは、定期購読者数は減っていないとしても、増えてもいませんという、穏やかな回答である。そしてもう一つはそれよりも大胆な理論であって、ある利用態様が別の利用態様にとってかわるものではないという事実だけでは、それを免責する理由にはならないというものだ。たとえば、映画がその元ネタになっている小説にとってかわるものではないとしても、その映画のプロデューサーが元ネタの小説の登場人物、プロットおよび会話を著作権者に無断で利用することが許されると主張する者は誰もいないだろう。

ラットマンは穏やかな回答を選んだ。「どちらにしろ、記録が決定的な証拠だとは思いません。定期購読者がさらに増えたといえるとも思いません」。ラットマンはジャーナル・オブ・イミュノロジー誌を例にとって、臓器移植やガン研究がさかんにおこなわれていた頃には免疫学に対する関心が「急速に高まった」と指摘した。もし定期購読者数が以前と同じ水準にとどまっていたとすれば、図書館による複写が原因で私のクライアントの期待利益が大幅に減少したことを示唆している。

山のように積まれた準備書面のどこかに、議会図書館に言及した箇所があるはずだった。バーガー首席判事は議会図書館の慣行に興味をもった。「もしご存じならば、フルコピーの提供に関する議会図書館の慣行を明らかにしていただけませんか」。ラットマンは、議会図書館における慣行は「今回問題になっている図書館の慣行とは直接的かつ劇的に異なります」と答えた。議会図書館の方針では、「著作権のある資料は、通常、著作権者の署名による許可なしには複製することができない」のである。

続いてサーグッド・マーシャル判事が質問をした。「そのことは一般市民にも適用されるのですか。連邦議会の議員にも適用されるのですか」。

最高裁で審理されるほとんどの事例で最も重要なのは、当事者の請求が認められるかどうかの鍵を握るたった一つの質問とたった一つの答えである。そうした質問では、厳密な法理論が問われることはめったになく、たいていは明白で実際的な状況について問われる。場合によっては最高裁判事の生活が問われることもある。それは、優秀な弁護士がくたくたになるまで同僚弁護士と議論し、朝の四時に目が覚めてもずっと考え続けた挙句、ある朝、運が良ければシャワーを浴びようとしたときか、書類鞄を閉めようとしたときに、突然、決定的な答えを思いつくこともあるといった質問である。

ウィリアムズ&ウィルキンス対合衆国事件には、すでに最初からそんな質問が潜んでいた。最高裁での弁論当日、ラットマン、グリーンバウム、新しく彼らの法律事務所に入所したキャロル・シムキンは、朝食を食べながら一つの答えを出した。その答えが勝利を保証する明るい光を放っていなくても、敗北を見越して先手を打つことぐらいはできるかもしれない。

議会図書館における複写制限が一般市民や議員にも適用されるのかというマーシャル判事の質問に、ラットマンは、その先に恐ろしい質問が待っているような気がした。ウィリアムズ&ウィルキンスが、NLMやNIHのような大規模な機関による組織的な複写を著作権が禁止するよう求めたことは、確かである。しかし一方で、もしこの二つの図書館が一般市民のためにおこなう複写に料金を請求できるとするならば、市民個人の複写も禁止されるという可能性をラットマンとしては認めざるをえないのではないか。そして、一市民にも複写が禁止されるのであれば、著作権侵害の責任はどこまで問われることになるのか。最高裁判事が研究目的で法律論文を複写した場合、彼らは著作権を侵害したことになるのか。

議会図書館の方針は一般市民にも適用されるというラットマンの回答にマーシャル判事は納得したようだった。個人による複写行為に関して懸念していた質問を回避することができたラットマンは、質問で弁論が中断したことに乗じて中心的なテーマに話を戻した。「ハワード・ヒューズの伝記を執筆する作家が、同じテーマに関する以前の作品から借用することにした場合、彼の作品はあなたがオリジナルを入手して読むことの代用にはならないでしょうし、ローズモント事件では彼はもとの作品を公正に利用していると判断されました」（ローズモント対ランダムハウス事件で、ハワード・ヒューズは、自分に関する雑誌記事を再発行するためではなく、記事をもとにして自分に関する本が書かれないようにするために、記事の著作権をすべて買い取った。裁判所は、こうした資料を伝記の執筆者が利用することは適正であり、著作権を侵害するものではないとの判断を下した）。

「しかし」とラットマンは続けた。「高校教師が原曲の楽譜を購入せずに、それを自ら編曲した楽譜を生徒に配布する目的で、自分で四八部複写した場合、これは今回の訴訟の状況と区別できず、この教師は著作権を侵害したものと判断されます」。彼がこの例を挙げたのは、ハリー・ブラックマンの関心を引くためだった。というのも、ブラックマン判事は、控訴裁判所の裁判官として、一九六二年のウィートル対クロウ事件の判決で、著作権で保護されている楽曲の楽譜を合唱の指導者が四八部複写したことはフェアユースにあたらない、という判断に加わっていたからである。

ブラックマン判事が自分たちの主張を支持してくれることをウィートル対クロウ事件が示唆するならば、ウィリアム・O・ダグラス判事が著書を出版したことがあるという事実は、彼も同調してくれる可能性があることを示唆していた。しかし、べっこう縁のめがねをかけフクロウのような顔をした学究肌のアーサー・グリーンバウムは楽観視していなかった。「あのとき、ダグラス判事はかなり体調が悪かったのです。だから目を見開いたまま瞬きもせず、ほとんど体を動かすこともなく、ただあの席に座っているだけでした。まるで蝋人形館の人形みたいに。とても悲しいことでした」。ダグラスはまったく質問をしなかった。

弁論時間として割り当てられた三〇分も残りわずかになるまで、ラットマンは最も恐れていた質問を回避することができていた。しかし最後の最後になって、バーガー首席判事が議会図書館の慣行について再び質問をした。「議会図書館に本の貸出しを頼むことは、最高裁の判事や他の裁判所の裁判官にとって珍しいことではありません。本の中には、議会図書館にごくわずかな冊数しか所蔵されていないものもあるようなのです。というのも、図書館から『貸し出した本を返却してください』とたびたび言われるものですから。読み終わっていないのに返さなければならなくなると、私の場合は、第一三章とか第一四章を複写機で複写してもらいます。私の知る限り、どのような本でも議会図書館が複写物を送ってきたことはありません。図書館から送られてくるのは現物の本そのものです」。バーガーが知りたかったのは、このように本を借りた者は「自分が使うために著作権で保護された資料を複写すれば、著作権法に違反してその請求を受けることになるのか」ということだった。

法廷で傍聴していたマーティン・カミングスはここがターニングポイントだと思った。（すでに弁護士に復職していた）ジェームズ・デイヴィスも「いやぁ、彼はどう答えるつもりだろう」と思った。

ラットマンは答えた。「それは難しい質問です。なぜなら、私たちの考えではそれは本件とはまったく異なるからです」。小さな円を描くように動いたあとで、彼はあらかじめ考えていた答えを述べた。「誰も訴訟を起こさないでしょう。私の考えでは、いずれかの者が訴訟を起こすというのは現実的な話ではありません。それはきわめて重要なことです」。

米国出版協会の弁護士で白髪の上品なチャールズ・リーブは、裁判所の友としてウィリアムズ&ウィルキンスの主張を支持する意見書を提出していたが、ここからが本番だと思った。のちにグリーンバウムはこう語っている。「私たちはいつも、論文全体の複写はどのようなものであってもフェアユースと認めるわけにはいかないと思っていました。そんなことをしたら、つまりいったんそれを認めてしまえば、滑りやすい坂道を滑り落ちることになるからです。そうなればもう止まることはできません」。

この問題をそれ以上追及しないことにした首席判事は、にっこりと微笑むと、最高裁独特の冗談を言って話題を変えた。「誰も首席判事を訴えない、あるいは誰かを訴える人などいないというのが、あなたのご意見ですか」。法廷に笑いが起こった。

その質問に対してラットマンは大真面目に答えた。「首席判事や個人を訴える人はいないでしょう。誰も個人を訴えることはありません。それは非現実的な手段であって――」。

「損害賠償請求です」。バーガーがラットマンの発言をさえぎった。「たとえば、私が同僚に配るために一〇部複写したとしましょう。損害賠償額が些細すぎて、誰も訴訟を起こそうなどとは思わないでしょう」。

ラットマンは首席判事を納得させることができたようだった。危機を脱した彼は、組織による大規模な複写と個人による複写の違いを自身の理論の一部として説明した。「まさしくおっしゃるとおりです。したがって、今回問題となっている図書館のように、複写のための機械をつくり、調整し、設置し、ついでに複写するか原本を送るかを決めるのとは対照的です。本件では図書館が自らそう判断しているのです。図書館が作業をおこない、マイクロフィルムカメラを所有し、自分たちで複写して提供しているのです。その結果、この二つの図書館だけで学術雑誌に掲載された論文の約二〇〇万ページが毎年複写されているのです。これを些細なことだと言えるはずがありません」。

ラットマンにすれば、これほど説得力ある言葉で弁論を締めくくることができるとは思ってもいなかったはずだ。マーシャル判事の「あなたは図書館を経営したくないんでしょう」という修辞的な質問もうまくかわした彼は、反論に備えて、所定の時間よりも一分ほど早く弁論を終えた。

続いて、最高裁で弁論をおこなう際の訟務長官の制服ともいえる燕尾服を着たロバート・ボークが弁論に立った。髪質の硬い白髪で、薄いあごひげを蓄えた彼の丸い顔を、米国国民はよく覚えていた。というのも、一年前のいわゆる土曜日の夜の虐殺で、ウォーターゲート事件担当の特別検察官だったアーチボルド・コックスの解任に手を貸したことで有名だったからだ。その一三年後、最高裁判事の指名が上院で認められなかったことで、彼の名前はますます世間に知れわたることになった。

ボークによる政府側の弁論は精緻であると同時に大胆でもあった。かつてはほとんど認識されることのなかった公共政策のさまざまな領域に光をあてたという点で、弁護としても、ロースクールの講義としても――彼はイエール・ロースクールの教職を休職中だった――精緻な弁論だった。それと同時に、ウィリアムズ&ウィルキンス側に有利な判決につながりかねない主張に判事の関心を向けるという意味では、大胆でもあった。その弁論には巧妙な仕掛けが隠されていたが、必ずしも政府にとって望ましい結果をもたらすための仕掛けというわけではなかった。

ボークは冒頭の数分間で、素早く正確に、三本の分析線を巧みに結びつけ、しっかりとした堅固な三角形を描いた。この三角形を使うことで、彼はそれから始まる法廷との対話で、三角形の一つの頂点から別の頂点へとごく自然に移動し、弁論全体を強固なものにしようとした。ただし、この弁論方法には一つの危険が潜んでいた。それは、もし最高裁がウィリアムズ&ウィルキンスの主張を認めざるをえなくなった場合、つまり裁判所がボークの描いた三角形を壊してしまった場合には、医学研究の安定性が損なわれるだけでなく、著作権で保護された情報へのアクセスを必要とするすべての活動が阻害され、そうした活動によって相殺される出版社の利益や社会全体の利益も生み出されないおそれがあるということである。

ボークの描く三角形の最初の頂点は、経済に関する弁論だった。無料の複写は出版社に損害を与えない。

実際、最新の科学論文を研究者の手元に届ける方法としては複写は最も効率的な方法である。第二の頂点として、ボークは司法の謙抑性の原則を援用した。すなわち、もし著作権のルールを変更しなければならない場合、それは裁判所ではなく議会がおこなうべきだというものである。そして第三の頂点となる弁論は、最も微妙であると同時に、最も説得力があった。すなわち、図書館による複写は単なる習慣ではなく、もはや出版社が長きにわたって黙認してきた慣習と化しており、慣習には法律上の強制力がともなう。出版社と図書館は長らく暗黙の平和に合意しており、裁判所がこの平和を乱すべきではない。

慣習および慣行の証拠として、ボークは紳士協定を引き合いに出した。紳士協定が手間のかかる筆写や一九三〇年代の面倒な複製技術といった古い時代の技術に主眼を置いたものであったとしても、そのような時代遅れの技術に基づく仮定を前提にして図書館が予算を組み、作業をおこなったとしても、そうした慣行はいまも根強く残っている。ボークは、ウィリアムズ&ウィルキンスがそうした慣行を阻害していることをそれとなく匂わせた。「私たちがここで論じているのは、申立人のことだけではありません。私たちが論じているのは、それぞれ異なる状況に置かれた医学雑誌出版社五〇〇〜六〇〇社のことです。私たちが論じているのは、何千という数の図書館のことなのです」。

ウィリアムズ&ウィルキンスが最高裁に対し廃止するよう求めているのは、一般的な慣習や慣行ではなく、医学研究というきわめて重要な分野の慣習や慣行なのだとボークは強調した。ラットマンがブラックマン判事の関心を引くためにウィートルト対クロウ事件を引用したように、ボークもそれと同じ理由から、医学研究に対する著作権の影響を強調したのかもしれない。一九五〇年代の九年間、ブラックマンはメイヨー・クリニックの顧問弁護士を務めていたからである。今回の事例では、メイヨー財団が、図書館や他の医療組織と共同でアミカス・ブリーフを請求裁判所に提出していた。

ほかの出版社がウィリアムズ&ウィルキンスほど包括ライセンスの締結に積極的でない場合、医学研究の発展が著しく妨げられるとボークは主張した。差止命令からの法的免責という安全な避難場所が与えられているのは合衆国政府が運営する図書館だけである。ウィリアムズ&ウィルキンスの主張が認められれば、学術雑誌の出版社はほかの図書館の複写も禁止できることになる。「利益も、問題に対する認識も、欲するものもまったくちがう何千もの図書館と五〇〇~六〇〇社の出版社が交渉することなど、私には想像できません。そうした状況はただ混乱を招くだけであって、決して業界に秩序をもたらすものではないのです」と彼は断言した。

有料の定期購読にかわって無料の複写が主流になるというラットマンの主張をボークは一蹴した。「たとえば、中立人がこの裁判で自分がどれほどの損害を被ったのかということを問題にしたのであれば、それについての記録が示されるでしょう。しかし、中立人は自分の将来に対するきわめて悲惨な予測を示しただけにすぎません。そしてそれだけが損害に関する唯一の記録なのです」。ボークが言わんとしたのは、図書館による複写が学術雑誌の定期購読にかわって主流になることをラットマンが証明できたのであれば、法律上彼がそうすべきであったとき、つまり四年前の事実審でそうしたはずだということであった。当時、(休職中とはいえ)ロースクールの教授でもあったボークは、事実に基づく証明を欠くラットマンの主張に対して理論的な問題点を指摘したいという気持ちを抑えることができなかった。反トラスト法と経済学の専門家としての知識を活かして、ボークは補完財の概念に対する大胆な類推をおこなった。「この二つについて見た場合、この業界で両者が補完財の関係にあるのは明らかです。一つの論文の複写は、学術雑誌の定期購読とは機能も市場も異なります。両者は一方が他方にとってかわるというよりも、むしろ相互に補完し合っており、したがって私は両者の市場は異なると考えます」。

経済学用語で「補完財」とは、ある商品の価格が他の商品の販売数量に影響し、場合によってはその価格にも影響をおよぼす関係にある商品のことをいう。たとえば、ペンとインクは補完財の関係にある。

おそらくボークは、インクの価格が下がるとペンが売れるように、学術雑誌に掲載された論文が広く無料で複写できるようになれば、雑誌の定期購読の市場も拡大すると言いたかったのだろう。

しかしこの類推には重大な欠陥があった。雑誌の定期購読と複写は、厳密な意味で一方が他方にとってかわるという関係ではないものの、厳密な意味で相互に補完し合う関係でもない。作家が万年筆を買うとき、インクを買わずに済ますことはまずない。しかし、研究者は雑誌の定期購読をせずにコピーの依頼だけで済ますことがよくある。おそらくこうした問題を察知して、ボークはこの類推を強調することはしなかった。そんなことをすれば、真の補完関係が学術誌に掲載された論文と複写のあいだにあるのではなく、論文と複写機のあいだにあるという真実に裁判所を気づかせてしまうだけだからである。

図書館が複写機を購入するかレンタルする場合、その図書館は複写という技術的能力に対してお金を支払っている。当然のことながら図書館は、追加費用がかからずに複写できる複写機には、毎回ライセンス料を支払わなければならない場合よりも高いお金を支払うだろう（作家は、インクが「無料」でついてくるペンにはついてこないペンよりも高いお金を支払うだろう）。八年前、ウィリアムズ&ウィルキンスの社内誌に、ウィリアム・パッサーノは彼が口癖のように言っているある言葉を載せた。「著作権者は、（複写機の）スロットに投入されるか、サービスを提供した個人や組織に支払われるか、あるいは『無料で』複写を提供する組織を支える納税者に吸収される二五セントの公正な取り分を受け取りたいだけなのです」。

ボーク訟務長官は、複写された著作物の価値と複写機の価値のあいだにおける消費者による支払いの適正な配分について調査するよう最高裁に求めていたのだろうか。学術雑誌に掲載された論文の図書館による複写は当該論文の著作権を侵害していないと最高裁が判断せざるをえない場合、それによって新しい形態の複写装置を発明しようとするインセンティブは強まり、逆に新しい文学作品を書こうというインセンティブは弱まるのだろうか。ビデオデッキやパソコンが一般家庭に普及する以前の一九七四年においてでさえ、新技術の登場によって個人が著作物を複写する機会が爆発的に増えたのは明らかだった。今回の判決はコンピュータやビデオデッキ、さらにはそれらによって複製が可能になるコンテンツ、つまりコンピュータプログラムや映画にどのような影響を与えるのだろうか。

ボークは、経済に関する弁論を別の観点からおこなった。何千もの出版社や図書館のあいだで繰り広げられる交渉にかかる莫大な社会的費用に比べれば、出版社に流れ込むライセンス料など微々たるものだという。「NLMが所蔵する学術雑誌は四〇万巻——四〇万号ではありません——を超えています。ちなみに、一九七〇年には九万三〇〇〇本の論文が複写されました。これは、所蔵されている雑誌一巻あたり一回複写依頼がされた場合の四分の一に満たない数字です。こうした複写がありとあらゆる雑誌でされていると考えると、たしかに図書館ごとにマイクロフィルムを作成する担当者がいることになります。しかし、彼らがコピーをとっている対象からなる母集団で考えると、個々の雑誌に与える影響がいかに小さいかがわかります——」。

ウィリアム・レンキスト判事は頭が混乱したようだった。「あなたは、さきほどは混乱を招くと言っておきながら、いまはその影響が小さいとおっしゃっていますが」。

それに対し、ボークは次のように答えた。

はい、そのとおりです、レンキスト判事。さきほどの発言といまの発言は内部で一致しているのです。私は、雑誌の医学情報が集められたこの所蔵庫全体で考えると複写がきわめてまばらにしかおこなわれていないことを証明することで、個々の雑誌に対する影響という点についてはきわめて小さいと指摘しているのです。有名ではなく発行部数も少ない雑誌や紛失したバックナンバーに掲載された論文、あるいは専門分野以外の論文が必要になった個人研究者にとって、それはきわめて重要です。その研究のためにはきわめて重要です。医学研究への影響はきわめて重要ですが、その一方で、雑誌の定期購読に対する影響はあったとしてもごくわずかにしかすぎません。この記録にはそうした影響を示す証拠はないのです。

ボークは三角形の別の頂点に話を移すことで、自らの論理を裏付けた。長年続いている慣習が廃止され、経済的な制度や仕組みをもう一度整備し直さなければならない場合、その判断を下すのは議会であって裁判所ではない。この弁論は、少なくとも一部の判事から共感を得ることができた。フォートナイトリー事件とテレプロンプター事件という比較的新しい二つの事例で、最高裁は著作物の新しい技術による利用について検討をおこない、著作権法上の責任は認められないとの判断を下した。その際、最高裁は、ケーブルテレビ会社が著作権者の許可なく地元のテレビ局から映画の番組を再送信することは著作権の侵害にあたらないと述べた。いずれの事例でも最高裁は、この問題は最終的には議会によって解決されるべきだと述べた（フォートナイトリー事件の反対意見で、エイブ・フォータス判事は、「本件で求めているのはソロモンの裁きではなく、奇術師フーディーニの器用さだ」と批判した）。

アーサー・グリーンバウムはのちに次のように述べた。フォートナイトリー事件とテレプロンプター事件から「示唆されるたしかなことは、司法判断を仰ぐのが遅きに失した事例があり、すでに特定の方向で物事を進めることを前提に産業が誕生していたということです。そうしたなかで最高裁が『それは著作権侵害だ』と言えば、産業が一掃されてしまうということです。パッサーノが恐れていたのはそのことなのです。世間で話題になる一方で、あと一〇年このまま複写がおこなわれることになれば、そのときにどんな対策を講じても手遅れなのです」。

ラットマンは、反論のために残しておいた一分間でこの将来像を援用した。「私たちが今回この訴訟を提起したのは、もしここで大規模な組織の責任が問われないことになれば、著作権者の権利としてなにが残されるのかを思い描くことができなくなるからです。そして覚えておくべき重要なことは、いくつかの質問やブラックマン判事の質問が強調しているように、私たちが単に定期購読の話をしているのではないということです。私たちが論じているのは、すべての伝統的媒体と新しい媒体の話です。政府と政府の友は、私たちが論じているのが新しい独立した流通媒体についてだということを認めており、私たちの考えではこの媒体の活用は奨励されるべきです。私たちはそれを抑えようとは思っていません。ただ、それに関する合理的な補償を求めているのです」。

弁論が終了すると、ジェームズ・デイヴィスはオフィスに戻り、弁論の要旨をまとめた。「全体的な印象としては、判事は中立人の主張に共感していた。判事らはボークが難しい立場を抗弁していることを認識していた。私の予想では、判決は破棄されるだろう。もちろん、口頭弁論に照らしてこのような予想をすることは、無謀とまでは言わないまでも、リスクが高いことは承知しているが」。

一九七五年二月二五日、アラン・ラットマンは最高裁の判決を伝えるたった二行の電報を受け取った。

賛否同数により、原判決は支持される。
ブラックマン判事は本件の判決に加わっていない。

ガスライト事件と同じく、今回も賛否同数により、下位裁判所の判決が支持されることになった。ラットマンの同僚のキャロル・シムキンは、法律事務所のレセプション・エリアで電報を手にしたラットマンを見かけた。「ひどく落ち込んでいました。負けたからではありません。負けたという事実なら受け入れられる人ですから。問題は、一読に値する事実がなにもなかったことです。負けたのなら、せめてその理由くらい教えてもらえてもいいはずなのに。最高裁判事らの分析がどのようなものであり、私たちの弁論に対する応答がどのようなものかを知ることができますから。七年もかけたのに、七年間あれほどのエネルギーを費やしたのに、手にしたのがあの電報、しかも判決がたった一行で終わりだなんて、そりゃあ心も折れますよ」。

分析すべき意見も、なんらかの方法で際立たせなければならない微妙な問題もわからないままに、ラットマンと同僚の弁護士たちは、ブラックマン判事が判決に加わらなかった理由をわずかな事実をもとに推測するというゲームを始めたものの、結論など出るはずもなかった。ブラックマンは、図書館の主張が正しいと判断したにもかかわらず、メイヨー・クリニックとの個人的関係が不適切な印象を与えることを恐れて被告側勝訴に一票を投じなかったのだろうか（判決が出たあと、カミングスがメイヨー・クリニックの複数の友人に電話をかけたところ、一人が「たしかにそのとおりだ」と答えた）。それともブラックマンは、原告側の主張に納得したものの、今回の訴訟でメイヨー・クリニックに不利な結果はでないと太鼓判を捺していたことから、クリニックに不利な一票を投じることは裏切り行為だと考え、判決に加わらなかったのだろうか。

それから数十年後、公開されたブラックマン判事の裁判メモを詳細に検討したジョージ・ワシントン大学のロバート・ブローニス教授は、ブラックマンが判決に参加しなかった原因がたしかにメイヨー・クリニックとの関係にあったこと、そしてもし判決に参加していたならば、彼は原判決の破棄を支持していたであろうと結論づけた。口頭弁論の前日に彼が書いたメモにはこう記されていた。「メイヨー・クリニックにいた頃、衝撃をうけたのは、執筆者に犠牲を強いるかたちで複写が依頼されるという、私には医療関係者の濫用と思える行為や、著作権法上の責任の大がかりな回避策と思える行為が、頻繁におこなわれていたことだ。医学研究の必要性については私も十分承知しているが、しかし私には研究者がその特権を濫用し、それが簡単にできるとわかると、堂々とその習慣に乗じているような気がしてならない。どこかでなんらかの金銭的責任が問われるべきだ」。

「こうした事態が今後も生じることを許容する法制度にはどこか問題があるのです」。パッサーノはウィリアムズ&ウィルキンスの社内誌に掲載した「旅の終わり」と題した一文で、今回の訴訟について次のように述べた。

もし七年前に戻れるとしても、政府が運営する図書館を相手取った訴訟のテストケースになる裁判は起こさなかったでしょう。ただ当時は、そうすることが正しく、適切に思われたのです。当初私たちは、NLMから、裁判所から禁止されるまでは当社の許可を取らずに当社の雑誌の複写を続けると言われました。加えて、訴えの根拠になる事例を選び出すのに必要な、図書館の複写記録も、容易に入手することができました。さらに重要なことは、NLMが複数の医学図書館の頂点に立つ組織であって、他の図書館はNLMに付き従う可能性が高いということでした。

それから一五年後、パッサーノはようやくこの事件をより大きな枠組みで論じることができるようになった。「当時、本件が、テレビ、映画、ビデオデッキ、さらには私たちが行動を起こした頃には考えてもみなかったような著作権法がかかわるあらゆるものに影響をおよぼすことになるとは、想像もしませんでした。私たちが取り組んでいたのは、複写という非常に単純な行為でした。それがいまやとてつもなく複雑になったのです」。

第 4 章

私的複製

PRIVATE COPIES

個人的に使用するために、図書館利用者が著作物である文章を複写することは違法か否か、というウォーレン・バーガー首席判事の問いに対して、アラン・ラットマンは、今日の著作権論争の核心となる問題を提起した。このような私的複製は、著作権侵害だろうか？　首席判事は、米国国立医学図書館（NLM）や米国国立衛生研究所（NIH）による大量コピーが、私的なものとは言いがたいことを理解していた。しかし、図書館職員によるコピーと図書館利用者自身によるコピーとを区別する法理は、あるのだろうか。図書館による複写の問題は、著作権法を滑り坂問題〔Aという事象とBという事象の合理的な線引きができず、いったんAを認めるとBまで認めざるを得なくなるという問題〕に直面させた。政府系図書館に敗訴判決が下されると、一般人の私的複製を禁止する先例として用いられることにもなりかねない。

ウィリアムズ&ウィルキンス事件が連邦最高裁に係属した時点で、一九〇九年著作権法は制定から六五年経過しており、議会の長期にわたる著作権法改正作業はようやく終わりに近づきつつあった。しかし、一九〇九年著作権法の下における判決や改正法案は、二〇世紀の最も破壊的な技術に取り組んできたにもかかわらず、私的複製は、依然として踏み込むことのできない聖域であった。著作権が私的複製を規制しうるという考え方は、恐ろしいイメージを呼び起こす。著作権法上の責任の否定論者は、ノートパソコンやスマートフォンで作られたコピーを根絶するために、著作権を取り締まる警察が全国の家庭を捜索する日がくると予測している。彼らは、個々人でおこなう私的複製が著作物の創作者を害する可能性はないと主張し、その証拠として、私的複製があっても映画、録音物および書籍は生み出され続けていることを挙げている。

しかし、この問題は、このプライバシーの喩えが示すところ以上に、複雑である。「私的」複製は、私的な場所だけでなく、公的な場所でもおこなわれる。たとえば、図書館利用者が短編小説をコピーしたり、研究者が研究室で雑誌論文をダウンロードしたり、学生が営利目的のコピー屋でテキストをコピーしたりする。私的複製は、商業的成果にさえも影響する。一九三五年の紳士協定で想定されていた手間のかかる手作業による複写や活版印刷等の機械式複写にかわって、安価で高速のコピー機による複写が登場した。また、インターネットからのダウンロードや、より前の時代の録音・録画技術によって以前は不可能だったコピーが可能になった。そうして出版社、レコード会社や映画製作者の収入源となっている正規コピーの小売販売やレンタルを、「私的」複製が駆逐してしまう危険性が高まったのだ。

この問題をめぐっては、対立する両陣営の背後に、強力なロビー団体が控えていた。映画会社やレコード会社は私的複製に責任を課すことに賛成しているが、家電メーカーやグーグルのようなインターネットプラットフォームは反対している。このような競合する圧力が膠着状態の原因だが、同様に伝統や慣行も原因となっている。一七九〇年以降の米国著作権法はすべて、著作権とは公共の場と商業的利益、すなわち、書籍の小売販売、演劇・映画の公演、あらゆる種類の実演のラジオ・テレビ放送等に関する法律であるという考え方に固執してきた。そしてこの考え方が、著作権法の中心的な理論のいくつかを支配している。たとえば、私的な実演ではなく公的な実演のみが著作権を侵害する、非営利的使用は営利的使用よりもフェアユースと判断される可能性が高い、フェアユースの抗弁をくつがえすためには著作権者は経済的な損害を被ったことを証明しなければならない、などである。「誰も首席判事を訴えない、あるいは誰かを訴える人などいないというのが、あなたのご意見ですか?」という、バーガー首席判事が軽い冗談のつもりで訊いた私的複製に関する質問を、議会が真に受けて検討したのも意外ではない。

実際問題として、私的複製を規制することはできないという確信が、この膠着状態に寄与している。たとえば、議会が著作権法を改正してインターネットでの私的ダウンロードを禁止した場合、自宅でコピーする人は、どのようにして著作権者を探し出してロイヤルティの交渉をするのか? たとえ支払う意思がある人でも、著作権者を探し出して交渉するにはコストがかかるため、そう試みようとさえしないだろう。執行可能性のない法律を通過させることは悪い政策であるというのが、ワシントンでの立法作業の教訓である。なぜなら、そのような法律は、執行可能性のある法律への忠誠心を損なうからである。

もっとも、個人に対する執行にかわる公的手段は、存在する。もし私的行為を直接規制できなくても、間接的に規制できる場合はある。ホームズ判事は、ベン・ハー事件でそのような解決策を考案した。この事件では、著作権侵害の映画を製作した者は、たとえ自分自身ではなく映画館の館主によって上映されたとしても、その上映に責任を負いうると判断された。もし著作権者に機器メーカーに対する差止・金銭賠償の救済手段が与えられるのであれば、コピー機や空のテープの販売に対するロイヤルティの支払交渉をすることができるようになる。

私的複製問題に関する議会の沈黙は、米国の著作権立法の中心に、ブラックホールを残している。一九七六年著作権法は、作品の複製をコントロールする独占的権利を著作権者に与えることを明記しているが、私的複製をカバーするこの権利について同法の立法経緯ははっきりしない。たとえば、一九七六年著作権法に関する上下両院の報告書には、放送をテープに録音しても自動的にはフェアユースにはならない旨の指摘がある。しかし、一九七一年に下院議場で交わされたテキサス州選出の下院議員アブラハム・カゼン・ジュニアと下院知的財産小委員会委員長ロバート・カステンメイヤーとのやりとりは、その逆のことを示唆している。

カゼン　この法案は、もっぱら営利目的での複製から著作物を保護することを想定している、と、このように理解してよろしいですか？

カステンメイヤー　はい。

カゼン　つまり、あなたのお子さんがラジオやテレビで放送された番組を録音・録画して、それを個人的に楽しむため、つまり楽しんで視聴するために使用したとしても、当該使用に対してこの法案の罰則は適用されないということですね？

カステンメイヤー　この法案は適用されません。ご指摘、感謝いたします。

このように業界内での勢力争いややっかいな法執行上の問題に直面すると、議会での対応は遅れがちになる。当該問題の検討委員会を設置したり、米国議会技術評価局（ＯＴＡ）のような機関に任せるというのが、独創的ではないものの、一般的な戦術である。一九八四年から一九九二年にかけて、ＯＴＡは、新しい情報技術が著作権におよぼす一般的な影響、特に家庭用オーディオテープとコンピュータソフトウェアの保護の問題について検討した。

このように議会は私的複製問題を扱うことに対して消極的であったため、保留中の司法判断、特に連邦最高裁の判断に異常なまでに敬譲することになった。議会は、図書館による複写の問題をウィリアムズ&ウィルキンス事件まで先送りし、同様に家庭内ビデオ録画に関する法案の審議も、連邦最高裁がこの問題を判断するまで延期した。いずれのケースでも、連邦最高裁は、明らかに老い先短い一九〇九年著作権法の解釈を求められたにすぎない。議会は、司法判断の結果をくつがえす法律を簡単に作ることができるのに、なぜ裁判所に敬譲するのだろうか？　一九七六年著作権法の審議過程で知的財産小委員会委員長を務めたカステンメイヤーによれば、「連邦最高裁がやりがちなのは、（議会に対して）現状変更をはたらきかけるように、敗訴当事者に対して負担を課すことである」。

しかし一方、対立する業界団体は、対応の遅れによる影響を均等に受けるわけではない。一般的には、議会が家庭内コピーに関する判断を延期するたびに、著作権者が被害を被り、家電メーカーは利益を得る。時間が経てば経つほど、より多くの消費者が新しいコピー機器を手に入れ、無償でのコピーを期待するようになる。無償でコピーできる習慣が定着すると、それを排除する見通しは立たなくなる。新しい技術が市場に登場してから一〜二年以内であれば可能だったバランスのとれた理想的な法律が、五年後には政治的に不可能になってしまうのだ。カステンメイヤーによると、「問題が成熟するまで待つと、互いに対立する産業上の利益が非常に大きくなり」「数年前に問題を予測していたときよりも」、その利益をくつがえすことが難しくなり、これにより「一方当事者を商業的または財政的に破壊する」ことになるという。

議会が私的複製の問題を解決できなかったとしても、それは議会の関心が薄かったからではない。議会は一九〇九年著作権法の改正作業の過程において図書館による複写に対応するために、著作権と私的複製技術との衝突を取り上げ、その後、家庭用ビデオテープやオーディオテープに対応するために、一九七六年の著作権法改正を検討したのである。この問題が議会と裁判所のあいだを行ったり来たりするなかで、対立する業界と利用者団体は、新たな立法戦略の採用を余儀なくされた。コピー機によるコピーについては、ウィリアムズ&ウィルキンス事件の判決が出るたびに立場が変わり、決定的瞬間にはウィリアム・パッサーノが繰り返し登場して立法上の妥協点を探った。また、家庭内ビデオ録画の事件では、連邦最高裁が、舞台裏での活発な駆け引きを経てようやく判決を下すまで、事実上、議会を麻痺状態に陥らせた。また、家庭用オーディオテープの場合、両陣営が議会での政策決定を実質的に諦め、自分たちで妥協案をなんとかまとめあげた。

私的複製の問題は、一九七六年著作権法にいたる立法作業の最初期から浮上していた。一九〇九年著作権法の改正作業を支援するために、若手法律家のアラン・ラットマンがフェアユースに関する研究を米国著作権局から依頼されたときに、まず私的複製の問題を調査した。彼は、この研究において、「判例法はこの点について明らかに沈黙している」ことや、ある執筆者が「私的利用は、著作権による規制の範囲・意図から完全に外れている」と主張していたことを指摘したうえで、このような断定的な結論は「法源に基づいて支持することも、攻撃することもできない」と警告している。

ラットマンの研究は、一九〇九年著作権法制定以降に出現した問題を分析するために、一九五〇年代初頭に米国著作権局が依頼した三五本の学術論文の一つである。著作権専門の法曹は一般的にこれらの論文を称賛したが、米国著作権局がこれらの論文から引き出した結論についてはほとんど受け入れなかった。米国著作権局審査部部長としてこれらの研究に携わったバーバラ・リンガーは、「実際、ほとんどの研究は誰かから批判され、一部の研究はほぼ全員から批判された」と述べている。米国著作権局局長アブラハム・カミンシュタインは、影響を受ける産業やユーザー団体から、提言や修正を募集した。米国著作権局の提案には、著作物性に関する一般的な基準から、著作権保護期間に関するものまであった。そのなかでも、定期刊行物所収の記事その他刊行物の「合理的な部分」について研究目的での個人的複写を図書館に認めるべきと提案したコピー機に関する論文ほど、鋭い攻撃を受けたものはない。出版社側は、このような規模のコピーはすでに違法であり、いまこれを許せば無制限のコピーに道を開くことになると主張し、図書館関係者側は、今日でも合法であり、この免責措置は不十分であると応答した。一九六三年になると、両陣営の意見は、この提案を受け入れるべきではないという、ただ一点において一致した。カミンシュタイン局長は、「図書館による複写の問題は重要だが、これは技術変化に関するより大きな問題の一側面にすぎない。著作権局としては、将来の発展に対応しうるような幅広い基本概念の観点に基づき立法的対処をすべきだと思料している」と述べて、これに同意した。

「幅広い基本概念」とは、フェアユースのことである。連邦裁判所が発展させ、ウィリアムズ＆ウィルキンス事件の請求裁判所において考慮されたフェアユース法理は、著作物の侵害的使用につき免責すべきかを判断する際に、裁判所に対して四つの要素を考慮するよう求めている。すなわち、使用の目的（裁判所は営利的使用よりも非営利的使用を支持する）、著作物の性質（フィクション作品よりも学術的な作品の方がより多くコピーできる）、使用量（多いよりも少ない方が良い）、著作物の販売に対する使用の影響（これも多いよりも少ない方が良い）である。

新著作権法案一〇七条（フェアユース規定）を当てにするか、それとも一〇八条（図書館による複写に対する特別の免責規定）を当てにするかを決定する際に、図書館関係者と出版社はそれぞれ、政府のどの部門にこの問題を決定してもらいたいかという戦略的な選択をしなければならなかった。議会が連邦裁判所に対して一〇七条をケースバイケースで適用するように委ねた場合、図書館関係者と出版社のいずれが有利になるだろうか？　議会が一〇八条において詳細化されたルール群を定めると、いずれが有利になるのだろうか？　ウィリアムズ&ウィルキンス事件の裁判所における審理が進み、一〇七条や一〇八条の議会での審理が右往左往しているなか、両陣営は、その戦略をたびたび変更した。

カミンシュタインは、フェアユースの抽象性と図書館による複写規定の具体性のあいだで、中間的な道を選んだ。彼は、一般的なフェアユース規定を提案し、その適用の具体例を示した。すなわち、「批判、解説、ニュース報道、教授」そして図書館に配慮して「研究または調査」を挙げた。しかし、出版社と図書館関係者の双方がこの妥協案を攻撃したため、再び彼は後退し、フェアユース条項を骨抜きにすることを「若干遺憾ながら」決定した。「著作物のフェアユースは、著作権の侵害とならない」。著者、出版社、図書館関係者は、裁判所が自分たちに有利なようにバランスをとってくれると信じるしかなかった。

著作権法の改正作業は、議会で断続的に進められた。下院では、ロバート・カステンメイヤーが委員長を務める小委員会が一九六五年に二二日間の公聴会を開き、一九六六年には五〇回以上の非公開審議がおこなわれた。四年後、この法案は上院で行き詰った。図書館が図書館利用者のためにコピー一部を作成する特権を得られるかどうかという問題が、突如、大きな問題として浮上したのである（初期の上院の法案では、許可されるコピーはアーカイブの保存など図書館内部での使用に限定されていた）。しかし、一九六九年一二月一〇日、上院小委員会委員長ジョン・マクレランは、図書館が、図書館相互貸出を通じてなされるリクエストを含めて図書館利用者のリクエストに応じてコピーを作成することを認めるという、コピー一部を作成する特権を大幅に拡大した修正案を本会議に戻した。マクレランの法律顧問トーマス・ブレナンは、「図書館団体が一回きりのコピーに関する修正案を提出してきたため、やむをえなかった」と振り返っている。図書館が同一作品に関して「関連するまたは協調した複製」をおこなっていると信じるに足る理由がある場合、この特権を付与しないとすることで、小委員会は出版社をなだめようとしたが、これは成功しなかった。

一方で、米国著作権局は、騒動のさなかにあった。アブラハム・カミンシュタインが心臓発作と脳卒中を起こし、一九七一年に退任したのである。カミンシュタインの後任の有力候補者は、副局長のジョージ・ケアリーであった。もう一人の後任候補者は米国著作権局にキャリアを捧げ、改正作業で陣頭指揮をとり、現在、局長補佐のバーバラ・リンガーであった（リンガーは、作家とその作品を紹介する『現代作家評伝』（一九六五年版）に、自分の「進行中の仕事」としてちゃっかり「著作権法の全面改正のための法案を作成中」と書いていた）。コピー機による複写に関するリンガーの立場は、一〇七条の柔軟性は一〇八条のルール群のような硬直性よりもはるかに望ましい、という特にはっきりしたものであった。

一九七一年八月二七日、米国議会図書館長クインシー・マンフォードは、局長のポストをケアリーに与えた。その四日後、リンガーは、性差別と人種差別を理由に、この人事を覆すための訴訟を提起した

（リンガーは、自身は白人であったが、今回自分が局長に指名されなかったのは、アフリカ系米国人の米国著作権局職員の権利を擁護したことに対する報復人事であると訴えた）。裁判所は、マンフォードが米国著作権局の人事規程に従わなかったとして、リンガーに対する勝訴判決を下したが、この判決は実体的理由ではなく手続的理由によるものであった。一か月後、マンフォードは、今度は米国著作権局の人事規程に従って再びケアリーを局長に任命し、議会図書館の機会均等局は別の手続でリンガーの主張を退ける裁定を下した。

リンガーは、こう振り返っている。「ひとたびそういう立場をとると、すべてが変わってしまった。おかげで私は敵とみなされて、米国著作権局内では常に蚊帳の外に置かれるようになった」。一九七二年五月、リンガーはパリでユネスコの国際著作権業務の責任者になるためにワシントンを離れたが、一九七三年一一月に米国著作権局に戻り、機会均等局の裁定に対する不服申立て（およびその後のマンフォードによる不服申立て）に勝ち、ようやく米国著作権局局長に任命された。

バーバラ・リンガーがパリにいるあいだに一〇七条の柔軟なフェアユース規定は脇に追いやられ、かわって一〇八条のルール群が頻繁に適用されるようになっていた。もしリンガーが一九七一年に最初に応募した時点で局長に任命されていたらどうなっていただろうか？「私は、一〇七条と一〇八条を一つの規定に統合しようとしたと思う。この二つの規定は方向性が異なるので、簡単ではなかっただろう。これはきわめて非論理的なことだと自覚していた」。リンガーは一〇八条を「ひどい」規定であると思っていたが、「私が戻ってきたときには、その規定を絶対にいじってはいけないことが明白になっていた」と付け加えた。

一九七二年二月、ジェームズ・デイヴィス判事がウィリアムズ＆ウィルキンス事件において図書館による複写はフェアユースではないという判決を下したとき、少なくとも紳士協定時代以来、フェアユース規定は自分たちの活動を許容しているものだと思っていた図書館関係者たちは、この法理により想定されていた免責に関して、再考し始めた。米国図書館協会事務局長になったばかりのロバート・ウェッジワースは、この判決は「図書館業界を震え上がらせた」と回想している。一〇八条が再び注目されるようになったが、図書館関係者は一〇七条の適用を完全に諦めたわけではなかった。

一九七三年四月、図書館関係者たちは、私的複製をフェアユースとする原則を是認する上院報告書案、すなわち「定期刊行物の記事または書籍からの短い抜粋を一部作成することは、通常、フェアユースと認められるだろう」という記載を獲得することに成功した。アーサー・グリーンバウム（パートナーのアラン・ラットマンがウィリアムズ&ウィルキンス事件の法廷で書面提出する一方で、彼は議会に当該書面を提出していた）は、この表現に異議を唱えた。小委員会の法律顧問ブレナンは、彼に対して、「仮に現在審議中の改正法案が可決されたとしても、著作権で保護された定期刊行物の複製に関する国立医学図書館の行為がフェアユースになるかどうかについて、小委員会はいかなる見解も示していない」と断言した。

一九七三年一一月、デイヴィス判事が下したウィリアムズ&ウィルキンスの勝訴判決を請求裁判所が覆すと、今度は出版社が一〇八条に逃げ場を求めようとした。一九七四年の春までに、彼らは、法案で提案されていた、コピーに関する「組織的な複製」の禁止に力点を置いた。この法案によれば、「分離され相互に関連性を有しない」一部の複製だけを図書館はおこなうことができる。出版社は、これまでの審議にかかった時間を考えると、いまさら法律の文言を変更するよう小委員会を説得するのは困難であると判断し、そのかわりに法案に関する上院報告書に記載されている「組織的な複製」に関する自己に有利な定義を盛り込むことを試みたのである。

一連の立法上の提案には、いずれも由来がないわけではなかった。出版社、著者および図書館関係者は、一九六一年の局長報告書以前から、コピー機による複写に対する受容可能なアプローチをめぐって交渉してきた。一九六一年以来、米国著作権局と上下両院の小委員会からのはたらきかけもあって、彼らはコスモスクラブ、ダンバートン・オークス、さらには米国議会図書館のウィルソンルーム等のワシントン中のさまざまな場所で会合を重ねてきた。これらの会議の要点は、ウィルソンルームの会合で「組織的な複製および頒布」の定義について合意を得られなかった、というものである。実際、この会合では、その文言がどのように定義されるかにかかわらず、図書館関係者がその対価を支払わなければならないのかどうかについてすら合意できなかった。ロバート・ウェッジワースは「テーブルの上にはなんの事実もなかった。そこにあったのは、どれも個人的な意見、推測、裏付けに乏しい経験であった」と回顧している。

一九七五年二月、連邦最高裁がウィリアムズ&ウィルキンス事件で二文の判決を下したとき、多くの人は、政府系図書館を支持する請求裁判所の判決が、もはや確立した法となっていると考えるようになった。六つの主要な図書館協会は、カステンメイヤーに対し、「組織的な」複写に対する責任を課す一〇八条を削除するか、少なくとも弱めるよう求めた。一方で出版社や著者側は、ある種の誠実な魅力ある新たな妥協案として、この「組織的な」複写という文言が「目的または効果が、雑誌の定期購読や購入のかわりとなる場合」のコピーを意味することとすべきだと提案した。ウィリアムズ&ウィルキンス事件の請求裁判所は、原則として、定期購読を失うかにかかわらず、コピー市場において権利を有するという出版社にとって攻撃の最前線ともいうべき主張を粉砕した。いまや出版社は単に議会に対して、定期購読を失ったことに関する事実上の主張を、法的テストの中に変換するように求めている。もし事実上の主張が正しければ一〇八条の下で勝訴し、間違っていれば敗訴することになる。カステンメイヤーの小委員会は、すぐにこの提案を一〇八条の法文に盛り込んだ。

一〇八条が著作物の購入や購読のかわりとなるような「多量の」コピーを新たに禁止することは、事実上、両当事者および小委員会が認めており、十五年間、議論が空白になってきたところであった。「個人的な意見、推測、裏付けに乏しい経験」は、コピーが実際に学術雑誌の購入や購読の妨げになっていることを明らかにしなかったし、おそらく明らかにすることはできなかったであろう。「多量の」の具体的定義を将来に委ね、裁判所によって定義されていくことになれば、一〇七条のフェアユースの判断とほぼ同様に、恣意的な定義となってしまうだろう。しかし、議会自身がなんらかのかたちで当該文言を定義することができれば、一〇八条の自己完結的な完全性は保たれる。

そのとき、この問題に取り組む別のグループが現れた。一九七四年一二月三一日、大統領令により「新技術による著作物の使用に関する国家委員会」(CONTU)が設立され、コピー問題がその議題のトップに据えられたのだ。大統領が任命した一四名のCONTUの委員は、主に出版、図書館、学術の関係者で構成されていた。バーバラ・リンガーは充て職委員であり、彼女の働きかけにより、CONTUは一〇八条の「多量の」に関するガイドラインを作成して上下両院の小委員会を支援することを提案し、翌年にはそのための活動に着手した。CONTU会長スタンレー・ファルド元ニューヨーク州判事は、著作権法、ましてやコピー戦争に対する予備知識を有していなかったこともあり、議論はそれまでよりもはるかに和やかなものとなった。CONTUの一四人の委員の一人であるロバート・ウェッジワースは、ファルドのリーダーシップについて、次のように述懐する。「彼がただ司会をしただけというのは間違いで、それ以上のことをしていました。私は、高校時代に私が所属していた吹奏楽部の指揮者を思い出しました。当時、私は打楽器奏者でしたが、彼は、打楽器奏者の心得は、聴いてもらうことではなく感じてもらうことだよね、と言ったんです。この判事は、そのようにしていたのです」。

連邦最高裁での敗訴からわずか数か月後、ウィリアム・パッサーノは、解決に向けたある最後の努力をした。それは、かつての敵であるNLMと共同で作成した妥協案を、CONTUに提示することだった。一九七五年の夏の終わりに、パッサーノはウィリアムズ&ウィルキンスの社長チャールズ・レヴィルと一緒に、マーティン・カミングスと彼の腹心ハロルド・スクールマンと昼食をともにした。その会合の結果、レヴィルとスクールマンは、バーバラ・リンガーに宛てて、妥協案の根拠を概略した共同書簡を作成する計画を立てることになった。しかし、両者はいくつかの点で合意に達したものの、最終的にはこの試みは失敗に終わり、各自で「組織的な複製」に関する見解を述べた書簡を送ることになった。

この二つの書簡は完全に一致していたわけではないが、少なくとも「組織的な複製」とされるコピーの数については共通の見解に近づいていた。レヴィルの書簡は「合理的な需要」の「証拠」がある雑誌のコピーに言及し、スクールマンの書簡は「合理的な需要」について特定の雑誌のコピーを求める年間一〇件のリクエストと定量化していた。ウィリアムズ&ウィルキンス事件の弁護の準備作業のなかで、NLMは図書館による複写に関する相当なデータを蓄積しており、スクールマンはそのような需要のある雑誌はほとんどないことを知っていた。ウェッジワースから、合理的な需要の証拠を年間五部のコピーとする案にNLMが同意できるかどうかを尋ねられたスクールマンは、二つ返事で同意した。ウェッジワースとリンガーは深夜の電話のやりとりで、その妥協案を固めた。

最終的に、CONTUは、図書館による複写に関して、数値的な妥協に重点を置いた一連のガイドラインを提案した。それは「五のルール」、つまり「『多量』とは、リクエストの日から五年以内に、特定の定期刊行物に掲載されたいずれかの記事の年間コピー数が五部を超えることを意味する」というものである。一貫性ときりのいい数字が大好きなCONTUは、著作権法の発効日から五年以内に議会がガイドラインを見直すべきだと付言した。

一九七六年九月、米国下院は、多量の複製について定めた一〇八条但書を含む修正版の著作権法改正案を可決した。両院協議会はこの修正案を受け入れ、出版社や図書館の今後の指針となるCONTUのガイドラインを協議会の報告書に盛り込んだ。法案は上下両院で通過し、一九七六年一〇月一九日、フォード大統領は法案に署名した。

一九七六年の冬から春にかけては、映画会社が議会に対して、保留中の著作権改正法案に家庭内でのビデオ録画に対するなんらかの責任形式を付加するよう要請するのに、理想的な時期だったように思われた。その前年には家庭用ビデオデッキが米国市場に登場しており、この機器が多くの家庭に普及する前に議会に動いてもらうことが最大の希望であった。しかし、政治的にはタイミングが悪かった。一五年におよぶ改正作業は終盤にさしかかっており、議会は、ようやく実現した壊れやすい妥協案を台無しにするような新たな論争的問題を、もはや抱え込むつもりはなかった。法案が成立する数週間前に、議会は、特定の条項をめぐる対立が続くことによりすべての努力が水泡に帰すことを恐れ、その条項を含む章全体を改正案から削除したほどだった。

新しい法律を作るためにテストケースとして訴訟提起することは合理的な選択肢であるが、訴訟提起にはリスクがともなう。一つのリスクは、もちろん敗訴すれば、将来の司法上、立法上の行動に対する悪い先例を作り出してしまうことである。もう一つのリスクは、すべての審級が終わるまでに優に一〇年を訴訟で浪費し、その結果として仮に勝訴したとしても、それまでにビデオデッキが一般向け家電製品になり、議会が大衆の圧力に屈して判決結果を覆す羽目になるかもしれないということである。それにもかかわらず、一九七六年一一月、ユニバーサル・シティ・スタジオは、ウォルト・ディズニー・プロダクションと共同で、ソニー・コーポレーション・オブ・アメリカを相手方として、自社の所在するロサンゼルスの連邦地方裁判所に著作権侵害訴訟を提起するという賭けに出た。その裁判で両社が主張したのは、ソニーがビデオデッキのベータマックスを販売することにより、テレビ放映された両社の映画の著作権侵害に寄与しているということであった。ユニバーサルは、ベン・ハー事件のホームズ判事の意見の理屈に倣い、ソニーが著作権侵害の道具であるビデオデッキを人びとに提供する行為について自ら番組を放送外でコピーをしたのと同様の責任を負うべきである、と主張したのである。

ユニバーサルは、この寄与侵害の理論に基づいて裁判を展開することにより、裁判所の関心を直接侵害者である実際のビデオデッキの所有者から引き離すことをねらった。しかし、直接侵害者がいない場合に裁判所が寄与侵害を認め得るか否かは法律上、不明確であったため、ユニバーサルお抱えの法律事務所のクライアントであるウィリアム・グリフィスを名目上の被告に含めるという予防策をとった（自宅でコピーをしていたことを認めていたグリフィスは、損害賠償を求められないという条件で訴えられることに同意した）。また、ソニーとグリフィスのつながりを明らかにするために、映画会社は、ベータマックスを販売しているいくつかの小売店やソニーの広告代理店ドイル・デーン・ベルンバッハも訴えた。

寄与侵害の法理は、著作権法よりも特許法においてはるかに発展しており、ソニーは自身の弁護活動を補強するために、特許法の例を参照した。特許法では、たとえば、構造上の欠陥を検出するための特許方法に使用できる赤外線カメラのような装置の販売は、その装置が美術写真の撮影のような「実質的な非侵害用途」をも有するのであれば、寄与侵害の責任を負わない。ソニーは、ビデオデッキの一定の用途は著作権を侵害する可能性があるが、著作権保護を受けないテレビ番組を複製する場合や著作権者が無秩序な家庭内コピーを気にせず、むしろ喜んでいる場合のように、非侵害的用途をも有している、と主張した（ソニーは、「ミスター・ロジャースのご近所さん」のフレッド・ロジャースに協力を仰ぎ、自分の番組を私的に録画されてもなんの異存もないと証言してもらった。「私は、視聴者が家庭でこうした番組を録画できるようにし、彼らが番組を見たい時に見ることができるようにしてあげることが、家庭に対する真のサービスだと思います」）。

両陣営は、フェアユースがこの訴訟の中心となることを理解していた。ベータマックスの所有者が番組の録画をおこなう理由は二つあった。一つはテレビ放映された映画のライブラリー化のため、もう一つはタイムシフトのため（ゴールデンタイムの番組を夜勤明けにあとで家で見るために録画し、見終わったら番組を消去するため）である。もし裁判所がライブラリー化およびタイムシフトの両方のコピーをフェアユースと判断した場合、映画会社は敗訴する。もし裁判所がどちらも著作権侵害であると判断した場合、ビデオデッキには非侵害用途がほとんどないため、映画会社は勝訴する。そして、もし裁判所がこれらの使用の一方がフェアユースで、他方がフェアユースではないと判断した場合、裁判所は免責された行為が「実質的な非侵害用途」に該当するかを判断しなければならない。

立法ではなく訴訟をするという判断は、別の問題を引き起こした。議会は、妥協点となる法律を精巧に作り上げ、責任の効果が誰かの過剰負担にならないよう救済策を細かく調整することもできる。対照的に、司法判断はオール・オア・ナッシングであり、一方が勝てばもう一方が負ける。もしユニバーサルとディズニーが勝てば、両社はソニーに対する差止請求権を獲得するであろうが、裁判所は、映画会社に有利な判決を下せば米国内におけるソニー製品の販売を停止させることになる点を考慮し、単純にソニーが侵害者ではないと認定して、このような過酷な結果を避けたいと思うかもしれない。

ユニバーサル対ソニー事件の審理は、あっという間に進んだ。一九七九年初頭にこのケースの審理が始まり、その年の一〇月に判決が下された。ウォーレン・J・ファーガソン判事は、ユニバーサルの主張をことごとく退けた。著作権法の排他的権利は、タイムシフト目的であろうとライブラリー化の目的であろうと、非商業的な私的複製にはおよばないと判断したのである。仮に著作権法がそこまでおよんでいたとしても、フェアユースは家庭内コピーを免除するものであり、仮にフェアユースが適用されないとしても、ビデオデッキの製造者や販売者が責任を問われるような寄与侵害の理論は受容できない。

最後に、たとえ生産者や販売者が責任を負うとしても、差止命令による救済対象にはならないだろう。というのは、差止命令をしないことで映画会社が被る損害よりも、差止命令をすることで被告や公衆が被る損害のほうがはるかに大きいからである。

ファーガソン判事の判決の背景にある原動力は、損害に対する疑問にあった。ファーガソン判事は、映画会社が家庭内録画による損害について立証責任を負っていると判断し、本件において映画会社は現在または将来にわたる損害のいずれについても立証に失敗していると考えた。彼は、映画会社らが継続的に収益性を高めており、著作権に対する現実の損害はいまだ発生していないことを自認していることを指摘した。また、将来分の損害に関しては、原告のケースは六年前のウィリアムズ&ウィルキンス事件のとき以上に観念的なものであると考えた。映画会社側の専門家は、「予測される損害が発生する年も損害を引き起こすベータマックスの購買数も、彼らにはわからないことを認めた」。

ファーガソン判事の判決は、ユニバーサル対ソニー事件における最終決定ではなかったが、映画会社側は控訴審の判決が出るまでに長い時間がかかることを知っていた（当時の第九巡回区控訴裁判所は、控訴審判決を出すまであまりに遅く、なかには弁論から判決まで三年近くかかったものもあった）。ファーガソン判事が判決を下した一九七九年には、ビデオデッキメーカーは全米で四七万五〇〇〇台を販売していたが、三年後には年間二〇〇万台以上、四年後には四〇〇万台以上を販売する見込みであった。

おそらく時間の重要性を察知したのであろう。第九巡回区控訴裁判所は異例の速さで動き、その訴訟の弁論を開いてから八か月余り経った一九八一年一〇月に控訴審判決を下した。今回の判決ではユニバーサルとディズニーの圧勝となり、三人の判事全員一致でファーガソン判事の判決を破棄した。「我々は、著作権保護に関して包括的な家庭内使用の例外を設けるという議会の意図を見出すことはできず、家庭内ビデオ録画はフェアユースに該当しないと考える。さらに、被控訴人は侵害行為に対して法的責任がある」。差止命令による救済に関する困難な問題に関しては、裁判所は画期的な提案を付け加えた。「差止命令によって公共の利益が大きく損なわれる場合」、裁判所は差止めにかえて、損害賠償または継続的な使用料の支払いを命じることができる」。

連邦地裁は著作権というコップの半分は空でいいと見ていたが、控訴裁判所は著作権というコップにはまだ水が半分しか入っていないと見ている。「家庭内使用者が、著作物へのアクセスをコントロールする能力に経済的価値を見出していることは明らかである。著作権法は、著作権者にこの市場を活用する機会を与えることを要求していると考えられる」。家庭内コピーのほとんどが著作権の網にかかったことで、寄与侵害に関する裁判所の最終判断はほぼ必然的なものとなった。「ビデオデッキは、テレビ番組を再生することを主目的として製造、宣伝、販売されている。テレビ番組はそのすべてが著作権で保護されているといっても過言ではない。したがって、ビデオデッキは『実質的な非侵害用途に相当し』ない」。

議員の中には、すぐに行動を起こそうとする人もいた。控訴審判決の二日後、民主党のデニス・デコンチーニは共和党のアルフォンソ・ダマトと共同で判決を覆す法案を上院に提出し、共和党のスタンフォード・パリスとジョン・ダンカンも同じ法案を下院に提出した。各法案の内容はわずかに異なっていたが、その趣旨は同じであり、家庭内における放送外の私的複製は、コピーした者が直接的または間接的に商業的利益のための録画にテープを使用しない限り著作権侵害にならない、というものであった。このとき初めて、議会は、その問題を前にして、私的複製の問題を正面から取り上げた。

映画会社は、猛反発した。映画会社は、業界団体である全米映画協会（MPAA）と協力し、デコンチーニ法案を修正する代償として裁判所での差止救済の獲得の機会を諦めるという妥協的な戦略に出る。修正案は、機器やテープのメーカーは、ビデオデッキや空のビデオカセットを販売するたびに法定の使用料を支払うことを義務づけるものであった（この修正案は、差戻後の第一審裁判所は差止命令にかえてソニーに対する損害賠償のみを認容しうるという第九巡回区控訴裁判所の提案を反映していた）。共和党員のチャールズ・マティアスは、この使用料方式を採用する法案を上院に提出し、その二か月後にはカリフォルニア州の民主党員ドン・エドワーズが同様の法案を下院に提出した。

その後、一方の陣営では全米映画協会が、他方の陣営では新たに結成された家庭内録音録画権連合と手を組んだ電子機械工業会が、数か月にわたって激しいロビー合戦を繰り広げた。ロビー合戦がようやく下火になったのは、一九八二年六月、連邦最高裁がソニーの上告を受理したときであった。著作権者たちは議会が行動するようはたらきかけ続けることを約束したが、ある業界通は、「現実主義者である連邦議会議員は、なにもせずにほかの政府機関のせいにするチャンスに議会が抗うのは困難であることを理解していた」と述べている。

一九八三年一月、連邦最高裁は、ソニー対ユニバーサル事件の弁論を開いた（連邦最高裁の慣例では、上告した当事者（ここではソニー）を先に表示することになっている）。数か月が過ぎ、裁判所の開廷期の終わりが近づいてきたとき、両当事者は長引く審議のあとにどんな判断が下されるのか思案した。数日間の口頭弁論中に始まった判事らの議論が、開廷期を過ぎてもなお続いていたことを、彼らは知る由もなかった。一〇年後、米国議会図書館がサーグッド・マーシャル判事の裁判資料を公開するときまで、当初、一方当事者側を支持していた多数派の判事が開廷期の終わりまでに瓦解し、もう一方の側に新たな多数派が形成されたことも、彼らは知りえなかった。

判事たちの議論のきっかけになったのは、私的複製の問題であった。ハリー・ブラックマン判事は、この事件に関する判事たちの合議のなかで、映画会社側を支持する多数意見を執筆するよう指示されていた。口頭弁論から六日後の一月二四日、ジョン・ポール・スティーヴンス判事は、ブラックマン判事に宛てた次のような書簡を送った。私的な非営利目的の使用のために作成された一回のコピーが著作権侵害となるかどうかという問題は、「弁論のあいだに十分に検討されず」、また「反対意見のなかでこの問題を強調することになると思うので、私の主張の基本的なアウトラインを紙に書いておくことは、あなたの意見を作成するうえで役に立つかもしれない。それにひょっとしたら、立場が絶対的に固まる前に、あなたの支持者の一人に、この問題を再検討するよう説得することができるかもしれない」と。

スティーヴンスは、私的複製の問題を、フェアユースではなく、法解釈の問題として位置づけた。スティーヴンスは、「驚くべきことに、法律全体の詳細な改正のなかで、議会は一回きりのコピーによる私的利用の問題について直接的なコメントを慎重に避けていた」と述べ、彼自身は、私的複製を法定の免責事由とすることについて、三つの重要な価値に基づいて支持することができると考えた。「①法律が家庭内での行為をコントロールしようとするときに必ず関係するプライバシーの利益、②文字どおり何百万人もの人びとに法律違反者の烙印を押すことをためらうべきと勧める公正な警告の原理、③とりわけ地方裁判所が認定した証拠が著作権者がいまだ現実の損害を被っていないことを示しているとき、新しく有用な製品の開発と販売に成功した起業家に実質的な遡及処罰を科さないことの経済的利益」である。

スティーヴンスは、連邦最高裁が著作権者に有利な判決を下した場合の政治的影響にも、注意を払っていた。もし連邦最高裁がビデオデッキメーカーに責任を課さないと判断した場合、「著作物のケーブルテレビ送信に関する問題全体に立ち向かって解決したのと同様の方法で、議会はこの問題に立ち向かうことができる。一方、もし我々が下級審判決を支持すれば、立法府の方がはるかにうまく取り扱える詳細な救済方法一式をこしらえる責任を、裁判所が負わなければならなくなることを、私は恐れている」。

スティーヴンスの書簡はルイス・パウエル判事の元にも届けられ、それを読んだパウエル判事の立場を揺さぶった。パウエル判事は前述の合議で「ウィリアムズ&ウィルキンス事件を当裁判所が審理していたときの自身の見解に基づいて」下級審判決を支持する賛成票を投じていたが、二月三日、ブラックマン判事にスティーヴンスの私的複製の議論は初めて聞く内容であり、「『原点』に立ち返る必要がある」と言ったのである。ブラックマンは、自分の立場から離れていくのを感じたのか、「本件の多数意見執筆担当者は変更されなければならないかもしれないが、いまのところ、その可能性はさらなる作業がおこなわれるまで保留にしておきたい」と答えた。

長らくして、六月中旬、その「さらなる作業」は、ブラックマン判事の多数意見案とスティーヴンス判事の反対意見案というかたちで出現した。ブラックマン判事の執筆した意見案は、一九七六年著作権法制定の際、議会は家庭内でおこなわれる一回きりのコピーに対する適用除外を設けることを意図していたというスティーヴンス判事の主張を真っ向から否定した。たしかに、文言上は単数形の「コピー(copy)」ではなく複数形の「コピーズ(copies)」にのみ言及してこれを禁止する法律となっていたが、下院と上院の報告書では、この複数形の部分には単数形を含むとされていたし、録音による私的複製に関するカステンメイヤー=カゼン談話は映画には適用されなかった。さらに、議会が一回きりのコピーに対する適用除外を設けようとした場合、一〇八条のように、その定め方を知っていた。「これらの制限は、もし誰もが私的利用のために著作物の全コピーを作成することができるのであれば、まったく無意味なものとなるでしょう」。要するに、議会は、私的利用それ自体の適用除外を定めることを意図しておらず、フェアユースにより許される複製と許されない複製を分けることを意図していたのだ、とブラックマンは結論づけた。

スティーヴンス判事の提案した反対意見は、著作権が、自動ピアノ、コピー機、ケーブルテレビ、家庭内録音といった新技術と遭遇した過去の出来事を、徹底的に検証していた。「この歴史を見ると、二つのテーマが繰り返されてきたという、驚くべき一貫性が明らかになる。第一に、裁判所は、議会が新しい発展を評価して改正法を制定するまで、著作権保護の拡大を繰り返し拒否してきた。第二に、私的利用目的で著作物を一回、コピーした個人に対して、罰則やなんらかの法的責任を課すべきだと真剣に提案した利害関係者はいなかった」。スティーヴンスは、おそらく多数派の判事を自分の立場に説得して引き入れようとして、最後の文の「破棄されるべきである」を「破棄される」に置き換えるだけで彼の意見案が多数意見になるように、慎重に自分の意見案を作成した。ブラックマンとスティーヴンスの草稿を皮切りとして、開廷期の最後の最後にいたるまで、立て続けにほかの判事たちからのメモが提出され続けた。

当初、ブレナン判事は、著作権侵害のビデオテープのライブラリー化と著作権侵害とならないタイムシフトの区別を構想し、第九巡回区控訴裁判所の判決を部分的に支持する票を投じていた。しかし、いまでは、原判決を全面的に破棄する意見に票を投じるつもりだと述べた。議会が私的複製の責任を一律免除しているというスティーヴンスの立場を彼は否定しつつ、寄与侵害のテストを微妙に、しかし決定的に変化させることを提案した。寄与侵害の根拠としてビデオデッキの「主要な用途」を見るのではなく、「ベータマックスが実質的な非侵害用途を有しているか」否かだけ問い、もし非侵害用途を有しているのであれば寄与侵害はないと判断する。ブレナンの見解では、大半のタイムシフトは、そのような非侵害用途に該当する。

その三日後、バイロン・ホワイト判事が議論に割って入った。ホワイト判事は、私的複製を免責するスティーヴンス判事の立場に傾きつつも、ソニーが寄与侵害者ではないとするブレナン判事の意見に同意した。「もちろん、ジョンは自らの理屈でソニーの敗訴判決を破棄するでしょうが、二人は一緒になれないのでしょうか」。結局、「ソニー事件の下級審判決を破棄する意見に五票集まれば、各家庭を相手とする救済措置は求められていないのだから、家庭内での複製の問題は差し迫ったものではなくなります」と述べた。スティーヴンスは、寄与侵害に関するブレナンの誘導に即座に反応した。「もしそのアプローチで五票集まるなら、私は喜んで自分のメモランダムをその立場をとる意見に作り直します」と述べた。

ブレナンとホワイトが寄与侵害を理由として破棄判決に向けて動いていた頃、サンドラ・デイ・オコナー判事は、損害という、より入り組んだ問題に基づいて破棄判決へと動いていた。オコナー判事は、「ソニー製品の利用により現実的にも潜在的にも被上告人が損害を被ることはないという連邦地裁の見解を否定することは非常に困難に思います」とブラックマン判事に宛てた書簡を書いた。ブラックマンは、潜在的損害の問題に関して彼女が思うほど連邦地裁の意見は決定的ではないと思うと応答しつつ、「連邦地裁の意見に関する私たちの解釈の違いを考慮して、さらに損害論について検討するよう本件を連邦地裁に差し戻すことについてはどう思いますか？」と尋ねたところ、オコナーはこの提案を拒絶した。「我々が地方裁判所に対していかなる基準を適用するように求めたとしても、本件の損害はまったく推測的なものすぎて損害の『蓋然性』すら立証できないという連邦地裁の示した強い見解を考慮すると、結論は同じになる可能性が高いことは明らかです」。いずれにしても法律問題として著作権者は損害の立証責任を負うべきと彼女は考えていた。「損害および損害額に関する立証責任は伝統的に原告に課されており、立証責任を被疑侵害者に転換する十分な理由は見当たりません」。

意見のまとめ役として評判高いブレナン判事は、同じ日にブラックマン判事宛てに書簡を書いた。「この難しいケースでサンドラがあなたに提案したことは、非常に建設的なことだと思われます。私はあなたの反応に最も関心を寄せています」。その二日後、パウエルも同様の趣旨のことを書いた。「六月一八日のサンドラの書簡で書かれていた提案は、私にとって魅力的なものでした」「もし、あなたがおおおむね彼女の書簡に則って意見案を改訂するのであれば、私はあなたの意見に参加できると確信しています。本件の意見作成があなたに任された一つの理由は合議での私の一票にあるわけですから、反対するだけの絶対的な確信がない限り、あなたと同じ立場をとることが私の義務だと考えています」。

六月二〇日、ブラックマンは、これまで揺るぎない支持者であったサーグッド・マーシャルとウィリアム・レンキストに宛てて、オコナー、パウエル、そして「ひょっとしたらビル・ブレナン」の考えを受け入れることもやぶさかではないが、「あなた方の支持を損なうことは望んでいません」と書いた。損害論に関しては「私は、著作権者に損害の蓋然性を示すことを要求することは不合理だとは思わない」と述べ、寄与侵害の基準に関しては「寄与侵害の問題は、著作権で保護されているテレビ番組の量ではなく、著作権侵害となるビデオデッキの使用量にかかっているということに同意する」と述べ、議論を後退させる意向を示した。

オコナーは、損害に関する著作権者の立証責任についての発展的見解を押し出し、今度はブラックマンの意見に盛り込むべき具体的な文言を提案した。六月二八日、ブラックマンは明らかに苛立ち、彼女の意見を受け入れる努力を断念した。「私があなたに宛てた六月二三日の書簡は、私ができることの限界を示しています。適切な法理がともなっていると思えば、私にとって五票はそれほど重要ではありません。したがって、あなたと私のあいだには実質的な意見の相違があるように思われます。この事件は、私が提案したものとは別のルートで、独自の道を歩まなければならないでしょう」。明らかに、ブラックマンの多数派は崩壊していた。

六月二七日、ブレナンはほかの判事たちに、スティーヴンスの草稿は「合議や六月一四日のメモにおいて私が表明した見解の言い回しに近いものになっています」と伝えた。翌日、ブラックマンの最後の書簡を受け取ったオコナーは、バーガー長官に宛てて「夜遅くまでの作業が何日も続き、何度も草稿を書き直しました。その結果、本案については『中間』の立場にシフトし、寄与侵害についてはより制限的な立場に移行することになりました」と書いている。ブラックマンが彼のアプローチをこれ以上変更することを拒否したことに触れ、「私の考えは、現在『テーブルの上にある』他のどの草稿よりも、ジョンの最新の草稿に近いものです」と付け加えた。

新たな多数派の立場が生まれたものの、開廷期末ぎりぎりになってほかの事件が押し寄せてきたため、短期間で多数派の意見をまとめるのは困難であることが、すべての判事のあいだでだんだんと明らかになってきた。この事件を翌年の再審議に回すことは、その場しのぎの解決策であった。六月二八日、スティーヴンスは、「親愛なる長官」宛ての書簡でバーガーに対して、「私は、あなた、ビル・ブレナン、バイロン、ルイス、サンドラおよび私自身のあいだにおける共通見解と理解しているものを反映するよう努めたメモの改訂版を印刷業者に送りました。このメモは、五票の賛成票が得られれば、多数意見として発表できるかたちになっています。もしこれが実現すれば、この事件について再審議をする必要はないものと見込んでいます」と伝えた。

これは実現しなかった。判事たちは、単純に時間切れになった。七月六日、連邦最高裁はこの事件を次の開廷期中に再審議することを決定した。

レンキストと並んで、ブラックマンを唯一、最初から支持していたサーグッド・マーシャルは、春のあいだずっと、「頑張ってください。私はいまでも君とともにありたい」、「私はいまでも君とともにいます」などの応援の言葉を一、二行のメモに書き添えるにとどめていた。しかし、一九八三年一〇月四日、ソニー事件の再審議が行われた翌日、マーシャルはタイムシフト視聴がもたらす損害について七頁におよぶ分析を示して自らの考えを明らかにした。マーシャルは、著作権というコップの半分は空でいいと考えるのではなく、著作権というコップにはまだ水が半分しか入っていないと考えるべきであって、タイムシフト視聴者は著作権保護を受ける番組の潜在的市場を形成していると指摘した。「これらの人びとは、ビデオデッキやビデオテープにお金を払うという事実から証されるように、自分の都合の良いときに著作物を視聴できるのであれば、そうした特権に対して喜んでお金を払います。間違いなく、ほとんどの人は著作権者になんらかのロイヤルティを払うことも厭わないでしょう」。

その二日後、ブラックマンは、マーシャルの指摘は正しいと思うと応答し、「私は近々発表する反対意見にあなたの主張を盛り込む努力をするつもりです」と述べた。マーシャルがメモを送ってからそれに対するブラックマンの返事が届くまでのあいだに判事たちは合議を開き、おおむね前の開廷期末に浮上していた路線にそって投票した。最終集計は、一月一七日の判決で連邦最高裁が発表したとおりである。ブレナン、バーガー、オコナー、スティーヴンス、ホワイトの各氏は第九巡回区控訴裁判所の判決を破棄し、ブラックマン、マーシャル、パウエル、レンキストの各氏は第九巡回区控訴裁判所を支持した。

スティーヴンス判事の執筆した多数意見は、彼が最初に作成した反対意見よりも、前の開廷期で提出されたブレナンやオコナーのメモと類似していた。この意見では、私的複製に対する法律上の免責については言及していない。寄与侵害が認められるのは、係争製品が実質的な非侵害用途を有していない場合に限られる。タイムシフトは、フレッド・ロジャースのような多くの著作権者が喜んで同意していたことやフェアユースを構成していたこともあり、非侵害用途であった。タイムシフトの私的で非営利的な性質は、著作権侵害に対する一律免除を与えるものではないとしても、少なくとも、ユニバーサルやディズニーに損害を与えていないという反駁できない推定を生み出した。

ブラックマン判事の反対意見は、前の開廷期にもともと提案されていた多数意見案を忠実に再現したものであった。主な追加点は、潜在的市場に関するマーシャル判事の指摘をほぼそのまま書き写したことと、技術的変化に直面した際の裁判所と議会の適切な関係に関するスティーヴンスの歴史的評価に厳しい反論を加えたことである。「おそらく、より良くより正確に描写するならば、最高裁判所は著作権法分野で難しい問題が発生した際に、これを回避する傾向があるということだろう。私は、最高裁判所がこの伝統を特に喜ぶ理由も、それを続ける理由もないと考える。実際、一九七六年著作権法の立法経緯を見れば、議会が古いパターンを変更し、古い技術だけでなく新しい技術をも対象とする法律を制定することを意図していたことは、かなりはっきりしている」。

映画会社にとっての最後の希望は、いまや議会であった。アポロ判決後のピアノロールやレコードに対する権利の拡大からケーブルテレビや図書館による複写に関する立法にいたるまで、連邦最高裁が著作権法上の責任を否定する判決をしたときには、議会はきちんとその穴を埋めてきたというスティーヴンスの洞察に、楽観的な業界関係者は勇気づけられていた。しかし、これらの事件や立法措置はいずれも、ややこしい私的複製の問題には直接関係していなかった。連邦最高裁がソニー対ユニバーサル事件判決を下した時点で、米国の家庭におけるビデオデッキ設置率は、提訴時点のほぼ〇％から九％にまで増加していた。Ｓ・３１法案（録画機器と空のテープに対して法定のロイヤルティを課す妥協策）が議会で承認されなかったとき、映画会社はこの論点を押し出そうとはしなかった。家庭内ビデオ録画は、立法上の課題として深刻な問題ではなくなったのである。

映画会社が連邦最高裁と議会で負けたことにより、レコード会社は窮地に立たされた。レコード会社は、映画会社が提案したＳ・３１法案の録画補償金制度に関して録音補償金制度を付加することに成功しており、私的複製問題の迅速な立法的解決を期待していたが、この法案は廃案になってしまった。どんなに贔屓目に見ても、ソニー対ユニバーサル事件は、訴訟の最終的な勝利の可能性について、矛盾するシグナルを発していた。この判決は、ビデオテープのみを対象としており、家庭内録音を裁判所がいかに評価するかについては、なんの手がかりも与えていない。レコード会社は、消費者は通常、タイムシフトのためではなく、音楽ライブラリを構築するために私的録音することを知っていた。しかし、家庭内録画に関するカステンメイヤー＝カゼン談話を、議会が家庭内録音・録画を著作権法上の責任の対象外とすることを意図していた証拠として裁判所は使用しはすまいか、とレコード会社は悩まなければならなかった。

ソニー対ユニバーサル事件から二年後、レコード会社の懸念を強めると同時に、議会を動かす導火線となるような新技術が市場に登場した。一九八六年、家電業界は、米国ではなく海外で開発・製造された製品であるデジタルオーディオテープレコーダーを発売した。デジタルオーディオテープは、CDの透明な音質以上のものを提供した。当時のCDには備わっていなかったコピー生成機能を、家庭ユーザーに与えたのだ。消費者目線からすると、コピーするたびに音質が劣化していくアナログテープとは異なり、デジタルテープにはオリジナルテープからの完璧なコピーだけでなく、コピーからコピーを繰返しても音質が変わらないというメリットがあった。しかし、レコード会社からすれば、何世代にもわたる完璧なコピーの増殖は、小売販売市場に破滅をもたらすことになる。

普及しているが技術的には劣っているアナログレコーダーにかわり、デジタルオーディオテープレコーダーが家庭内録音装置として大衆に受け入れられるだろうと考えられていた。もしレコード会社が訴訟を恐れてデジタルテープ機器の輸入を一時的に阻止し、それと同時に議会に素早くはたらきかけることができれば、この新技術が米国の市場に定着して議会に打つ手がなくなる前に、新技術に対し著作権による一定のコントロールをおよぼすことができるかもしれない。

手始めに、全米レコード協会は、デジタルオーディオテープレコーダーのメーカーに対して、ユニバーサルやディズニーがソニーに対して用いたような寄与侵害の理論で訴えると脅した。これは危険な賭けであった。というのも、各メーカーは応訴して、私的複製は著作権を侵害しないという判決を勝ち取る可能性もあったからである。しかし、機器メーカーにも同じくらい訴訟を恐れる理由があった。判決結果がなんであれ、何年間か裁判所において製品を差し止められる可能性があった。また、レコード業界の協力が得られなければ、楽曲入りデジタルカセットに入れる曲がなくなることもわかっていた。これは、人びとに装置を買ってもらうための必須の条件であった。さしあたりは、家庭用機器は輸入されず、訴訟も提起されなかった。

一方、レコード会社は、楽曲入りデジタルテープに、コピーができなくなるような信号を義務的に組み込むことを求めるという、著作権以外の戦略を立てていた。しかし、このような技術的解決策にも、リスクがないわけではなかった。ベータマックス訴訟の審理の際に、ユニバーサルが、著作権者の許諾なしにテレビ番組の録画を不可能にする低価格の電波妨害装置の利用可能性について専門家証人に証言させようとしたとき、ファーガソン判事は、もしソニーに対してそのような装置をソニーの機器に搭載するように命じたら、「今日、この法廷にあなたと私が座っているという事実と同じくらい確実に、ソニーとは無関係の若き聡明な起業家が電波妨害解除装置を考え出すだろう。そして、その電波妨害解除装置を妨害する装置が開発されるというように、いたちごっこになってしまう」と述べた。

それにもかかわらず、一九八七年初めには、米国で販売されるデジタルスタジオ録音機器にコピーガードシステムの搭載を義務づける法案が、上下両院に提出された。公聴会の中心的話題は、CBSレコードが開発したコピーコードシステムであった。このシステムは、楽曲入りテープに埋め込まれている信号が、録音が著作権で保護されていることを知らせるというものであった。その信号を検知すると、録音装置に搭載されたチップがコピー生成を防止する。はたして、この未試行の技術が有効なのか？

小委員会は米国国立標準局にテストを依頼したところ、米国国立標準局からは「このシステムは音質を低下させ、場合によっては著作権で保護されていないものの録音もできなくなった」との報告があった。そうして法案は、廃案となった。

いまやレコード会社に不利に、時間は作用し始めた。一九八七年、議会はOTAに対し、空港の混雑状況や嘘発見器の精度と同様の疑問の目をもって、家庭内でのオーディオコピーについても冷静に調査するよう求めた。(ブルッキングス研究所の経済調査部門の上級研究員が委員長を務める専門委員会の下でおこなわれる)この調査は、レコード業界が家庭内録音により経済的損害を被っているという主張に異議を唱えるだろうと考えられていた。というのも、一九八八年以来に発表された各草案は、レコード業界の主張に共感を示しはしなかった。最終的に、この報告書は、家庭内録音率の増加を認めたものの、家庭内録音が録音済み音楽の売上に与える影響についての事実評価は明確ではないことも認めた。

OTAの報告書が発表された一九八九年なかばには、アテネで開かれた会合で、レコード会社と家電メーカーの代表者は、「デジタルオーディオテープの録音に関して各国法で履行すべき妥協案がまとまった」と発表した。この妥協案は、デジタルテープレコーダーに搭載するシリアル・コピー・マネージメント・システム(SCMS)という新技術による解決を中心に据えた。この新技術が搭載されたデジタルテープレコーダーでは、オリジナルの楽曲入りカセットテープのコピーはできる(そのため、オリジナルのカセットテープに入っている楽曲は何度でもコピーできる)が、コピーからコピーを作ることはできなくなる。アテネ合意では、世界中でSCMSの規格を政府に実装するように求めていくことが約束された。米国のレコード会社にとって、この妥協案は、図書館による複写問題の解決を遅らせたり、録音録画補償金法案を沈めたりしてきた法整備の遅れを回避するのに役立つ。また、機器メーカーにとっては、大量の楽曲入りテープを携えて早期に米国市場に参入することができる。しかし、この戦略には大きな欠陥があった。それは、作曲家や音楽出版社の利益を含んでいなかったことだ。

一九九〇年六月、デニス・デコンチーニ上院議員が議長を務めたデジタルテープへのＳＣＭＳの搭載を義務づける法案の公聴会で、作詞家・作曲家や音楽出版社の代表者はこの法案への反対を表明した。家庭内録音の普及で彼らの収入は減少しているが、法案には法定ロイヤルティの規定がないため、これらの損失は補償されないことになる、と彼らは主張した。彼らが自分たちの主張を議会で訴えているあいだに、ソニーがデジタルテープレコーダーの米国への輸入を開始したため、新たに手を組んだ作詞家・作曲家と音楽出版社はソニーの輸入が彼らの著作権の寄与侵害に当たると主張して、ソニーを提訴した。デコンチーニは、音楽関係者の利益との調整がなされない限り、今回の法案の審議を先に進めないことを明言した。

いまや機器メーカーは、難しい戦略上の選択を迫られていた。法定ロイヤルティを拒否してアテネ合意を見据えながら米国市場への早期参入を諦めるか、法定ロイヤルティを受け入れて、ビデオデッキの登場以来、抵抗してきた自社製品への補償金支払いの賦課金の支払いの仕組みを受け入れるか、である。司法による法形成と同様に先例が重視される立法による法形成において、デジタルテープやデジタル機器に関する補償金で譲歩すると、新旧問わずその他のコピーメディアの補償金につながり、各社の製品価格の上昇および売上減少をもたらすことになりうる。

タンディ社の会長兼最高経営責任者であるジョン・ローチは、機器メーカー側の交渉代表者に就任し、全米レコード協会や全米音楽出版社協会と協力して、基本的な合意を形成し、各構成員に署名をするよう促した。それから、業界専門の弁護士が、全員が受容可能な詳細な立法提案を作成するという骨の折れる仕事にとりかかった。関係者の合意が成立すると、作曲家や出版社はソニーに対する訴訟を取り下げた。

最終的に、一九九二年一〇月に議会で可決され、ジョージ・H・W・ブッシュ大統領の署名により発効した一九九二年オーディオ家庭内録音法（AHRA）は、米国で販売されるデジタルオーディオ機器にSCMSコントロールを搭載することを義務づけるだけでなく、空のデジタルオーディオテープやデジタルオーディオテープ機器の製造者に、テープの場合は販売価格の三％、機器の場合は二％の法定補償金を支払うことを義務づけた。こうして徴収され著作権局に預けられた補償金は二つの基金に分けられ、毎年、三分の二がサウンドレコード基金に、三分の一が音楽作品基金に分配される。たとえば、一本九ドルの空のテープの場合、サウンドレコード基金には一八セント、音楽作品基金には九セントが入る。サウンドレコード基金の場合、受け取った一八セントから、録音に参加したバックミュージシャンやボーカリストに分配する分として四％（九ドルのテープの場合は一セントにも満たない）を差し引き、残りの六〇％をレコード会社に、四〇％をレコーディング・アーティストに分配することになる。音楽作品基金の場合、出版社と作家が折半するため、カセット一本につき各四・五セントを受け取ることになっている。

これらのロイヤルティやSCMSと引き換えに、著作権者は、私的録音に対する要求のうち、最も細い糸を除いてすべてを放棄したのである。AHRAの条項の下では、消費者は、デジタルであれアナログであれ、楽曲入りカセットを、自動車のカセットプレーヤーなど非営利的な私的利用のために無償でコピーすることができる。しかし、AHRAは、この私的複製が著作権の侵害ではないとは言っていない。ただ「本編において、……著作権の侵害を主張する訴訟は、これを提起することができない」と述べるにとどまっている。侵害行為の免責と侵害行為に対する提訴禁止の区別は、多くの人にとってはあまりにも紙一重で、その違いが認識できないように思えるかもしれない。しかし、著作権者にとって、この区別は強力な象徴的効果をもち、少なくとも私的複製は実際には著作権を侵害しうるという幻想を維持し、家庭内複製のための免責を得ようとする将来の活動の際に先例となることを未然に防ぐことができる。

デジタルオーディオテープの難問は、それから一〇年も経たないうちにレコード会社に押し寄せることになる問題の緩やかな前兆だった。CD焼き付けやインターネット上でのファイル共有など、不正コピーを生成するためのデジタルツールが登場することになる。特にインターネットはこの問題が世界的な規模であることを明らかにし、米国の立法者が他国で起きている問題の解決策を研究する必要性を示した。AHRAが導入した補償金は、諸外国の解決策を借用しようとする米国の意図を示すものであった。なぜならこの補償金は、一九六五年にドイツ連邦共和国が著作物の私的複製に対し著作権者への補償金の支払いを義務づける法律を制定して以来、欧州の著作権法の特徴となっているからである。しかし、米国には、SCMSのような暗号化技術による保護など、独自の規範を輸出する用意もあった。課題は、新しい技術を、二つの、時には競合する著作権文化のなかのどこに位置づけるかであった。

第5章

著作権をめぐる二つの文化

THE TWO CULTURES OF COPYRIGHT

一九八六年三月、メディア実業家のテッド・ターナーは、かつては栄華をきわめたものの現在は赤字続きの映画スタジオ、メトロ・ゴールドウィン・メイヤー（MGM）を投資家のカーク・カーコリアンから一六億ドルで買収した。三か月も経たないうちに、ターナーはMGMの制作・配給部門と有名な吠えるライオンのロゴをカーコリアンに再度売却し、スタジオのフィルムラボと不動産も売却した。結局、これら一連の取引によってターナーの手元に残ったのは、一一億ドル相当の、ある資産だけであった。それは三六〇〇本以上のMGMの映画ライブラリーで、『カサブランカ』『風と共に去りぬ』『オズの魔法使い』等の名作映画も含まれていた。こうして脚本家やプロデューサーでも、監督でも、ましてMGMでもなく、いまやターナーがこれらの映画すべての著作権を管理することになったのである。

ターナーは最近、白黒映画を鮮やかな（時に鮮やかすぎると批判されることもある）カラー映像に変換できるコンピュータ技術が開発中だと知り、このカラー化でMGMライブラリーにある多くの白黒映画に新たな経済的生命を吹き込めると考えた。テレビ画面に白黒映画が流れてきたらチャンネルを変えられてしまうが、カラー版ならそのまま観てもらえるだろうというのがこの考えの背景にあった。そこでターナーはMGMライブラリーの作品の一つであるジョン・ヒューストン監督の『アスファルト・ジャングル』のカラー化を決定し、フランスのテレビ局ラ・サンクにその放映を許可した。だがそれは、フランスの著作権法と衝突してしまうことになった。フランスでは映画監督や脚本家、その他アーティストの権利に対する根本的な視点が米国とはあらゆる点で劇的に異なっていたからだ。

フランス著作権法は文章、音楽、映画、その他あらゆるオリジナルの著作物の著作者の権利を神聖視している。フランスの著作者人格権（droit moral）理論は著作者にその創作した作品をコントロールし続ける権利を認め、誰でも、たとえ出版社であっても、自分の芸術的評価に影響を与えるような改変を禁止するのである。フランスのある学者の言葉を借りれば、著作者人格権はフランス著作権法において

「文学的あるいは芸術的作品と著作者の人格とのあいだに存在する親密な結びつき」を確保することを目的としている。フランスのデパートがアンリ・ルソーの絵画の複製をウインドウ・ディスプレイに使用するために一部に改変を加えたケースでは、画家の孫娘がデパートを訴え、勝訴した。ほかの欧州諸国も、実際には世界のほとんどの国が、それぞれのやり方で、同様の立場を採用している。これは大陸法に由来し、多くの国で踏襲されている。

米国連邦議会はこれまで、米国著作権法に著作者人格権の概念を導入しようとする動きに断固として反対してきた。一九八七年にリチャード・ゲッパード議員が映画のカラー化なども含む、無許可の改変を禁止する法案を提出したが、多くの人はその法案は通過しないだろうと予想し、実際そのとおりであった。一九八九年当時、少なくとも米国においては、テッド・ターナーは「映画はPALカラーの方が見栄えがいいと思うんだ。それに、私の映画だからね」と主張することができたのである。

米国では勝てる見込みが乏しかったこともあり、ジョン・ヒューストンの相続人らとこの映画の脚本家であるベン・マドウはパリでラ・サンクを相手取り、『アスファルト・ジャングル』のカラー版のテレビ放映はヒューストンとマドウの著作者人格権侵害に該当すると主張して訴訟を提起した。しかし、フランスの裁判所が彼らの主張を取り上げるには、まず、米国で制作された映画のフランスにおける上映についてどの法典が準拠法になるのかを決定しなければならなかった。

「準拠法の選択」ルールの下では、裁判所は、裁判所所在地の国や州の法ではなく、ほかの管轄地の法によって事案を裁くことを選択する。たとえばニュージャージー州の配管供給会社がワイオミング州在住の購入者に商品を納入する契約を結んだが、購入者が納入を拒否したという場合であれば、配管供給会社が訴訟を起こしたワイオミング州の裁判所は事件を裁くにあたってニュージャージー州法とワイオミング州法のどちらに準拠するかを選ぶことになる。同様に、マドウとヒューストンの相続人らがパリで訴訟提起したという本件の場合、パリの裁判所は当該紛争に適用される法律が、ヒューストンとマドウが契約を結び映画を制作した米国の法律なのか、それともカラー版映画が放映される予定だったフランスの法律なのかを選択しなければならなかった。

マドウとヒューストンの相続人らはフランスの第一審裁判所では難なく勝訴を収め、控訴院でも序盤では優勢であった。しかし一九八九年六月六日、訴訟の重要な局面で、パリ控訴院は、ヒューストン、マドウと彼らを雇用する映画スタジオとの取り決めを規律するのはフランス法ではなく米国法であるとして、ターナーとラ・サンク側勝訴の判決を下した。米国著作権法のユニークな理論がこの取り決めを規律するというのである。その「職務著作」理論の下では、映画製作のためにヒューストンとマドウを雇用していたスタジオが、映画の著作権者となるだけでなく、著作者にもなる。そのため、著作者に帰属する可能性のあるあらゆる著作者人格権はヒューストンとマドウではなく映画スタジオのものになる。

この判決は、多くの論者にとって衝撃的であった。というのも、著作権の帰属の論点に関する準拠法は侵害発生国——本件でいえば、カラー版の映画が放映されたフランス——の法に拠ると長年考えられていたからだ。そのため、フランスの上級審である破毀院がパリ控訴院の判決を破毀した際に驚いた者はほとんどいなかった。破毀院は、フランス法が『アスファルト・ジャングル』の著作者人格権も含む権利の帰属の準拠法になると判示した。フランス法では、映画スタジオのような法人ではなく、ヒューストンやマドウのような、生身の人間のみが著作者として認められる資格があるため、本件の映画の著作者は映画スタジオではなく彼らであるとされた。

多くの論者はよく、著作者人格権の理論と、それが米国では拒絶されていることを、著作権をめぐる二つの異なる文化の広くて深い隔たりの証しとして挙げる。欧州の著作権文化は大陸法の伝統に倣う国々で共有されており、米国の著作権文化は英国発祥のコモンローの伝統に属する国々で共有されている。欧州の著作権文化は著作者をその中心に据え、著作者の利益に反しうるあらゆる著作物の利用に対する自然権としての支配権を付与している（実際、欧州の多くの国では、文学的・芸術的著作物を保護する法律を「コピーライト」法とは呼ばずに「著作者の権利」の法――フランスでは droit d'auteur、ドイツでは Urheberrecht、イタリアでは diritto d'autore――と呼んでいる）。それとは対照的に、米国の著作権文化は著作権を生み出す側のニーズと著作権の消費者のニーズのバランスを図る、強固に功利主義的な計算を中心に据えており、著作者はその計算式のすみに追いやられている。

従来の支配的な見解によれば、著作権をめぐるこの二つの文化の対立は、哲学的側面だけでなく、文学的・芸術的著作物が持ち込まれ売買される市場という経済的側面にも影響をおよぼしている。この見解によると、欧州の立法者は常に著作権楽観論者であって、著作権というコップには水がまだ半分しか入っていないと一貫して考えており、著作者の利益を守るためなら、権利を経済的価値のありそうなあらゆる領域に拡張することを支持しているという。それとは対照的に、米国の立法者は慢性的な著作権悲観論者であり、著作権というコップの半分は空でよいと考え、著作権者が文学的、芸術的著作物を創作し続けるインセンティブとして必要であると立証できない限り、著作物の新たな利用に対する権利の拡張を認めない。

このような文化の違いは、過去の判例からも裏付けられている。ソニー対ユニバーサル事件で米国最高裁が、「汝、コピーするなかれ」という著作権法上の戒めを、映画のテレビ放送の私的複製に適用しなかったのは、私的複製を野放しにすると映画製作のインセンティブが減少するということを映画会社が立証しなかったことに基づいて導き出した結論であった。しかしその三〇年前、当時の西ドイツの最高裁判所は同様の事案において、自然権論に基づき、制定法の意味に疑念が生じた場合には制定法は著作権者に有利になるように解釈しなければならないとして、著作権者を支持する判決を下した。裁判所は、一九〇一年制定のドイツ著作権法では私的利用目的でおこなわれる手書きによる複製が除外されていたことをふまえれば、法が機械的な録画機器を想定していなかったであろうと判断した。私的複製の例外を狭く解釈するか広く解釈するかの選択において、裁判所は著作権者有利になるようなバランスを選び、侵害であると結論づけたのである。

著作者人格権が著作者の権利文化の顕著なシンボルであるのと同様に、ソニー事件の核心的理論であるフェアユースは、プラグマティックな米国の文化を象徴している。フェアユースは、当事者にとってライセンス交渉コストがかかりすぎる場合に著作物の無許諾の利用をフェア（公正）なものであるとして許す、きわめて経済的な仕組みである。ソニー事件やウィリアムズ&ウィルキンス事件など、裁判所がフェアユースの抗弁を認めた事案の大多数では、家庭用ビデオテープや図書館での複写のための交渉コストが複製による利用の経済的価値を上回ってしまい、複製者はライセンス交渉をおこなおうとは思わないようになってしまっていた。フェアユースは「半分でもないよりまし」というプラグマティックな概念に基づき運用されている。ライセンス交渉コストが克服できないほどに高いため、フェアユースがなければ著作権者は一切の報酬を得られない一方、潜在的ユーザーも同じ理由で一切のコピーを手にすることができない。しかし、フェアユースがあれば、著作権者はやはりなにも得られないが、少なくともユーザーはコピーをおこなうことができる。

実際のところ、著作者人格権とフェアユースを脇においておけば、二つの著作権文化には多くの共通点がある。両者の類似点は市場における実用性のみならず、法律の運用上の前提条件においてもみられる。両者の収斂には学術的な意義以上の価値がある。というのも、二つの異なる著作権文化の概念が、テッド・ターナーがパリで直面したように、国際貿易に不必要な障壁を創り出してきたからだ。さらに重要な点として、二つの異なる著作権文化の概念は、国際的な著作権貿易における保護主義的な姿勢を正当化するためにも用いられてきた。

フランス著作権法の誕生の歴史は米国著作権法のそれとよく似ている。英国と同様、フランスの著作権は王室による独占と国家の文芸検閲の崩壊から生まれた。一世紀近くのあいだ、フランスの著作権法は、ミラー対テイラー事件、ドナルドソン対ベケット事件、ホイートン対ピーターズ事件などで英国と米国の裁判所が早くから悩まされていたのと同じ、ある問題に頭を痛めていた。著作権は、永続する著作者の自然権なのか、それとも文芸・芸術の創作を奨励するための、より限定的な公共政策の道具なのか、という問題である。この論争のあいだ、フランスの出版社や印刷業者らは英国の書籍出版業者と同様、著作者の旗印の下で戦いを繰り広げ続けた。

ベルギーの著作権学者ピエール・レヒトは「droit moral の狂信者たちが著作者人格権について論じるとき、彼らはまるで熱狂的な信者が神物について語るような、あるいはジロンド派がフランス人権宣言を読むような態度をとる」と述べている。著作者の権利の伝統を最も熱心に主唱する者たちは、中世の理論にまでさかのぼってその由来を求める。それよりは穏便な論者は、フランス革命に浸透した個人の権利の精神にそれを求める。だがコロンビア大学ロースクールのジェーン・ギンズバーグ教授が先駆的研究で明らかにしたように、著作者中心の著作権は、一九世紀にかけて徐々にフランスで誕生したにすぎない。それ以前は、フランスの裁判所は著作権ユーザーのニーズと著作権者の利益とを徹底的に衡量しており、米国のそれと同じように、初期には、国立図書館に二部コピーを寄託するという形式的手続に応じ損ねた場合には、著作権侵害を訴える著作者の権利を喪失するという判決を下していた。

このような古い姿勢の影響は、現代のフランスの学説にも生き残っている。フランスでは、経済的権利は著作者の死後七〇年という所定の期間に限られており永久の権利ではない（著作者人格権だけが永久の権利と考えられている）。また、米国のフェアユースの法理が著作物の私的利用を許容してきたのと同様に、フランスの著作権法は「コピーする者の私的利用に厳密にあてられるコピーまたは複製」を、私的なコピーが手写しによるものか、それともコピー機のような機械によるものかを問わず許容している。そしてフランス法は米国のフェアユースの法理と同様、パロディを著作権の責任から免除している。

フランスその他諸外国の、著作者の権利を掲げる法は、自然権論の無制約なロジックが示唆、要求するほどには拡張されていない。それと同様に、米国議会は、インセンティブの必要性の証明を厳格に要求するロジックが示唆する以上に経済的価値のある利用に対する権利を一貫して拡大してきた。「発言ではなく行動を見よ」という政治規範から評価するならば、一八七〇年の無許諾の翻訳や脚色に対する権利の付与から、一九九二年のオーディオ家庭内録音法やたび重なる著作権保護期間の延長にいたるまで、一世紀のあいだ、概して著作権というコップは半分空でよいのではなく半分しか満たされていないと考えられてきたということができる。下院議員や上院議員は時折、著作権の範囲に新しい権利を加える事実上の必要性について、著作権者には議会を説得する責任があるという原則を持ち出すことがあるが、議会はいまだかつて一度も、著作者や出版社に対して、文芸および学術的著作物を創作するインセンティブとして、実際に新しい権利が必要であることを証明するよう要求したことはない。

一九世紀末にかけて、欧州が著作権のおよぶ範囲を拡張し始めたとき、著作者の権利はかけ声となり、自然権論がその正当化根拠となった。米国の立法者は決して乗らなかったが、同時期に著作権を拡大するための理論的な裏付けにはこと欠かなかった。これまで米国の著作権を支配してきたのと同じ功利主義が、今度は、著作権市場の拡大にともない新しい市場の拡大には著作権にもバランスの取れたインセンティブの仕組みが必要になるという直感と結びついて、著作権に正当化根拠を与えた。これが明白になったのは一世紀後の一九七〇年代になってから、米国の大学で法と経済学の運動が流行し、初めて著作権制度に厚生経済学のサーチライトを当てるようになった頃である。この学派は、消費者厚生という基準で特定の法的ルールの望ましさを測る。ある法は——たとえば独占禁止法は——競争を促進することで消費者が最も多様な財を最も安価に手に入れられるようにするのであれば、望ましいと評価される。著作権法はおのずとこの経済学的分析方法の対象となった。

一八世紀末のアダム・スミスを筆頭に、著作権について研究した経済学者らのなかには、著作権の楽観論者と悲観論者の両方がいる。スミスは、作家が出版物に対して自由な自然権をもつという考えを否定したが、それでもなお、「学識ある人びとの労働に対する奨励として」、限定されたかたちの制定法による保護は正当化されると考えていた。彼によれば、著作権とは独占であるが、それは書籍出版業組合のような、書籍の出版をコントロールし価格を釣り上げることに熱心な商人のカルテルという有害な意味ではなく、保護される著作物を市場でほかの著作物との競争にさらすという、非常に制約の多い財産権としての独占であった。したがって、著作権は組織的つまり業界全体の独占とは一線を画していた。スミス曰く、「著作権は害を与えることなく、なんらかの便益をもたらす可能性があるのだから、完全に非難されるべきものではない」という。

アダム・スミスの中途半端な是認は著作権の全面的な根拠にはなりえなかった。しかも、彼は未解決の疑問をたくさん残した。著作権が「害を与えることなく」「なんらかの便益をもたらす可能性がある」とはどういう意味なのだろうか？　それは人びとが、著作権がなければ手にすることができなかったであろうなにか——新しい詩集やガイドブック——を手にしているということなのだろうか？　作家や出版社が必要な労働や投資を促進する著作権を必要としているというエビデンスはなんであろうか？　二八年間という著作権の保護期間が、それより長くも短くもない適切なインセンティブであるということを信じる理由はあるのだろうか？

一九世紀初頭、ジェレミー・ベンサムは著作権を肯定的に評価するという課題に着手した。彼は、著作権がない場合に作家が執筆するかどうか、出版社が出版するかどうかというインセンティブの問題に焦点を当てることにした。「ある人が発明したものは、世界中の人が模倣できる」という所見を出発点にして、競争市場においては、唯一、法のみがそうした模倣を抑止することが可能であり、さもなければ、創作をおこなう個人は、「発明者が多大な時間と費用をかけた発見をなんの費用もかけずに手に入れ、より低い価格で販売することによって、発明者が受けるべき利益をすべて奪うことができる」ライバルによって市場から排斥されてしまうだろうと結論づけた。要するに、「自分が刈り取れるという望みがない人は、わざわざ種をまこうとはしない」のである。

偉大な随筆家であり政治家、歴史家でもあるトーマス・バビントン・マコーリーは、インセンティブの必要性という点についてはベンサムに同意するが、著作権はほとんどあるいはまったく害悪をもたらさないというベンサムとスミスの説には異議を唱えた。マコーリーがこのような見解を示すきっかけとなったのは、一八四一年におこなわれた、著作権の保護期間の適切な長さという永遠の課題に関する庶民院での討論であった（英国で最初に著作権法典が制定されて以来、出版社は保護期間の延長を求め続けてきた）。二八年間の保護期間を、当時のフランス法が規定していた著作者の死後六〇年という期間に満了するものへと延長すべきか否かが庶民院で議論されていた。

マコーリーはこれに反対したが、論客らしい策略で、著作権の肯定的なケースを描くことから始めた。彼はまず、「良い書籍の供給があることが望ましい」と述べ、そうした供給を確保するうえで、著作権は王室や貴族によるパトロナージュよりもはるかにあてになると指摘した。「文学者が自由に報酬を受けられない限り、そうした供給は得られない。そして彼らに報酬を受けさせる最も問題の少ない方法は著作権によるものである」。だがマコーリーは、独占は悪であると付け加えている。それは「作家に報酬を付与するために読者に課せられる税である」という。したがって、そしてここが彼の議論の軸なのだが、「この悪は、善を確保するために必要な期間を一日でも超えてはならない」という。

マコーリーはサミュエル・ジョンソンの例を引用した。「ジョンソン博士は五六年前に亡くなった。もし法が、尊敬すべき、博識な友である皆さんが望むとおりの内容を規定していたら、いまも誰かがジョンソン博士の著作を独占していただろう」。だがマコーリーは以下のように問う。「一八四一年にこのような著作権が存在するということを知っていたらジョンソンは満足していただろうか？　それは彼の労作を刺激しただろうか？　それが彼を昼前にベッドから引きずり出すことが一度でもあっただろうか？」。ジョンソンへのインセンティブは増えなかったであろう一方で、読者が負うコストは大きくなったであろう。「彼への褒美として、二〇年の保護期間と死後六〇年の保護期間の違いなど、まったくないかゼロに等しい。だがこの違いは私たちにとってなんの意味もないだろうか？　私は『アビシニアの王子ラセラス』をたった六ペンスで買うことができるが、五シリングも払わなければならなかったかもしれないのだ。……これについてジョンソン博士のような人物に恨みを抱くか？　まったくそんなことはない。……だが私が不満なのは、私の側の状況が悪くなっていて、なおかつジョンソン側がなにも良くなっていないという点である。つまり、私が彼のために払わなければならない五ポンド〔ママ〕は彼にとってなんの値打ちもないという点が不満なのである」。

著作権の難点に対するマコーリーの洞察は著作権の保護期間（結局庶民院は延長を否決した）のみならず、著作権の保護範囲にもあてはまる。ある文章について、どのような利用に著作権のコントロールをおよぼすべきであろうか？　著作権の「悪」は、そのコントロールが「善を確保するのに必要」とはいえないような利用にまでおよんでいいのだろうか？　読者はほかの人が同じ書籍をコピーする行為を妨げることなしに、書籍からその一節をコピーすることができる。学生が、ほかの研究者がコピーする行為を妨げずに同じ学術論文をコピーできるといった具合に。一人の読者も、百万人の読者も、ほかの誰の享受も妨げずに、同時にある小説を読むことができるのである。これをりんごの例と比較してみよう。ある人がりんごを食べてしまうと、ほかの人が同じそのりんごを食べるのは不可能になる。

このように、著作権の対象となる財は、誰もがほかの人の利用可能性を減らさずに「利用」することができるというユニークな特性をもっているため、道徳的にも経済的にも激しい論争を引き起こす。著作権は文学的・芸術的著作物の創作者と出版社に対してそれらの著作物へアクセスするための価格を委ねているため、たとえ無料でアクセスを認めても誰にも損害を与えないとしても、その価格を払う意思がない、あるいは払えない人には著作物を与えないということが避けられない効果として生じる。だが――そしてこれが著作権の大きなジレンマであるが――著作権を与えないでおくということも同様に損害が大きいだろう。「自分が刈りとれるという望みがない人は、わざわざ種をまこうとはしない」。

スミス、ベンサム、マコーリーの道徳的、実務的な直感を経済学的に実証したのは、ケネス・アロー（のちにノーベル経済学賞を受賞）が一九六二年に発表した論文であった。ベンサムと同様にアローは、創作活動をする個人や、彼らが著作物の普及を委ねるビジネスに携わる企業は、自分が刈りとれない場所には種をまかないだろうと指摘した。これにアローは経済的視点を付け加え、自由市場にはユーザーにも創作コストを一緒に負担させるような効果的なメカニズムが存在しないという。またアローは、ひとたび情報が生産されれば、その情報を新しい別のユーザーに提供するための費用は一切かからないとも指摘した。テレビの有料チャンネルの会社がサービス加入者に、ある映画の視聴費用として七ドルを請求した場合、そこまで高い料金を支払うつもりがない層は、その映画を視聴しないという選択をするだろう。二〇世紀の経済学の単純明快な計算では、これは望ましくないことである。というのも、これは提示された額を支払うことができる残りの層の厚生を増加させることなく、排除された視聴者という一定の層のユーザーの厚生を減らしてしまうからである。

公共政策にとってのジレンマは、仮に社会が創作的な作品に財産権を与えないでおくと、創作者が創作物へのアクセス代として請求できる価格がゼロに近づき始めてしまうという点である。創作者の収入は消え、それにより、もっと創作するためのインセンティブも消えてしまう。だが仮に社会が創作的な作品に財産権を付与すると、価格は上がり、著作物がすべての人に行き渡るのに追加的な費用など一切かからないかもしれないにもかかわらず、作り出される情報財は、より限られた、より裕福な（あるいはより浪費家な）ユーザーのところにしか届かないようになる。

根本的には、知的、文学的、教育的生活の多くの場面で、情報や娯楽は作り出すにはコストがかかるが普及させるのは安くすむという点が問題であるといえる。この問題に対する一つの解決策は、人びとが欲していると政府が考える創作的な作品に政府が補助をし、できあがった著作物の無料コピーを普及させることである。もちろん人びとはより高額な税金というかたちで支払うことになるが、特定の納税者に対して著作物が持つ特定の価値とは無関係の支払いになるだろう。たとえば、所得税がこうした補助金にあてられた場合、富裕者は貧しい人よりも事実上ずっと多くの費用を支払うことになるはずだ（実際、米国の著作権法は、米国政府が作成する商務省の国勢調査報告書のような創作物に著作権を付与しないので、この補助金による解決策に近い）。

知的財産権が抱える公共政策の問題に対するアローの分析に異論を唱える者はほとんどいないだろう。しかし、アローと同時代の経済学者ハロルド・デムゼッツは、政府による補助金によりこの問題を解決する提案に対して、真っ向から反対した。当時シカゴ大学の経済学の教授であったデムゼッツによれば、アローのように、自由市場の失敗を嘆くだけでは不十分であるという。市場の失敗は、政府による補助金の欠点と比較して評価しなければならない。またデムゼッツいわく、私有財産権の欠陥は公的介入の危険に比べると有害ではないという。デムゼッツはいまとなってはよく知られた点、すなわち彼の言葉を借りれば「情報が『不十分にしか活用されていない』といっても、それを避けるために推奨される方法が、情報を生み出すために必要な研究を阻害するのであれば、ほとんど意味がない」という点から論を展開した。しかし彼はこの議論に独特のひねりを加えた。彼によれば、情報の生産と消費は、それぞれ独立して判断することができないという。朝食のシリアルや自動車といった財の場合と同じく、知的な財の場合も生産者は消費者が対価を支払うものを生産する。こうした財へのアクセスに対して費用を請求することはアローには悪いことのようにみえるかもしれないが、価格には実際のところ消費者の選好を示し、私的な投資を正しい方向へと導くという有益な効果がある。

デムゼッツがアローの主張を支持しなかったのは、結論が間違っていたからではない。十分な結論に達しなかったからである。すなわち、アローはその結論を、市場の現実にうまくすり合わせることができなかったのである。知的な財に対する私有財産権の理論的な問題点がどのようなものであれ、少なくとも消費者の選好に関する情報を明らかにするという長所があり、そうした情報は政府の補助金制度ではなかなか集めることができない。財産権のロジックは、人びとが文学的・芸術的作品から得ることができる喜びと価値のすみずみにまで財産権を拡張するよう要求する。このようにあらゆるところまで行き渡らなければ、生産者の投資の引き金となる消費者の選好のシグナルを生産者から奪ってしまうことになる。このレンズを通して眺めると、英国と米国におけるこの二〇〇年間の実践的直観と経済分析は、自然権論が大陸法において作ってきたものとまったく同じ処方箋を生み出してきた。すなわち、著作権はライセンス交渉のコストが克服できないほど高くならない限り、経済的価値のすみずみにまで拡張すべきだということである。

もし著作権をめぐる二つの文化の実際の機能やその根底にある正当化根拠がそれほど共通しているのなら、強固な著作者の権利と出し惜しみする功利主義の対立という、相反するシンボルが根強く残っているのはなぜだろうか。一つの答えとしては、そうしたシンボルはそれぞれの国の文化によく合致しているということがいえる。フランスの立法者が自分たちの取り組みを著作者の自然権というロマン主義の象徴と結びつけて心地よさを抱くように、米国の立法者は、自分たちの取り組みを（検証されていないとしても）現実的な功利主義の例証だと考えることに心地よさを抱いている。また、そうしたシンボルは、巨大な――かつ柔軟な――政治力をもっている。米国の著作権政策の世界では、対立する利益団体のあいだのコンセンサスが支配的な立法手法となっており、生産者と消費者の経済的利益を厳密に査定してバランスを図ると称する正当化根拠は有益にみえるのだ。

著作者の権利とコピーライトをめぐる各国のシンボルが最も強力な効果を発揮するのは、国際的な著作権関係においてである。フランスが著作者の権利という思想にこれほど傾倒したのが、フランス語で書かれた書籍の国際的な海賊行為が急増し始め、海外におけるフランスの著作物に関する経済的利益の尊重を確立する仕組みが求められた時代であったということは、おそらくただの偶然ではないだろう。また、米国が同時代にプラグマティックな功利主義的理由に基づいて海外の作品に関する権利を尊重することを拒絶したのも偶然ではないだろう。その当時、米国は知的財産の輸出国ではなく輸入国であったからだ。しかし著作権貿易のバランスがシフトして、欧州が米国で作られる著作物の純輸入国になったことで、著作権をめぐるシンボルは、貿易に影響を与えるべく再び巧みに操られている。

国際著作権は目を見張るほど複雑であると同時に、きわめて単純でもある。A国の立法者にとって、B国からの著作物にA国が保護を与えるべきか否かという問いに対するお決まりの答えは「与えるべきではない」という単純なものだ。その効果は、A国の国民がB国の文学作品や芸術作品に支払わなければばならない価格を、それら著作物が著作権で保護されていなかった場合の価格よりも引き上げることになる。少なくともその価格の一部は、B国の著作権者に支払われるロイヤルティのかたちでA国を離れることになる。A国の視点から見れば、富が自国に残る方が、流出していってしまうよりも良いと考えられるので、B国の著作物に対する著作権保護を否定することが望ましい方向であるということになる。

一九世紀初頭にベルギーはこの政策に則り、自国より大国で豊かな隣国であるフランスの著作物に対する保護を拒否して、ベルギーがフランスの著作物を保護した場合よりも安い価格で、国民に安定的かつ豊富にフランスの書籍を供給していた。しかしながら、この経験の過程から、単純な処方箋が必ずしもうまくいかないことがわかっている。ベルギーの出版社はフランス人作家の作品を、一切印税を支払う義務を負わずに印刷、販売することができるため、当然のことながら、印税を払わなければいけないベルギー人作家によるフランス語で書かれた原稿の出版を拒否した。ベルギー人作家らは政府に対し、フランスから入ってくる著作物にも著作権を与えて同じ土俵に立つよう迫った。一方、フランス人作家とフランスの出版社の収入が減ることを懸念して、二国間で著作権条約を締結するようはたらきかけ、最終的にそれを取り付けた。それ以降、両国は互いの国の作家の著作物に著作権保護を与えることになったのである。

フランスとベルギーとの著作権条約は相互主義に基づいていた。フランスは自国の領域内において、ベルギーがその領域内でフランスからの著作物を保護するのと同じ限りで、ベルギーからの著作物を保護し、同様に、ベルギーは、フランスがベルギーからの著作物を保護するのと同じ限りで、フランスからの著作物を保護するというものである（ある国際的な著作権弁護士は、相互主義の原則を「あなたが私の背中を掻いてくれたら、同じ場所ではないかもしれないけれど、私もあなたのかゆいところを掻いてあげる」ことであると説明した）。

相互主義が双方にとって等しく良い取引きになることはめったにない。A国が、B国に向けて輸出するよりもB国から輸入する文芸作品、芸術作品の方が多い場合には、B国の作家の著作物の保護を否定した方が、たとえそれがB国における自国の作家に対する保護を手放すことになったとしても、A国にとっては得することになる。また、一九世紀のベルギーとは異なり、A国に安価な輸入品との競争に苦しむ出版社があまりいない場合には、少なくとも短期的には、著作権条約の相互主義関係を拒否する理由がさらに大きくなる（長期的な帰結としては、未保護の外国著作物にとっての避難地となってしまうことで、自国の重要な著作権産業の発展を妨げることになるかもしれない）。

当初、いくつかの国は、著作権の相互関係は損になると考え、フランスとの条約締結のテーブルにつくことを拒否した。しかし一八五二年にフランスは著作者の権利に正面から立脚した大胆な構想を発表した。フランスは、ベルギーのようにフランスの著作物を保護することに同意した国の著作物だけでなく、同意していない国の著作物にも著作権を与えることにしたのである。すべての国の文芸作品に保護を提供するという、この、無欲で報われないかもしれない政策以上に、国家が提供できる著作者の普遍的権利の強力な推奨方法はほかになにがあるだろうか。もちろん、この表明には現実的な側面もあった。こうした意思を示すことで、他国をフランスの作品の保護に同意せざるをえない状況に追い込むことができるかもしれないからである。実際、それから一〇年以内に、二三か国がフランスと著作権条約を締結した。そして少なくとも、出版社は国内外のタイトル間での熾烈な競争をおこなう必要がなくなったため、新しい取り決めによってフランスの書籍価格は安定したのである。

自国の文学分野の伝統を発展させはじめたばかりで、圧倒的に（英国からの）書籍の純輸入国であった米国は、たとえ米国の作品が海外で保護されず、国内出版社が海外作品の廉価版と競争しなければならないことになっても、外国作品の保護を当初から拒否していた。米国著作権を海外の作家にも拡大しようという動きは、一八三〇年代に入ってから、米国の作家や一部の米国の出版社が、英国の出版社とともに、米国と英国とのあいだの二国間条約を締結しようとはたらきかけたことから始まった（一八四二年に米国でおこなわれた遊説で、チャールズ・ディケンズは国際的な著作権の重要性を説いている）。しかし彼らの前に立ちはだかったのは、米国の印刷業者たちであった。彼らは、すでに輸入書籍に対する高い関税によって守られていたうえ、英国人作家や出版社に印税を支払うことを望んでいなかった。

米国の出版社は、外国の出版社や作家に印税を支払う義務はなかったものの、英語の書籍の活字を組むのに多額の費用を負担していた。その結果、人気作品をめぐる法外な価格戦争を避けるため、米国の出版社は「貿易儀礼（trade courtesy）」という仕組みを開発した。この仕組みでは、特定の作家の作品の出版についてほかの出版社に従うことになっており、その関係は、米国の出版社から英国の出版社、あるいは作家自身に、自発的に対価を支払うことで強化されていた。貿易儀礼を専門とする第一線の法学者であるロバート・スプーが述べるように、この仕組みは「排他権とそれらの権利を確保するためのルール、そしてそれらを侵害した場合の制裁措置という複雑なセットを発展させた」ものであり、「一九世紀の大半のあいだ、書籍市場を安定させるのに役立った」のである。

米国が外国の文学作品の正式な保護を一切拒否していたのと同じ頃、欧州のいくつかの国は、相互主義から、より国際的で効率的な原則である「内国民待遇」へと移行していた。相互主義とは異なり、内国民待遇は、条約に署名した各国に対し、他の条約加盟国の国民が制作した著作物を、自国民の著作物に対する保護と同じ条件で保護することを義務づける。したがって、ベルギー人がフランスで著作権侵害訴訟を提起した場合、ベルギーがフランス人に与える保護ではなく、フランスが自国民に与えるのと同じ保護を受けることになる。

内国民待遇の原則はそれだけでは、大規模な著作権産業を抱え、あらゆる形式の文学作品や芸術作品を保護する包括的な著作権法をもつC国にとっては、ほとんど慰めにならないかもしれない。というのも、詩人は多いが作曲家が少ないD国は、詩は保護するが音楽作品は保護から除外する法律を制定することができ、その結果D国の人はC国の音楽作品を無料で聴けるのに対し、D国の詩人や作曲家はC国で完全な保護を受けられるからである。そうした不均衡な権利の割当てを防ぐため、よりプラグマティックな主唱者らは内国民待遇の原則をミニマムスタンダードのシステムと結びつけるべきだと主張した。ある加盟国は自国の著作物について好きなように扱うことができるが、ほかの条約加盟国の著作物を扱う際には条約で定める一定のミニマムスタンダードを受け入れなければならず、そのなかには著作権の保護対象に詩も音楽著作物も含むという包括的な定義が含まれる。

出版社や学者、そしてビクトル・ユーゴーを中心とした作家らが二五年間にわたる会合を重ねたのち、一八八四年、一〇か国の外交官がスイスのベルンに集まり、ミニマムスタンダードつきの内国民待遇原則に基づく多国間の著作権条約の条件をまとめ始めた。一八八六年に調印されたこの条約には、フランス、ドイツ、英国が原加盟国として名を連ねていたが、米国は参加していなかった。米国の代表は、このベルヌ会議にはオブザーバーとして参加しただけで、将来的に米国政府が条約に署名することまで見通してはいなかった。一七九〇年に制定された米国初の著作権法では、「米国の市民でない者によって書かれ、印刷され、または発行された地図、海図、書籍を米国内に輸入し、販売し、再印刷し、または発行すること」が明確に認められており、米国はこの姿勢を崩そうとはしなかったのである。

米国が外国人の作品に対する保護をしぶしぶながら認めるまでに五年の歳月を要した。一八九一年に成立したチェイス法は、大統領に外国著作物にも著作権を認める権限を与えたが、ほとんど幻かのような内容であった。一七九〇年以来、米国は、著作権保護の条件として、通知、登録、寄託という形式的手続を課してきた。これは、形式的手続を遵守することが、著作者が自分の作品の保護を主張する意思を示すよいリトマス試験紙になるという功利主義的な前提に基づいている。チェイス法はこれらの形式的要件を外国の出版社にも課し、さらに特別な要件として、外国の文学作品が米国で保護されるためには、その複製物はすべて米国内で活字を組んで印刷しなければならないという、いわゆる製造条項を追加した。これはこの法律に反対する可能性のあった米国の印刷業者に対する明らかな譲歩であった。

その後一世紀のあいだ、米国とベルヌ同盟の関係は、気の進まない恋人とぐいぐい結婚を迫る求婚者との関係のようであった。一九〇八年、一九二八年、一九四八年、一九七一年とベルヌ条約が改正されるたびに、より高いミニマムスタンダードが課されるようになった。たとえば、一八八六年のベルヌ条約の原文では、条約加盟国が著作権保護を享受するための条件として形式的手続を課すことが認められていたが、一九〇八年改正では形式的手続が禁止され、これが八〇年以上にわたって米国にとっての障害となっていた。形式的要件、特に製造条項が米国で存続したのは、功利主義的な理由からではなく、一九二二年に始まった、米国著作権法をベルヌの要求に適合させるためのたび重なる努力に、印刷業者や製本業者などの強力なロビー団体が反対したためである。

第二次世界大戦が終わり、米国が著作物の主要な輸出国となった頃、米国に多国間の著作権条約締結を求める新たな圧力がかかり始め、一九四七年に米国は実際に、著作権をめぐる両方の文化を調整する万国著作権条約（UCC）を提案した。これは、著作者やほかの著作権者に対し「適切で効果的な保護」を提供するよう加盟国に求めるという、あたりさわりのない要求を課すだけのもので、形式的要件は許容されるが、著作物の複製物に著作権表示を付すという単純な行為が、米国国内の製造要件などの、米国に残る形式的要件の遵守にかわることになった。この新しい条約に反対したのは印刷業者の組合だけで、一九五四年に批准され、一九五五年に発効した。

ベルヌ条約に加盟していたフランスや西ドイツ、日本などの多くの国はUCCにも加盟した。これにより、内国民待遇の原則に基づいて、米国の作家や出版社は、それらの国で自国民に与えているのと同じレベルの保護を受けられるようになったが、米国にはこれらの国の作家や出版社に対しそれと同じレベルの保護を提供すべき義務はなかった。また、ベルヌ条約のいわゆる「裏口ベルヌ」条項により、米国作家や出版社らは、米国とカナダなどのベルヌ条約加盟国で同時に出版するという簡単な方法さえふめば、世界中で高レベルのベルヌ条約待遇を受けることができた（当時の米国の書籍に「カナダ同時発行」という表記がよくついているのはこのためである）。

しかし、一九七六年に一九〇九年制定の著作権法が改正されると、米国にベルヌ条約加盟を迫る圧力はますます強くなった。この改正法では、保護主義的な製造条項が漸次廃止され、通知手続が緩和され、著作者の死後五〇年というベルヌ条約のミニマムスタンダードの保護期間が導入された。さらに、一九八〇年代に入ると、米国民は著作権界のはみ出し者でいることの代償を認識し始めた。米国がベルヌ条約に未加盟であるため、米国の知的財産を他国で保護するための貿易協定の交渉努力が水の泡となるという事態が生じていたからである。米国商務長官マルコム・ボルドリッジは議会の公聴会で、ベルヌ条約に加盟すれば米国の影響力は強まるだろうと証言した。そしてついに、一九八九年三月一日、米国は文学的および美術的著作物の保護に関するベルヌ条約に正式に加盟したのである。

ベルヌ条約への加盟は、少なくとも米国議会に対しては、条約のミニマムスタンダードの遵守を要求はしなかった。しかしベルヌ条約は当初から、各加盟国のバラバラな法律をまとめるだけでなく、少しずつではあるが、すべての国での保護基準を引き上げることを目的としていた。その伸び幅は、時に大きいかもしれない。たとえば、ベルヌ条約を管理する世界知的所有権機関の事務局長アーパッド・ボクシュは、一九八五年五月に米国のベルヌ条約遵守に関する上院公聴会の主席証人として証言した際、米国著作権法はベルヌ条約で禁止されている条項をいくつか含んでいても、すでにベルヌ条約のミニマムスタンダードを満たしていると断言した。長年、国際著作権の分野で圧倒的な存在感を示してきたボクシュは、明確に長期的な視野に立っていた。その後まもなくベルヌ条約の影響力の高まりが米国内で明らかになった。この条約に加盟する際、そして以降数年にわたって、議会はベルヌの基準を遵守する方向で著作権法を大幅に改正したのである。

ベルヌ条約とUCCの大きな弱点は（ベルヌ条約についてはそれを強みと呼ぶ人もいるが）、内国民待遇の原則の遵守が、基本的には信用に基づく点、つまりほかの加盟国が少なくとも条約で定められた最低限の条件で外国人の著作物に著作権保護を与えてくれるだろうという信用に依拠している点である。実質的なエンフォースメント手続や制裁は存在しない。ベルヌ条約は、加盟国が違反した加盟国に対して国際司法裁判所に提訴することを認めているものの、これまで提訴した国はない。また、著作物の純輸入国では、国内外の著作物に自由にアクセスできる利益が、国内外の著作者に同様に保護を拡大することで国内の著作者が得られる利益を上回るという場合、不正行為をはたらきたいという強い誘惑が存在する。

国際的な著作権の信用に対する初の違反行為は、一九五〇年代後半に発生した。欧州の植民地支配から新たに独立した国は、発言力の強いインドを中心に、旧宗主国が約束した条約の基準に縛られることに不満を抱いていた。それらの国は最終的にベルヌ条約とUCCの両方から離脱するという脅しをかけた。一九六三年にコンゴのブラザビルで開催された、著作権に関するアフリカ研究会議で採択された提言書の前文では、「国際著作権条約は、現在の形式では、知的作品の輸出国のニーズを満たすように設計されている。これらの条約を一般的かつ普遍的に適用しようとするならば、アフリカ大陸特有のニーズに照らした検討と見直しがおこなわれなければならない」と宣言した。反乱を起こした諸国が巧妙だったのは、教育・研究目的での著作物の自由な利用という、最も切実な社会的必要性に焦点をあてて自分たちの要求を通したことである。その戦略は、国際的な著作権の混乱をあからさまにちらつかせた。「不安定化」は西側諸国が恐れていた言葉であり、その効果はてきめんであった。

一九六七年、これらの新しい要求に対応するためにベルヌ条約加盟国はストックホルムで会合を開いた。西側諸国が驚いたことに、反乱を起こした諸国は発展途上国に関する議定書の合意を得ることに成功した。この議定書では、発展途上国はベルヌにとどまるが、その見返りとして、これらの国に対して実質的にベルヌのミニマムスタンダードを遵守する義務が大幅に軽減された。具体的には、要求される著作権の最低保護期間が二五年短縮され、さらに「衡平な報酬」を支払えば、「教育または文化的目的」のために外国著作物を複製したり、放送、翻訳をおこなったりすることが認められたのである。

ストックホルム議定書は、米国をやっかいな立場に追いやった。米国は一世紀以上にわたって国際的な著作権侵害国であり、ベルヌ条約への加盟もまだ先のことであったが、著作権の主要な輸出国でもあり、アフリカ、アジア、ラテンアメリカ諸国が自由なアクセスを求める教育用、学術用テキストに強い経済的関心をもっていた。一九六七年一二月、ジュネーブで開催されたベルヌ・UCC合同会議で、著作権局局長が「国際的に発生していると考えられる著作者の権利の危険な侵食」をとどめるよう訴えた際、聴衆はその皮肉を聞き流せなかった。著作権侵害国として悪名高く、プラグマティックな功利主義を標榜する米国が、突然、ベルヌ条約の古くからの加盟国のシンボルである「著作者」をさも自分たちのシンボルであるかのように使い始めたからである。

米国は、一九六九年九月にワシントンDCでベルヌ・UCC合同会議を主催し、妥協点を探るために主導権を握った。この会議で出されたワシントン勧告は、一九七一年のパリでの最終的な紛争解決の基礎となる。UCC加盟国が提供しなければならない著作権保護のレベルを引き上げると同時に（「適切かつ効果的な保護」には複製、放送、公の実演に関する排他権が含まれるとした）、UCCとベルヌの保護水準を緩和して、それらの加盟国は、ライセンス取得し合理的な報酬を支払えば、教育、学術、研究目的で著作物を翻訳または複製できるようになったのである。

条約が要求する最低保護水準に対する攻撃は、ストックホルム議定書で挫折したときほど直接的ではない。新しいタイプの製品や新しい技術を用いた著作物の利用によって、両条約のいいとこ取りをする機会が生まれるとき、つまり、外国製品と国内製品の両方からその国内での利用に対してロイヤルティを徴収しながら、自国民にのみロイヤルティを支払うということが可能になるとき、不正行為に対するより巧妙な誘惑が生じる。一九六〇年代半ばから、家庭用オーディオ機器によるカセットテープ録音という新しい技術がそのような機会を作り出し、家庭で録音されたテープに対する印税を徴収するための制定法システムがその手段を提供した。しかしこのとき、その機会をつかんだのは、米国でも、伝統的な著作権侵害国でも、第三世界の発展途上国でもなかった。新たに不正をはたらいたのはベルヌ条約の熱烈な支持者であった古くからの欧州の国々であり、彼らは著作者の権利というスローガンを巧みに操り保護主義的な目的を達成しようとしたのである。

一九九三年春、世界知的所有権機関の著作権部部長、ミハイリ・フィチョールはワシントンを訪れ、下院の知的財産小委員会で内国民待遇というやっかいな問題について証言した。「一九七一年以降、ベルヌ条約の改正はおこなわれていないが、それ以降二〇年以上のあいだに、創作、普及、著作物の保護の条件に関して、条約採択から一九七一年の最後の改正までのあいだよりもおそらくより重要な発展があった」と彼は語り始めた。彼が念頭においていたのは、デジタル技術やその他の技術によって、著作物が世界中の家庭に急速に普及した点である。また、フィチョールがいう「保護の条件」が、新たな家庭用テープレコーダーの代金から得られる多額の収入がすでに、著作者や著作物の所有者から離れ、著作物がコピーされている国の個人や企業の懐に入っているということを意味しているのは明らかであった。

この公聴会の別の証言として、エンターテインメント複合企業ＭＣＡの副社長兼法務顧問を務めるロバート・ハドルは異なる見方を示した。「著作物の輸入量が輸出量をはるかに上回っているいくつかの国では、経済的保護主義がその醜い頭をもたげている」というのである。「この新たな保護主義の潮流は、新たに創設された権利の下で米国民に対する支払いが自国民への支払いを上回るような国において、内国民待遇の放棄を引き起こしている。各国は相互主義や『最初の固定』などの新しい形式的手続の概念、著作隣接権と著作権の区別、文化基金の控除、『分担金』などを導入したが、これらはすべて米国民への支払いを制限することを狙っていた」。

問題の一つは、ベルヌ条約やＵＣＣが、著作者の権利とコピーライトに関して内国民待遇を要求しているが、ある権利が実際のところ著作者の権利またはコピーライトに該当するかについて法律家の意見が分かれうる（そして実際に分かれている）という点である。いくつかの欧州の国は公貸権（public lending right）を定めており（デンマークが一九四六年に採用したのが先駆けである）、図書館の利用者が本を買わずに借りた場合に作家が失う潜在的な収入を補填している。この公貸権はベルヌ条約で保障される著作者の権利の一部なのだろうか？（ドイツのみがそのように結論づけている）そうであるならば、ベルヌ条約加盟国のすべての国民はどこに住んでいようと、書籍等の公共貸与にともなう報酬を分配する権利を有することになる。それとも、公共貸与の料金は、政府によるその国の作家への補助金の一種にすぎないのだろうか？（さまざまな国の中でも、作家と図書館員との長く激しい戦いののち、一九七九年にそのような権利を導入するにいたった英国がそのように考えている）そうであるならば、外国人に収益を分配する義務はないということになる。

著作者の権利やコピーライトの定義から外れた権利は、内国民待遇の要求を免れる唯一の価値の源泉ではない。ベルヌ条約は加盟国に対し、「著作物」と「著作者」のみを保護するよう求めている。なんらかの理由で、ある製品が「著作物」に該当しなかったり、あるいはクリエイターが「著作者」に該当しなかったりした場合にも、内国民待遇を免れることができる。歌手やミュージシャンは「著作者」なのだろうか？　演奏の録音は「著作物」なのだろうか？　米国著作権法では該当するとされているが、大陸法の著作権法では該当しないとされている。このような位置づけの不一致により、国際的な著作権の収入の配分の不均衡が生じており、A国はB国で自国民の商品を保護してもらえるが、B国民はA国でまったく同じ商品を保護してもらえないという結果を招いている。

録音物のような製品に対する各国のアプローチの違いは、著作権をめぐる二つの文化の重要な違いに起因している。基本的に功利主義的な米国の文化では、著作者や著作物が存在するかどうかではなく、情報・エンターテインメント製品の生産と伝達を確実におこなうために著作権が必要かどうかだけが問われる。そのため米国著作権法は録音物を含むすべての文学的、芸術的創作物を著作権法の範囲に収める傾向がある。その結果、内国民待遇の原則により、たとえ録音物が制作された国（たとえばフランス）が録音物に著作権を適用しておらず、米国から入ってくる録音物を保護する義務がなくても、米国は外国の録音物を著作権で保護することになる。

著作者の権利主義を採用する国が録音物などの製品を保護しないのは、外国への支払いを回避するための厚かましい戦略として始まったわけではない。むしろそれは、著作者の権利主義の以下の二つの原則に由来している。一つは、映画スタジオやレコード会社のような企業体ではなく、生身の人間である著作者のみが著作権の保護を受けることができるということ、もう一つは、作品が保護を受けるためには、それが真に創造的であり、「著作者の個性の刻印」を示したものでなければならないという点である。録音物やテレビ、ラジオ放送は、こうした著作者の権利の発動に必要な創造的な個性の要素を欠いているかもしれないが、それでもこれら著作者の権利主義の国々は、国内の録音・放送産業の育成に関心をもっており、なんらかのかたちで知的財産の保護を与えたいと考えていた。その答えが、「著作隣接権」という新しい知的財産システムの創設であった。この権利は、著作者の権利という大聖堂に隣接しながらも、低層の薄い権利にすぎないことからそう呼ばれている。

著作隣接権の考え方は、厳格な著作者の権利理論の間隙を埋めるための学説から、保護主義的な流言へと徐々に変化していった。それは著作者の権利文化に対して挑戦した最初の技術である写真から始まった。欧州では、技術的に作成された画像を「著作物」と呼べるかどうかという問題を、最終的には、写真家を著作者と呼び、写真画像のなかにその人格の刻印を見出すことで解決した。映画は、写真に比べると著作者の権利に含めるのがわずかに難しいだけだった。欧州の立法者を窮地に追い込んだのは録音物であった。演奏家やスタジオミュージシャンはいざとなれば著作者と呼べるかもしれない。しかしレコード製作者や録音技術者はどうだろうか。ラジオやテレビの生放送は、編集や制作に創造性が求められるが、これも著作者の権利という大聖堂の外に位置するように思われる。そこで録音物と放送に関する権利は著作者の権利ではなく、著作隣接権であると宣言して解決することにしたのである。

ある国がある製品に関する権利を著作隣接権とした場合、その国はベルヌ条約やUCCの義務をまったく負うことなく、それを自由に扱える。たとえばある国が録音複製機器と空のテープに使用料を支払うことを求めた場合、たとえそのコピーの大半が外国の録音物であったとしても、使用料収入を自国民だけに配分することができる。また、自国民の作家やアーティストへの助成など、自国の利益のために分配することもできる。国内政策の良識やベルヌ条約、UCC以外の条約上の制約、国際協調への配慮によってのみ制約を受けるにすぎない。

フランスの一九八五年の家庭内テープ録音法は、空の録音テープやビデオテープの販売に法定使用料を課しているが、これは他国のクリエイターを犠牲にして自国の経済を促進するために著作隣接権の考え方を利用している典型的な例である。フランス法ではまず、家庭内テープ録音関連の売上からロイヤルティの二五%を、フランスの社会的、文化的目的のために控除する（これにはフランスの映画製作者への補助金が含まれる）。そして残りを、楽曲の作曲家、演奏者、製作者に三分の一ずつ分配する。楽曲はベルヌ条約上の「著作物」にあたるため、米国の作曲家は、その「著作者」として、ベルヌ条約上、作曲家に割り当てられた三分の一を共有する権利をもつ。しかし実演家も製作者も「著作者」ではないため、米国人は実演家や製作者の分の三分の一の権利を主張することができず、フランスではそれは著作隣接権の対象となっている（フランスは加盟しているが米国は加盟していない「実演家、レコード製作者および放送機関の保護に関するローマ条約」が、こうした著作隣接権に関する国際的な義務の主要な源である）。

フランスの私的複製に関する法（private copy law）は、米国の実演家と製作者にある限られた代替手段を提供している。実演家と製作者は、録音物や映画がフランスで最初に固定、すなわち記録された場合、テープの収益の分配にあずかることができる。フランス国内での映画とレコードに関する固定要件は、古い米国の著作権法にあった製造条項のフランス版である。これは自国のレコード産業、映画産業を支援することを目的とした露骨な保護主義的措置である。米国の製造要件と同様、非常にわずらわしく、あまり賛同者を得られないだろう。もちろん、固定要件はベルヌ条約が許容していない形式手続であるが、これは著作者の権利ではなく著作隣接権に適用されるため、例外的にベルヌ条約上の禁止事項がおよばないのである。

著作権を侵害する海賊から王子へと変貌した米国の視点からみれば、国際著作権保護はじつにドラマティックな展開であった。一世紀ものあいだ、外国との著作権関係をもたなかった米国は、いやいやながら二国間協定の門戸を開いたが、それはわずらわしい条件つきだった。その六〇年後、著作権貿易の黒字化が加速したことで、ベルヌの方向に舵を切ったが、方式主義を基礎とする著作権法に阻まれた。

米国が保護レベルの低いUCCの推進に成功するやいなや、第三世界の国々は離脱するぞと脅しをかけた。そして、一九八九年に米国がようやくベルヌ条約に加盟した際には、最古参ベルヌ加盟国のいくつかがテーブルの上から一番美味しい皿をせっせと片付けてしまおうとしているのを目の当たりにした。しかし長い目で見れば、国際著作権関係における現在の保護主義の高まりは決して目新しいものではない。フランスとベルギーの最初の条約や、国際的な著作権の義務を負うことを拒否した初期の米国の時代から、著作権は保護主義的なカードであり、各国はどのような取り決めが最も自国の国益を促進するかという、現在の考え方に基づいて行動してきた。

ベルヌ条約に加盟する一〇年前、米国は欧州共同体と共同で、著作権を含む国際的な知的財産権関係の方向性を変えようとしていた。関税及び貿易に関する一般協定（GATT）東京ラウンドの最終日に提案された「偽造品輸入を阻止するための措置に関する協定」の背景にある動機として、ベルヌ条約のプロセスで経済的に発展の遅れている国々の保護水準を向上させることができないのであれば、関税の譲歩と引き換えに高い知的財産水準を求める貿易プロセスならばそれが可能であるという考えがあった。また、ベルヌ条約をはじめとする知的財産権条約は有効なエンフォースメントのツールをもたないが、米国と欧州は経済制裁で武装されたGATTの紛争解決手続ならば条約の基準の遵守を促すことができると期待していた。

この偽造品防止の取組みは失敗に終わったものの、その後の提案の扉を開き、最終的には一九九四年四月一五日にGATT改正協定の一部として採択された「知的所有権の貿易関連の側面に関する協定（TRIPS）」へと発展を遂げた。TRIPSはベルヌ条約や他の知的財産関連条約が規定する保護水準を明示的に取り入れるとともに、それ自体が独自のミニマムスタンダードを導入している。TRIPSの最も重要な貢献はエンフォースメントの分野であり、ほかの加盟国がTRIPSの基準を遵守していないことによって自国民が損害を受けた場合に、その加盟国はＷＴＯのパネルに申立てをおこなうことができる。もしパネルが違反を認定した場合、被害国は違反国に対して、通常禁止されている経済制裁をおこなうことができるのである。このことは、なぜ米国がベルヌ条約の著作者人格権の義務をＴＲＩＰＳ上のエンフォースメント可能な基準から明示的に除外するために、あれほど懸命に戦っていたのか（結果的に除外が認められた）、その理由を説明している。米国が一九八九年にベルヌ条約に加盟した際にこれらの義務に同意したことと、それを遵守しなかった場合に制裁を受ける可能性があることを受け入れることとは、まったくの別問題であったのだ。

ＴＲＩＰＳにおける著作者人格権の問題は、よく、冷徹な米国の功利主義と自然権論に基づく欧州のロマン主義との衝突として描かれることが多い。しかしこうした見方は、初期のフランスとベルギーの条約にまでさかのぼる、国際著作権関係についてのより根強い真実を覆い隠してしまうだろう。その真実とは、著作権は国ごとよりも経済セクターごとに分かれているという点だ。米国の書籍出版社は、米国の図書館関係者よりもはるかに多くの共通点を、フランスの書籍出版社や、さらにはフランスの映画製作者やレコード製作者とのあいだにもっている。米国の図書館員も、米国の書籍出版社よりもフランスの図書館員とのあいだにより多くの共通点をもっているだろう。ＴＲＩＰＳの施行後、アイルランドの音楽出版社が、米国著作権法が公の実演権を除外している〔米国では、公の実演権の対象から録音物が除外されている〕ことがベルヌ条約（とひいてはＴＲＩＰＳ）のミニマムスタンダードに違反していると訴えたとき、議会でこの除外の是非をめぐって戦ってきた米国の音楽出版社がアイルランド側について応援した姿は、容易に想像することができる。

過去一世紀にわたって、著作権は国内と世界の両方で、徐々にその領域を拡大してきた。国内では、翻訳、脚色、複写、家庭内録音・録画などの新しい利用方法がこうした拡張のきっかけとなった。国際的には、条約関係は海外市場における著作権の価値を写しとってきた。各国は、国内における権利拡大と国際貿易における姿勢の変化の両方を正当化するために、コピーライトと著作者の権利のシンボルを巧みに操ってきた。近年、知的財産権が米や菜種油に対する補助金とトレードされることがある国際貿易マーケットに著作権が導入されたことで、国内および国際的な著作権が複雑になり、それらの競合するシンボルの力が弱まってしまう可能性がある。次の新しい世紀の大きな問題は、有線あるいはワイヤレスの世界で、著作権がその歴史的使命を果たし続けることができるか否かという点である。

第6章

「機械に対する答えは機械のなかにある」

"THE ANSWER TO THE MACHINE IS IN THE MACHINE"

二〇世紀の世界を一変させた革命の一つに、言葉、音、画像をデジタル形式として記録する技術の発明があげられる。つまり、文字や音声で表現された詩の一行も、音楽のフレーズの微妙な変化も、フィルムにちらっと写った映像も、鮮明な0と1のデジタルコードに変換することが可能となったのだ。二一世紀の娯楽商品や情報商品のほとんどが、デジタルで記録され、デジタルで保存され、デジタルで送信され、デジタルで受信されるであろうことは一九九〇年代にはすでに明らかだった。このデジタル革命は、国内外問わず、著作権法にとって新たな試練とチャンスの到来を予感させた。

正確さ・便利さ・ユビキタスという三つの特性がデジタル形式を抗いがたく魅力的なものにした。CDあるいはDVDに記録された音楽や視聴覚作品は、カセットテープやビデオテープのアナログ録音をはるかに超える鮮明さと耐久性を備えていた。コーヒーカップのソーサーよりも薄くて小さいぐらいのシングルCD一枚に、二六巻の百科事典(おまけに辞書一冊と世界地図がついている)に印刷されたあらゆる単語や画像をデジタル形式で詰め込むことができた。トランプ一組分ほどのサイズのデジタル機器には四千曲もの楽曲を保存し、再生することができた。素人でも、市販と同程度にオリジナルに忠実なデジタルコピーを作成できた。またデジタル形式によって、異なる芸術形式の変更や統合がより容易になった。白黒のサイレント映画をカラー化し、デジタルカタログからサンプリングしたサウンドで盛り上げることができるだけでなく、俳優のイメージを変えて、たとえば老けさせたり若返らせたりすることもできるようになった。さらに、別の映画に登場する俳優を、いったん0と1のデジタル共通の要素にしたのち、新たな作品へシームレスに統合することもできた。

デジタル形式の最大の魅力は、強力な現代のデジタル・コンピュータと広く普及するインターネットにアクセス可能な点である。コンピュータは、巨大なビジネス用コンピュータであれ小さな個人用ラップトップであれ、すでに国内外の商取引を支配し、インターネットはますます、ショッピング、仕事探し、そして個人的・商用的な通信手段として、ますます選択されるメディアになっていった。二〇〇〇年後半には、米国の全世帯の四一・五％がインターネットを利用しており、たった一年半で五八％も増加した。規制や技術のハードルは急速に消滅し、包括的なデジタル環境への見通しは十年前の予想よりも身近なものとなった。

二一世紀の変わり目のエンタメ企業や情報系の企業にとって、インターネットは、自社製品のための広大で新しい市場を約束するだけでなく、新旧問わずあらゆる市場に壊滅的な打撃を与えかねない、広範な無断複製という脅威をもたらした。著作権法は私的複製の領域ではまったく有効な手段ではないが、インターネットの論理のもとではあらゆるコピーが私的になされうる。侵害機器の中心的な製造者に責任を負わせることで私的複製の問題を改善する寄与侵害の法理も、インターネットに関してはその有用性に疑問があった。ソニーのベータマックスレコーダーとは異なり、インターネットは責任を完全に分散させることが可能であり、関連するソフトウェアは侵害にも機器にも該当しない可能性がある。インターネットの世界的な広がりはこれらの問題を複雑にする一方だ。ある音楽ファイル共有サービスが、国際的な著作権関係を承認していない国に拠点を置いている場合、米国のレコード会社はどうすればいいのだろうか。

大学を中退した一八歳のショーン・ファニングが一九九九年に発明したインターネット音楽共有サービス「ナップスター」は、著作権者の背筋を凍らせる最初の圧倒的な象徴となった。検索エンジン、インスタントメッセージ、ファイル共有といった既存のデジタル技術を組み合わせて作られたナップスターは、デジタル圧縮技術によって生み出された効率性を利用して、登録者がインターネット上でデジタル音楽ファイルを迅速かつ簡単に共有できるようにした。ファニングが公言した目的の一つは、既成の即座に商業的なＣＤ流通ルートを回避し、インディーズバンドやさまざまな新人アーティストたちに、インターネット上でつながる観客を提供することだった。しかしナップスターの最大の目的――そしてナップスターの発展に伴い、間違いなく主要な業績にもなった――は、コンピュータを持ちインターネットに接続する人なら誰でも、無料で、ほかのナップスター登録者がコンピュータに入れている音楽をコピーできるようにすることだった。実際、これは登録者が事実上どんな音楽でもコピーできることを意味していた。

ナップスターに参加するため、ユーザーはまずナップスターのミュージックシェアというソフトを同社のウェブサイトからダウンロードした（無料）。ユーザーがホストとして自分のコンピュータのハードディスクにある音楽を他の登録者と共有すると決めた場合、ソフトはそのユーザーが持っている楽曲のタイトルをナップスターの中央ディレクトリに送信し、ほかのすべての登録者がアクセスできるようにした。登録者が自分の音楽コレクションを他人と共有しないことを選択したとしても、ナップスターのディレクトリに索引付けされたあらゆる音楽を無料でコピーすることができた。欲しい楽曲の曲名（たとえば「シークレットガーデン」）やアーティスト名（たとえば「ブルース・スプリングスティーン」）を入力して「検索」ボタンを押すだけ。その後、ナップスターのサーバーは、曲名やアーティスト名での音楽ファイルリストを返信してくる。登録者は、わずか数回マウスをクリックするだけでファイルを選択できる。そしてサーバーはホスト登録者のハードディスクにリクエストを送って、ホスト登録者のコンピュータからリクエストした登録者のコンピュータへとダウンロードを開始する。ナップスターのサービス開始から七か月で、推定二千万人のユーザーがミュージックシェアソフトをダウンロードし、最盛期には七千万人以上の登録者がいた。

一九九九年一二月六日、ショーン・ファニングがＰ２Ｐ形式のファイル共有というアイデアを思いついてから一年も経たないうちに、米国の大手レコード会社が、彼らの業界団体である全米レコード協会（RIAA）に率いられ、最終的に音楽出版社やアーティストも加わって、ナップスターを提訴した。著作権者側の法理論は、ホームズ判事がベン・ハー事件で考案し、ソニー対ユニバーサル事件（ベータマックス事件）で洗練させた法理論と同様だった。原告らは、ナップスター自身は原告らの作品をコピーも保存もしておらず、他人がそれをできるようにしたにとどまるため、著作権の直接侵害を問われないということを認識したうえで、原告らは本サービスがユーザーによる直接侵害に対して二次的責任を負うべきであると主張した。特に、ナップスターは登録者の直接侵害を知りながらそれを助長しているので寄与侵害の責任があり、また金銭的利益を得ているだけでなく登録者の行為を監督・管理できる立場にあるがゆえに代位責任があるとした。

二〇〇〇年七月下旬、連邦地方裁判所のマリリン・ホール・パテル判事は著作権者の予備的差止命令の申立てを認め、本案審理が開始されるまでナップスターを事実上閉鎖させることに成功した。パテル判事は、ナップスターは登録者のコピー行為について知っていたあるいは知るべきだったのに加え、ナップスターのソフトがなければ、コピー行為は不可能ではなかったとしても難しかったであろうことを理由に、ナップスターは寄与侵害者――「侵害行為を知りつつ、他社による侵害行為を誘発し、引き起こし、または重要な寄与をする者」――であると判断した。代位責任については、ナップスターは違法行為を防ぐことができたという事実によって、ナップスターは登録者の活動をコントロールするために必要不可欠な能力を有していたということになるとした。さらに、同社のサービスは現在は収益を生み出していないものの、将来の収益が期待できるユーザーの基盤を構築することに成功していたとした。裁判所は、ナップスターのサービスにはソニーのベータマックスレコーダーと同じく実質的な非侵害用途がある、というナップスターの主張を退けた。パテル判事は、登録者のコピー行為は、ソニー事件におけるタイムシフトと同様のフェアユースには該当せず、また無名のアーティストによる新作の公式配布は「最近少々話題になった程度」であり、実質的な非侵害用途を構成するほどには十分に普及していない、と判断した。

差止めが認められれば事業閉鎖に追い込まれるおそれがあったため、ナップスターは差止命令の執行停止を求めて第九巡回区控訴裁判所に緊急上訴した。その結果、二日後に予備的差止命令の停止が命じられた。命令の後に出された理由書で、控訴裁判所は、下級裁判所の示したナップスターの責任に関する評価にはおおむね同意し、「ナップスターの著作権侵害への加担に対する予備的差止命令は、正当化されるだけでなく必要でもある」と説明する一方で、「原告らの作品のコピー、ダウンロード、アップロード、送信、頒布がナップスターのシステム上でなされないことを保証するというすべての責任を同社に負わせることになるため」差止命令は行き過ぎであると考えた。控訴裁判所は、「ナップスターが違反コンテンツへのアクセスを無効にする義務を負う前に、ナップスターのシステム上で利用可能な著作物およびその著作物を含むファイルをナップスターに通知する」という義務を原告に負わせる方が望ましいと判断したのである。「しかし、ナップスターもまた、同社のシステムの範囲内でそのシステムを監視する義務を負う」。

責任分担の方針を表明することと、それをインターネットというやっかいな現実に適用することは別のことだ。控訴裁判所の命令に従い、パテル判事は予備的差止命令を修正して、レコード会社に対し、侵害された各作品のタイトル、アーティスト名、ナップスターのディレクトリに列挙されている一つ以上の録音物のファイル名をナップスターに提供するように求めた。しかし、そのような通知を受けた場合、ナップスターは、単に提供されたタイトルを有するすべてのファイルへのアクセスをブロックするだけで、命令に応じたことになるのか、という疑問が残った。ある発想力豊かな登録者が、「シークレットガーデン」という曲をそのタイトルではなく、この曲をサントラで使用した『ジェリー・マグアイア』という映画名でリストアップしたらどうだろうか。パテル判事がのちに発したサービス閉鎖命令では、ナップスターがその曲を通してしまった場合、責任を負いうると示唆した。「事実上どんな違反も一切許容されない状況にするためのあらゆる努力がなされない限り、十分とは言えない……。基準はゼロにすることである」。ナップスターは控訴したが、このときは控訴裁判所はパテル判事の命令を支持した。

二〇〇二年一月中旬、この訴訟は突然予期せぬかたちで幕を閉じることとなった。訴訟のあいだ、ナップスターはサービス継続を許可するレコード会社からのライセンスを求めてきた。ロイヤルティを払うことで、ナップスターは、レコード会社がインターネット市場に参入するための手段に自らがなりうるという目論見があったからだ。しかしこの頃には、大手レコード会社は、ミュージックネットとプレスプレイという二つのジョイントベンチャーを通じて自前のオンラインサービスを確立していた。ミュージックネットは二〇〇一年六月にナップスターとライセンス契約を結んだが、ナップスターは今度は裁判所に戻り、パテル判事に、契約条件があまりに厳しく、著作権のミスユース法理――反競争的あるいはその他の不適切な目的のために著作権を適用する企業を罰する法理――を構成すると主張した。一月一六日、パテル判事は、レコード会社のミスユースについて主張立証するためにレコード会社の書類の開示を求めるナップスターの要求を認める意向であることを表明し、これに対してレコード会社は翌日、三〇日間訴訟を中断するよう求めるという回答をした。RIAAのヒラリー・B・ローゼン会長は、ニューヨーク・タイムズに対して、我々のグループは「訴訟を解決するために」中断を要請した、と述べた。しかし話し合いは実を結ばなかった。二〇〇二年六月三日、ナップスターは破産を申請し、九月三日には、サービス復活の努力むなしくショーン・ファニングを含む従業員全員が解雇されたのである。

パテル判事の相次ぐ命令によってナップスターの共有可能曲数が減るにつれて、登録者はカザーやモルフェウスといったほかの無料サービスに移っていった。それらのサービスは判決の拘束を受けないので、かつてのナップスターと同様にレコード楽曲への無制限アクセスを提供することができた。これらの新たなサービスは転送時間がナップスターより短く、また音楽ファイルだけでなく、写真、テキスト、ソフトウェアファイルへのアクセスも提供していた。こうした無料サービスと比べ、レコード会社のミュージックネットやプレスプレイが当初提供していたサービスは、限られた楽曲だけをコピーする権利のために月額九・九五ドルから二四・九五ドルの料金をユーザに請求していて、どうみても使い勝手が悪く、魅力に乏しいものだった。

二〇〇一年一〇月初旬、映画会社とともに、レコード会社がカザーとグロックスターの二社をロサンゼルスの連邦地方裁判所で訴えたとき、両社は以下のような理由で登録者の侵害行為に対する寄与責任を問われることはないと弁明した。すなわち、自分たちのサービスでは、ナップスターが登録者の楽曲をインデックスし、最終的に検索条件をつけるために採用していた中央サーバがないので、中央集権的な管理をしていないと主張したのである。彼らのサービスは真にP2Pであった。この主張は、何百万件もの著作権侵害が発生しても、その責任を追及しうる機関が一つもないという状況を、いつの日かインターネットが著作権者に突きつけるのではないか、という著作権者の不安の核心を突いていた。約一世紀前、米国作曲家作詞家出版者協会（ASCAP）が設立されたことで、著者、作曲家、そして出版者は、自分たちの市場を守ろうとする場合に個々の侵害者を訴える必要から解放された。最高裁のベータマックス判決は、少なくともその機器に実質的な非侵害用途がない場合に、著作権侵害機器に対する著作権者の権利を強化した。しかしここでは、包括的なインフラ（インターネット）のなかのある技術（ファイル共有）が問題となっており、それは著作権団体でも著作権制度でも止められないようにみえたのである。著作権者にとっては、著作権を超えたなんらかの解決策が不可欠であるように思われた。

コピーが簡単にしかも無料でできるデジタルの世界で、著作権は生き残ることができるのか。あるいは生き残るべきなのか。一九九五年七月、オランダ王立科学アカデミーとアムステルダム大学情報法研究所が開催した二日間の会議では、この問題がテーマとなった。この会議の出席者には政府関係者、産業界の代表者、著作権の実務家、学者、さらにデジタル時代における著作権の完全廃止を主張する、一名の口うるさい著作権批判論者がいた。以前グレイトフル・デッドに歌詞を提供していたジョン・ペリー・バーロウは、「情報は自由になりたがっている」というスローガンを引用し、「我々は沈みゆく船に乗り未来へ航海している」と主張した。「ここにいう船とは、著作権法や特許法といった法のことであり、まさにいま運ぶよう頼まれた実体のない荷物とはまったく異なる表現の形式や方法を運ぶために、開発されたものである」と。彼の考えでは、「我々は、このまったく新しい状況にふさわしい、まったく新しい方法を開発する必要があるだろう」。

バーロウの論文は会場にいた著作権関係者のあいだで若干の反感を買ったが、国際出版社著作権協議会の法律顧問であるチャールズ・クラークの「機械に対する答えは機械のなかにある」というプレゼンテーションが、昼食やコーヒーブレークでの議論を沸かせた。クラークは、著作物へのアクセスおよび利用をどのように防ぐかではなく、「どのようにアクセスおよび利用をモニタリングするか」が問題であるとした。彼の答えは、自由な作品流通を可能にするデジタルシステムそのものを活用することだった。クラークは、彼が「記録と報酬」と呼んでいる、個々の作品利用を追跡し、対価の支払いに対して必要な手段を講じることができるシステムのためのアーキテクチャの構築を目指した、世界中のいくつかのプロジェクトを説明した。

クラークは、もし機械が機械にとっての完璧な解答になるのであれば、そのデザインは、フリーライダーを排除するためのコンピュータコードを採用した技術的保護手段を具現化するものでなければならないと考えていた。またクラークは、未解決の問題として、「技術的な保護を強化するための法規制が必要」なことも見極めていた。

技術的保護手段の実施は、ある意味で、ジョン・ペリー・バーロウが提案した著作権システムの完全廃止と同じくらい過激な著作権の否定だった。なぜなら、これらの手段は著作権に内包されている多くの安全弁――フェアユース、アイデアと表現の区別、法定の免責規定――つまり排他的独占権そのものと同じくらい著作権で重要な位置を占めるものを、無視することになる恐れがあるからである。技術的保護手段、そしてこれらの手段を支える法律は、著作権がバランスを図るシステムであるという前提に対する直接的な挑戦である。また、所有者と利用者のあいだの調停役として、柵を作ることや法で柵の破壊を禁じることよりも、財産法の方がより低コストで効率的であるという、あらゆる形式の知的財産権に共通するより根本的な前提をもくつがえしている。

一九九〇年代なかば、多くの政策立案者は、インターネット上の問題を解決するための伝統的な著作権理論の可能性をまだ諦めていなかった。チャールズ・クラークが著作権の解決策を機械のなかに見出すように聴衆に訴えたのと同じアムステルダムの会議で、米国特許商標庁長官のブルース・リーマンは、デジタル技術は、著作権者が自らの作品利用をコントロールする能力に対する「最初の挑戦でもなければ、おそらく最後の挑戦でもない」、という所見から講演を始めた。デジタル技術による課題のグローバルな性質に注目して、彼は、その解決策は法そのものにある――特に、より強固で緊密に調和した国際的な保護規範にあると主張した。

特許庁長官として、リーマンはクリントン政権の情報基盤タスクフォースの一部である知的財産権に関するワーキンググループの議長も務めていた。一九九五年九月、ワーキンググループは白書を公表し、その提言案のなかで、まさに最初の米国著作権法までさかのぼる権利である著作権の複製権をより厳格に適用し、全米の電話会社から最も小さな電子掲示板運営会社にいたるまで、あらゆる種類のインターネットサービスプロバイダ〔以下、「ＩＳＰ」とする〕を著作権の管理下におくことを勧告した。著作権の媒介者の行為を規制するにあたって、インターネットが寄与侵害や代位責任の力を弱めたとしたら、白書は従来の著作権理論を適用して、それらの媒介者を直接侵害者とすることになるだろう。

コンピュータやインターネットの性質として、電気信号がシステムを通過する際、一時的に、場合によっては数十回もコピーされる。インターネットが登場する前から、法律家たちは、コンピュータの操作過程で必然的に生じる一時的なコピーが、著作権者の排他的な複製権を侵害するのか、あるいは単に法の注意を払うには及ばない微々たるものか、という点について議論していた。白書は、法理論上の議論を回避して、一時的であるか否かにかかわらず、コピーはコピーであるという厳密に字義通りの見解をとり、家庭内のユーザーが電子的に作品を閲覧する場合はいつでも侵害者であるというだけでなく、ＩＳＰも著作物がそのサーバを通過する場合はいつでも侵害者であるとした。直接侵害者として、ＩＳＰは自らの設備を毎日通り抜ける、数十億ではないにせよ数百万の信号について厳格に責任を負うと結論づけた。

白書が示したこの提案及びその他の提案は、その後提案を実現するために提出された法案と同様に、批判の嵐を巻き起こした。図書館や教育関係者は団結して「デジタル未来連合（ＤＦＣ）」を結成し、白書の提言のなかでより広範囲におよぶものを攻撃した。無数のメッセージを監視して著作権侵害の有無を確認するという不可能なタスクに懸念を示す、家電メーカー、電気通信会社、コンピュータ会社、インターネット企業も加わった。ブルース・リーマンは、このような厳しい批判が返ってくるとは予想すらしていなかった。六年後、彼はこう言った。「この件が原因で閉鎖された企業は一つもない。誰一人不快な思いをしていない。そして、シグナルを送るパイプを彼らが管理する場合、執行プロセスを多少手助けするために、彼らが多少責任を負うことのなにが悪いのか、私はいまだに理解していない」。にもかかわらず、一九九六年秋になると、ＤＦＣがその同志と共に、白書の勧告を実現するための法案を事実上停滞させたことが明らかとなった。

この論争には国際的な側面もあった。上院司法委員会でＤＦＣを代表して証言したロバート・オークリー教授は、クリントン政権がすでに、白書と「実質的に同一」で、「審議が停滞した法案を国際法で成文化」しうるベルヌ条約改正案を、世界知的所有権機関（ＷＩＰＯ）の議題として取り上げていると警告した。これによって、議会は既成事実とともに、米国法を新たな国際規範に適合させる法案を制定せざるをえなくなると彼は主張したのである。

ブルース・リーマンは、クリントン政権がＷＩＰＯの条約制定過程を利用して、国際的なコンセンサスに従わざるをえない状況に議会を追い込むつもりだという非難に気づいていたが、彼がジュネーヴで主導権を握った理由はもう一つあった。歴史的に、ベルヌ条約の手続では欧州諸国が主導権を握り、米国の著作権者には受け入れられないような提案がなされてきた。そして彼はこのことを、ベルヌ条約に比較的最近参加した米国が、国際的な著作権の議題を設定する機会だと考えた。「ジュネーヴでの問題を解決する方法は、米国が積極的に、それまでなかったもの――つまり欧州諸国の議題でないもの――、そして米国の著作権業界を私の味方につけるようにできるものをテーブルに乗せ始めることだ、と思いついたのです」。

一九九六年一二月のＷＩＰＯ交渉で米国代表団を率いたリーマン委員が、ジュネーヴで、一時的コピーの問題につき他国のコンセンサスを得るだろうと考えていたとしたら、それは間違いだった。米国の白書でとられたアプローチに従って提案されたＷＩＰＯ著作権条約七条は、ベルヌ条約の複製権を、「永久的か一時的かを問わず、あらゆる方法または形式による」著作物の「直接および間接的複製」を含むと定義していた。しかし欧州委員会はすでに一九八八年、デジタル著作権に関する独自のグリーンペーパーを公表しており、さらに〔一九九五年のグリーンペーパーに続けて一九九六年に出された〕委員会のフォローアップペーパーは米国の提案と比べてはるかに柔軟なもので、「加盟国は永久的な電子保存は制限された行為であることについて同意しているようだが、一過的で一時的な複製行為の扱いについては見解が異なる」と指摘していた。

ＷＩＰＯ外交会議では、他の諸国も不合理な著作権の拡張であるとして難色を示した。電話会社やＩＳＰの代表は、各国代表に対して、提案されている一時的コピーに関する規定は、何百万もの著作物が、電気通信機器のメモリ回路への一時的保存を通じて日常的に複製されているという「デジタル世界の現実」を反映していないと説明した。一二月二〇日に外交会議が終了するまでのあいだに、七条は削除され、かわりに、複製権はデジタル環境においても完全に適用され、著作物のデジタル保存は複製に該当する、というあいまいな「合意声明」が採用された。だが、一時的コピーも複製権の範囲に含まれるか否かという問題は、未決事項として残されたままだった。しかしながら、リーマンの執拗な働きかけは一つの具体的な結果をもたらした。すなわち、電話会社を著作権政策のテーブルに初めてつかせたことである。この進展は、インターネット企業の存在とともに、数十年にわたって著作権の政治経済を混乱させることになった。

一時的コピーに関する構想が失敗したことで、一九九五年の白書の二つめの提言を急いで実現しなければならなくなった。それは、チャールズ・クラークがアムステルダムで呼びかけた法律のように、著作権侵害を防止する技術的手段を回避することを主目的とする、あらゆる装置の製造または販売を禁じる法律を議会が制定することであった。この提案の背後にある考えは、著作権者に自己の著作物のまわりに技術的な盾を設ける最初の責任を与え、議会にはこれらの盾を違法に破ることに対する責任を与えるというもので、家の所有者がドアに鍵をつけ、そして州の刑事法が鍵をピッキングするための製品の販売を違法とする、というのと同じ構造であった。この技術的保護手段の回避禁止提案は、わずかな修正を加えたうえで、一九九六年一二月のＷＩＰＯ外交会議において米国提案の一部として提出され、一時的コピーの提案に比べると若干好意的な評価を得た。にもかかわらず、アフリカ諸国を中心とするいくつかの代表団から、本提案は過度に広範で、多くの無実の機器を法の範囲に取り込んでしまうとして反対された。ＷＩＰＯ外交会議は最終的に、条約締結国に対して「効果的な技術的手段の回避に対する適切な法的保護と効果的な法的救済措置を求める」という実質的な骨抜き規定とすることで落ち着いた。

ＷＩＰＯ著作権条約の「適切かつ効果的な」技術的保護手段の回避禁止措置という緩やかな基準は、条約を実施するための法案を準備するうえで、クリントン政権にかなりの自由を与えた。実際、外交会議の終了後一か月も経たないうちに、リーマン委員は、米国法にはすでに十分な技術的保護手段の回避防止メカニズムが含まれており、米国法を条約の水準にあわせるための立法は必要ない、と提案したのである。しかしながら、最終的に導入された法律は完全に逆の方向へ傾いていた。つまり、著作権者の排他的権利を保護するための技術の回避を違法とする（一九九五年の白書の提案）だけでなく、著作物へのあらゆるアクセスを規制する技術的手段の回避も禁止したのである。たとえば、科学研究の過程で雑誌論文から一、二段落コピーすることを不可能にする技術的手段があったとして、法のもとではそのようなコピーはフェアユースとして認められるにもかかわらず、当該技術的手段の回避も禁止されることとなる。

下院商務委員会委員長のトーマス・ブライリー下院議員は、議会内外の大勢が見落としていたこの政府法案の真実を、ほとんど即席の発言で指摘した。この法案は、デジタルミレニアム著作権法（ＤＭＣ

A）と呼ばれているかもしれないが、実際には「政府法案の『技術的保護手段の回避禁止』条項は、コンテンツプロバイダに、著作権法とはまったくかけ離れた新たな権利を創設するものだ」とブライリーは述べた。実際、技術的保護手段の回避禁止提案は、反著作権法と呼んだ方がより的確かもしれない。なぜなら、著作権法が誕生した当初からその中心であり続けた原則、つまり文芸芸術作品を保護するにあたって法の支配は物理的障壁よりも公正かつ効果的な手段である、という原則に挑戦したものだったからである。もちろん、著作権者からのメッセージは、自分の作品の価値を保護するのに法の支配はもはやあてにならない、というものであった。

一九九八年一〇月二八日にDMCAが制定されるまで、政府法案の批判者たちは、暗号研究、リバース・エンジニアリング、セキュリティテストなどの活動を許容する免責条項をわずかながら勝ち取り、技術的保護手段の回避禁止条項をいくらか削り取ることに成功した。しかしながら、彼らは著作権法のフェアユース抗弁に匹敵するような制限規定は得られなかった。この法律の批判者にとって同じく残念だったのは、デジタル回避ツールの密売あるいはそのほかの商売が禁止されたことである。図書館による複写や家庭でのビデオ録画と同様に、技術的手段の回避には、違法な目的にも合法な目的にも用いられうる機器の使用がしばしば必要とされる。DMCAによるこれらのツールの規制は、ベータマックス判決で採用されたアプローチ——実質的な非侵害用途を有する機器の販売を認める——におおよそ従っているが、DMCAのもとで認められる合法な使用の範囲は、著作権のもとで認められる範囲よりも大幅に狭いため、実際にはベータマックス判決のアプローチよりも狭い免責となっている。

一九九八年一二月一五日、DMCA成立から二か月も経たないうちに、大手レコード会社は、インターネット、コンピュータ、家庭用電化製品の大手企業と共同で、「デジタル音楽著作権保護協議会（SDMI）」というデジタル録音された音楽の無許可での利用をブロックする標準技術を設計するための取り組みを発表した。各社が共同で取り組んでこそ、消費者向け家庭用電子機器にこの新技術を広範に導入することができるという考えであった。全米レコード協会（ＲＩＡＡ）のヒラリー・ローゼン氏は、ＳＤＭＩによって企図された「自主的でオープンなセキュリティの仕様」は「消費者が自分の選ぶ音楽に便利にアクセスできるようになるだろう」と述べた。「アーティスト、プロデューサー、作詞作曲家、音楽出版社、レコード会社そして音楽業界の関係者は、この仕様の方がより安全であることを認識して、自らの楽曲をこの新たな仕様で利用できるようにするだろう」とも。

ＳＤＭＩが最初に取り組んだのは、異なるメーカーの機器間で互換性を確保するための、共通のセキュリティ・アーキテクチャと仕様の設計だった。共同開発者たちは、ＳＤＭＩの主要なセキュリティ技術が電子透かしであると認めた。これは、録音された音楽にかすかな背景音を挿入する技術で、リスナーには検知できないが、便箋に入った透かしのように事実上消すことができない。電子透かしを検知するように設計されたＣＤプレイヤーは、指定された条件以外では、その電子透かしの入った作品を再生することも録音することもできない。開発グループが、提案された電子透かしを、堅牢性、信頼性、総合的性能の観点から評価して絞り込んだのち、ＳＤＭＩは、技術をさらにテストするために、ある意味虚勢を張った、ある意味賢明な努力である一歩を踏み出した。開発グループの常務取締役であったレオナルド・キアリグリオーネは、ＷＷＷでの公開書簡で、「ＳＤＭＩをハックせよ」というコンテストを開催し、提示された四つの音楽サンプルの電子透かしを解除できた参加者には、一万ドルの賞金を山分けして贈呈する、としたのである（電子透かしとは別の二つの技術は、このコンテストの重要な要素ではなかった）。

コンテストの課題はこうだ。まず、参加者はそれぞれの電子透かし技術につき二曲一組の楽曲をダウンロードする。一曲目は、電子透かしの入っているものと入っていないものの二種類のバージョンで、二曲目は、同じ技術の電子透かしが入ったバージョンである。そして二曲目から電子透かしを除去したコピーを作成するというのが課題である。参加者は、一曲目の楽曲の、電子透かしがある・ないバージョンを分析して電子透かしの位置と性質を特定し、その情報を使って二曲目の電子透かしを含む楽曲からクリーンコピーを作成することが求められた。参加者はそのクリーンコピーをＳＤＭＩのウェブサイトに掲載されている「オラクル」に提出し、音質を劣化させることなく電子透かしが除去されていれば合格、そうでなければ不合格、という電子メールを受け取ることになる。

プリンストン大学でコンピュータサイエンスを教えるエド・フェルテン准教授にとって、「ＳＤＭＩをハックせよ」は挑戦せずにはいられないコンテストだった。フェルテンの長期研究テーマは、家電製品やコンピュータソフトウェアに関するセキュリティやプライバシーの問題であり、最近は身の回りのメディアに関する著作権保護の問題を調査していた。彼はＳＤＭＩのどの技術にも懐疑的だった。そして、このコンテストに参加することで、業界に、もう少し謙虚な目標を設定すべきだと気づかせてやろうと考えた。「技術者のなかで『魔法の考え』と呼ばれる現象があります。これは、技術というものは頑張ればなんでもできるのだ、と考えることを指します」。フェルテンによれば、「音楽業界ではＳＤＭＩを魔法の考えだと思っている人がたくさんいたようでした」。さらに、ＤＭＣＡ法案が議会で審議中だったとき、フェルテンはほかのコンピュータサイエンティストと一緒に、究極的には暗号研究を免責するセーフハーバー規定を求めるロビイング活動をおこなっていた。しかし、最終的に制定された免責規定は研究者コミュニティに必要な余裕を与えるには狭すぎると彼は考え、業界の報復を恐れず電子透かしの技術を吟味する機会として、このコンテストを歓迎した。

フェルテンは、他のプリンストン大学の教授一名と三名の大学院生、ライス大学の三名の研究者、そしてパロアルトにあるゼロックスパロアルト研究所の研究者一名とともに、音楽サンプルの解析にあたった。まずどの参加者も、同じ曲で電子透かしが入ったものと入っていないものを比較して、両者の違いの性質を確認し、電子透かしを見つけようとすることから始めた。「電子透かしがどんなものかを理解したら、その電子透かしを破る具体的な対抗策を考えます。まずさきほどの楽曲でその対抗策を試してみて、うまくいきそうなら、本番の楽曲で試してみます」。フェルテンによれば、電子透かしのなかには簡単なものもあったという。「ある特定のピッチの信号が追加されたことがすぐにわかりました。そして透かし全体がこの狭い帯域のピッチに集中していることを発見しました。それがわかれば、その帯域のピッチのボリュームを下げるだけで透かしを打ち消すことができます」。最大の難関は、三週間で課題をクリアしなければならないことだった。それ以外は、「学外の人でもできたはずです。十分な時間と信号処理の一般的な知識があれば、誰でもできたでしょう」。

だが、この挑戦は結論が出ないまま終わった。フェルテンは、自分たちのチームが四つの電子透かしをすべて解読したと主張した。その証拠として、SDMIのオラクルから、四曲すべてから電子透かしが除去されたという確認メールを受け取ったことを明らかにした。これに対し、SDMIの常務取締役であるキアリグリオーネは、電子透かしの除去によって音質の劣化が生じていないかどうかを確認していないため、勝利宣言は時期尚早であると応酬した（ハッカーが電子透かしを除去するだけでなく音楽も全部消し去ってしまった可能性もあるからだ）。また、ハッキングが反復可能であるかどうかのテストも必要だった。今回の課題で使用された曲以外の楽曲に応用できなければ意味がないからである。

フェルテンとキアリグリオーネは、二〇〇一年一月後半に開催された音楽の未来連合の会議で、このコンテストの結果について議論したが、やはり結論はでなかった。この頃には、フェルテンは自分の主張の正当性を認めてもらうためには、コンテストの成果を公表し、同業者の評価を仰ぐしかないと考えていた。彼はすでにこの成果を記した論文の用意を始めており、二〇〇一年二月後半には、ピッツバーグでの情報隠蔽ワークショップ（電子透かしのような技術を研究している研究者には有名な場）での発表に採択された。四月二六日の会議が近づくにつれ、フェルテンを悩ませたのは、たとえ課題の秘密保持契約へのサインを断っていた（その結果一万ドルの賞金を諦めた）としても、その成果を公表した場合、DMCAのもとで責任を負うのではないかということだった。SDMIの関係者は、フェルテンの論文発表にびくびくしていた。課題の電子透かしの基礎をなす技術の多くは、長年の研究開発の成果である。したがって、フェルテンの論文がこの技術を世に暴露してしまうと、研究開発にかかわった企業がこれまで投資してきた価値は泡となって消えてしまう。RIAAの一員でSDMI財団の事務局を務めるマット・オッペンハイムは、「それらの企業は、自社の重要な資産が公にされるおそれがあるとわかっていたら、絶対に参加しなかっただろう」と述べた。

四月九日、その日の郵便物を開ける前に、フェルテンは学科長に招集された。学科長は、マット・オッペンハイムからフェルテンへの手紙をコピーしていた。その手紙には、今月末の情報隠蔽ワークショップでの論文発表をフェルテンが企画していること、そしてフェルテンに対して「考え直して、コンテストから得た機密情報の公開を控え、そのかわりSDMIに参加し、さまざまな技術の所有者の商業的利益を損なわずに研究の学術的側面を共有する方法について、建設的な対話をしてほしい」と書かれていた。手紙によると、研究の公開は、「公開コンテストの枠外で著作権保護を受けたコンテンツへの攻撃を促進し奨励することになる」ため、フェルテンやその仲間は「契約に直接違反する」ことになる。コンテストに関する契約は研究の公表を認めていない以上、「DMCAを含む連邦法に基づく法執行の対象となりうる」。この手紙のコピーはワークショップのプログラム委員長にも送られた。

オッペンハイムの手紙を受け取ってから情報隠蔽ワークショップが始まるまでの二週間、フェルテンはSDMIやコンテストの重要な部分を担う電子透かし技術を有するヴェランス社の関係者とほぼ毎日電話で話した。ヴェランス社と、多くの電話に対応した同社の最高技術責任者の見解によれば、フェルテンの論文は、商業的にライセンスされた製品に関する機密情報を開示しており、論文の学術的目的を逸脱したものであった。しかしフェルテンによれば、「彼らの技術の詳細を話すのはほぼどんなことでも論外だ、というのが彼らの立場のようでした」。電話でのやりとりは、一般公開されているウェブサイト上に、開示許可を得ないまま論文の草稿を掲載したあともなお続いた。

フェルテンがSDMIの代表者と最後に会話したのは、ワークショップの前日だった。彼と共著者たちは、リスクを負うことになる全員の同意があって初めて公開を許可する、ということで早くから合意していた。「会議前日、リスクにさらされる人が出てくることが、どんどん明らかになってきました」とフェルテンは振り返った。午後四時、論文発表の中止が決定された。

四月二六日の昼前、論文発表の予定時刻になって、フェルテンは論文発表のかわりに、前夜に作成した短い声明文（「読むのに一分ほどかかった」）を読み上げた。会場のホリデーインのロビーで、会議の出席者、ジャーナリスト、テレビ局の取材陣の前に立ち――会議の主催者は、学術的な発表を目的とする会議で、記者会見のようなことはさせないと決定していた――、フェルテンは落胆の色を隠せない様子で、「本日予定していた論文発表を中止することになりました」と発表した。フェルテンは、RIAA、SDMI、ヴェランス社から、「このまま我々が論文の発表や公表をするなら訴訟を起こすという脅しを受けた」ことを明らかにした。そして、「訴訟は、相手方の言い分の是非にかかわらず、お金も時間もかかり不確実である」としたうえで、フェルテンは「我々の研究成果を、仲間であるみなさんに、通常の学術出版プロセスを通じて発表し、皆さん自身で我々の研究を判断できるようになる日が来ることを楽しみにしています」と言った。

フェルテンはまた、「我々はこれらの価値観のために、そして我々の論文を発表する権利のためにこれからも戦い続けます」と約束した。このことは明らかにＲＩＡＡの不安をかき立てた。翌週のプレスリリースで、ＲＩＡＡは、ＳＤＭＩは「フェルテン教授や共著者らに対していかなる法的措置もとるつもりはなく、またこれまでとったこともない」と発表した。フェルテンの約束は、いずれにせよ勇ましいレトリック以上の意味があった。なぜなら四月二六日の発表の前から、彼は技術志向の人権擁護団体である電子フロンティア財団（ＥＦＦ）の弁護士たちと、ＤＭＣＡやインターネット上の言論の自由に関する問題について相談していたからである。「その会話で、自然と我々の現状に話がおよんだのです。彼らは我々の立場や苦境を知っていて、とても共感してくれたのです」。

六月六日、ＥＦＦによる代理人を立てて、フェルテンと共著者は、ＲＩＡＡ、ＳＤＭＩ、ヴェランス社、そしてジョン・アシュクロフト米司法長官に対し、ＤＭＣＡは言論の自由を侵害し違憲であるとして、ニュージャージー州のトレントンにある連邦地方裁判所で訴訟を提起した。この訴訟では、フェルテンや共著者に加え、フェルテンのＳＤＭＩコンテストに関する論文を八月中旬にシンポジウムで発表することを採択したコンピュータ専門家の組織である、ＵＳＥＮＩＸ協会も原告として参加した（この訴訟では、アシュクロフト長官が被告として訴えられた。ＵＳＥＮＩＸ協会がシンポジウムを有料で開催する予定だったため、商業的利益または私的な経済的利得を目的とした違法行為を行った者に対して、ＤＭＣＡに基づき刑事罰が科されるおそれがあったからだ）。これに対して被告側は、先のＲＩＡＡのプレスリリースや、のちに原告側と直接なされたやりとりにあるように、これまでもこれからも原告らを訴える意図はなく、したがって連邦裁判所の判断を仰がなければならないような訴訟も対立も存在しない、と反論した。

一一月二八日、ギャレット・Ｅ・ブラウン連邦地裁判事は訴えを却下し、被告側に有利な判断を下した。ブラウン判事は、「皮肉なことに、被告は原告を訴えるつもりはないと言ったのに、原告は自ら訴訟を起こすことで訴訟のきっかけを作ろうと考えたようである」と言及した。ブラウン判事は、口頭で次のように見解を述べた。「原告は、自らを当局に迫害される現代のガリレオになぞらえている。しかしより適切なたとえは、風車が巨人に見えて怖がっている現代のドン・キホーテではないかと思う」。EFFの法務部長であるシンディ・コーンは、この結果を前向きにとらえようとした。「政府やレコード業界の声明を読むと、現時点で彼らが、DMCAを利用して科学を押さえ込むことはできないと認めているのがわかります。彼らの行いがその言葉どおりであるならば、科学は今後もいまの勢いを維持するでしょう。万が一、彼らが反旗を翻すようなことがあれば、そのときは、EFFが出ていきます」。

DMCAは、歴史的に合衆国憲法修正第一条の攻撃から著作権を守ってきた安全弁（フェアユースやアイデアと表現の区別など）を欠いているので、言論の自由に基づく審査の対象となるのは当然だった。ブラウン判事がトレントンでエド・フェルテンの修正第一条の主張を退けたのと同じ日、マンハッタンにある第二巡回区控訴裁判所は、DMCAに対する別の修正第一条関連の訴えを退けた下級裁判所の判決を支持した。このユニバーサル・シティ・スタジオ対コーレイ事件は、DVDに録画された映画を、ライセンスを受けていないDVDプレイヤーで再生あるいはコピーされるのを防ぐために使用されているコンテンツ・スクランブル・システム（CSS）と、CSSでコーディングされたDVDの暗号を解除して、ライセンスを受けていない機器で自由に再生（・コピー）可能にするコンピュータ・プログラムである、DeCSSが問題となった（DeCSSは、ノルウェーの一〇代の若者ヨン・ヨハンセンと二名のインターネット仲間が、ライセンスを受けたDVDプレイヤーを分解し、CSSの暗号キーを突き止めることで開発された）。原告である大手映画会社八社は、被告であるエリック・コーリーが、雑誌『2600ハッカー季刊』のウェブサイトで、DeCSSのコンピュータコードをダウンロード可能なかたちで公開し、またDeCSSのウェブサイトへのリンクを提供した行為は、DMCAに違反していると訴えた。被告らは、自分たちの行為は著作権法のフェアユースの抗弁および修正第一条の言論の自由の保障のもとで保護されると反論した。

被告を敗訴とした連邦地裁のルイス・A・カプラン判事の意見は、緻密で非の打ち所のないものだった。カプラン判事の判決を支持した控訴裁判所は、コミュニケーションは「それがコンピュータコードの言語で表現されているというだけで、『言論』としての憲法上の保障を失うわけではない」が、コードの機能性は、修正第一条のもとでの保障範囲を必然的に制約すると述べた。「コンピュータコードが実現できることが、憲法上の保障範囲を必然的に画定するのと同様に、原告が知的財産権を有している素材に対して、無許可の、つまり違法なアクセスをおこなうDeCSSのような暗号解除プログラムの能力も、修正第一条の保障範囲を画定し制限する」。

DeCSSは、映画会社の懸念の始まりにすぎなかった。すぐに、圧縮技術の向上、より安価で広範な帯域幅、そしてデジタルストレージの価格低下によって、一般のユーザーは音楽ファイルを共有するのと同じくらい簡単に、動画ファイルを交換できるようになった。実際、はやくも二〇〇二年には、モルフェウスなどのファイル共有サービスは、音楽ファイルだけでなく最新作を含む長編映画へのアクセスも登録者に提供していた。映画会社にとって、問題は違法コピーだけにとどまらなかった。新作の無料コピーによって、劇場公開→DVD販売→家庭での作品単位での課金視聴（ペイ・パー・ビュー）→無料テレビ放送と、十分にタイミングを図って進められていた流れが崩れてしまうことが予想された。無料テレビ放送でさえも、いわゆる家庭用ビデオレコーダーによって脅かされていた。家庭用ビデオレコーダーによって、視聴者が放送番組を選択して録画し、あとで見ることができるようになっただけでなく、自動的に、放送中であっても、番組制作費を支払っているCMを削除できるようにもなった。

一九七六年、ユニバーサル・シティ・スタジオとウォルト・ディズニー・プロダクションがソニーを訴えたとき、そこで問題となっていたのは、ベータマックスレコーダーがアナログのテレビ放送から作成する比較的低品質のビデオテープだった。対照的に、デジタル放送から作られる高品質のデジタルコピーは、DVDの売上と直接競合する。映画会社にとって、この予想は、デジタルハイビジョン放送の魅力を大いに曇らせた。家電メーカーがセキュリティ技術の製品搭載に消極的であったことも影響している（消費者も、テレビ信号の暗号化によって、ソニー対ユニバーサル事件で最高裁が明確に認めたタイムシフト視聴目的での私的複製ができなくなると反対した）。映画会社と家電メーカーが、暗号化規格に合意できなかったため、フリッツ・ホリングス上院議員は、映画会社と家電メーカーが所定の期間内に独自の仕様規格を示さない限り、政府が仕様規格を策定することを求める法案を提出した。

過去の著作権をめぐる争いは、時に宗教的とまでいえるほどの熱を帯びたことがあったが、インターネット上の無断利用に対する撲滅運動は、かつてないほど熱心に、ほとんど熱狂的といえるほどまでエスカレートし続けた。連邦議会下院司法委員会の裁判所・インターネット・知的財産小委員会の委員長と少数派委員によって二〇〇二年夏に提出された法案は、あらゆる著作権者に対して、「誰でもアクセス可能なP2Pファイル取引ネットワークを用いた、無許諾での著作物の頒布、上映、実演、複製」を無効化する、あるいはその他の妨害をするための、限定的な自力救済特権を与えるというものだった。ますます攻撃的な著作権者の戦術に対するユーザーコミュニティの反応も、それに劣らず力強かった。二〇〇一年夏、ロシアのコンピュータプログラマーであるドミトリー・スクリャロフが、アドビシステムの電子書籍用海賊版防止コードの暗号解除に関する論文を発表しに向かったラスベガスの会議で逮捕されたとき、アドビのサンノゼ本社の前で約百名が抗議デモをおこない、DMCAに基づく最初の刑事訴追となるであろう彼の釈放を求めた。アドビは、EFFの代表者と会談したのち、スクリャロフの釈放を求め、彼の刑事訴追に対する支持を撤回する決定を発表した。

RIAA会長兼法務統括責任者のケアリー・シャーマン曰く「冬眠」状態に入ったSDMIや暗号化

手段への圧力の高まりが示すように、DMCAの技術的保護手段の回避禁止条項は、コピーライト・ハイウェイにおける不幸な遠回りである。暗号化されたデータは、多少のコストさえかければその暗号を解除することができる。しかも、目や耳で感知可能な音響信号や視覚信号は、消費者が対価を払えば見聞きでき、暗号化技術を回避しなくてもコピーが可能である。無断コピーを完全に防ぐ技術はないのか、という質問に対して、エド・フェルテンはビジネス・ウィーク誌の記者に、「せいぜいできることは、コピーをより困難に、より時間がかかるようにすることだけです」と答えている。「たとえるなら道路上の段差のようなもの。コピーを防ぐ障壁ではなく、違法コピーをしようとする人をイライラさせるような段差を設置するのです」。モラルも重要な要素である。SDMIコンテストで電子透かし技術がテストされた当時のヴェランス社会長のデイヴィッド・リーボウィッツは、「音楽業界や映画業界の合言葉は、正直者を正直なままでいさせることです」と述べている。「つまり、ふだん正直な人であれば、この程度の不正直な行動もしないだろうというわけです。彼らにとっては、商品やコンテンツを簡単に安価な方法で入手し享受できるなら、不正直な行為をする価値などないのです」。

一九九五年の夏、アムステルダムで開かれた著作権専門家の集まりで、チャールズ・クラークが「機械に対する答えは機械のなかにある」と語ったとき、彼はコンピュータが、単にコピー行為をブロックするという能力だけでなく、最も速く、最も廉価で、そして最も直接的な手段で著作者とユーザーを結びつける能力をもっていることも念頭においていた。二か月後、クリントン政権の白書が「天空のジュークボックス」という名前をこの初期の娯楽・情報ユーティリティに与えたとき、白書は単に技術的保護の回避を防止する手段の採用を提案しただけでなく、ユーザーが作品の著者や権利者を確認し、彼ら個人や企業が作品の利用を許可する意思があるか否かを判断できるように、著作権情報を管理するための規則を採用することも提案したのである。

二一世紀における問題は、著作権法が天空のジュークボックスを操作するために必要なツールを提供できるか否かではない。著作権法そのものに対してかつてないほど強い逆風が吹くなかで、著作権法の意図する機能、つまり娯楽と情報のための市場の構築という機能を果たすことができるかどうかが問われていた。

第7章

両端のほつれ

FRAYING AT BOTH ENDS

「天空のジュークボックス」という言葉が一九九五年の政府白書に登場したとき、それは我々に地球の数千マイル上空の軌道上を周回するテクノロジー満載の衛星をイメージさせた。その衛星は、たとえるなら五セント硬貨を入れてボタンを押す昔のジュークボックスのように、加入者からの指示で、テレビ、ラジオ、CD・DVDプレイヤー、電話、FAX、パソコンの機能を兼ね備えた家庭やオフィスの受信機を通じて、膨大な娯楽と情報の宝庫に接続するためのものであった。有料テレビは、すでに長年にわたって、注文された映画や番組を決められた時間に加入者にきちんと届けており、これは、実質的に無制限で多種多様な情報や娯楽商品が瞬時に、かつオンデマンドで入手できるようになる未来を示す道標であった。

アン法典以来の著作権の目的は、文学的・芸術的作品の生産を市場原理の規律の対象にすることであるが、これは天空のジュークボックスの経済学と密接に関連している。天空のジュークボックスは、加入者の娯楽や情報の選択をすべて記録することができ、場合によっては支払った代金も記録できるため、著作権者は自分の製品に対する消費者の需要をそれまでよりも正確に把握し、新たに明確になった選好のパターンにあわせて、より正確に投資することができるようになる。コピー機やVCR（ビデオカセットレコーダー）のように、著作権のインセンティブを損なうおそれがあった初期の技術とは異なり天空のジュークボックスはインセンティブを確保する能力を備えているのである。

逆説的なことに、デジタル革命によって著作権の運用が完全に見通せるようになったまさにそのとき、新しいテクノロジーは著作権それ自体の正統性に疑問を投げかけた。まず、IBMが主導した、コンピュータ・ソフトウェアを著作権というそぐわない保護制度の傘下に置こうというキャンペーンは、（著作権をよく思わない）あらゆる世代の知的財産法学者を（反著作権論者として）団結させてしまうという副次的なダメージを与えた。さらに、デジタル契約のおかげで取引費用がかからないライセンスが誕生したにもかかわらず、ライセンスされていないデジタルコピーの氾濫は、ウィリアム・パッサーノを苛立たせたアナログコピーをも凌駕し、法律の規範的効力を事実上薄めてしまった。同時に、大切な作品がパブリックドメインに入ることを阻止するために、著作権存続期間を二〇年延長するという見当違いの構想が、著作権のパブリックイメージをさらに悪化させてしまったのである。

一九六四年五月、米国著作権局がコンピュータプログラムの（著作権）登録を始めたものの、この新しい対象物を保護するのに著作権は適切な形態ではないかもしれないという予感がうっすらとあった。当時適用されていた五六年という著作権の保護期間は、これほど急速に変化する技術には長すぎるように思われたからである。また、ホームズ判事によるサーカスのポスターに関する判決以降明らかなように、著作権の緩やかな保護基準によって、より厳格な基準をもつ特許法であればパブリックドメインにしてしまうような技術の独占を継続させてしまう可能性があった。しかし、伝統的な法理が荒削りな部分をなめらかにしてくれるだろうという全幅の信頼が寄せられていた。ジョージ・ケアリー著作権局副局長は、当時のとても楽観的な精神にのっとり、「基本的に、コンピュータプログラムは一連の指示書であり、ハウツー本にたとえることができる」という意見を述べた。

新しく、より優れたコンピュータプログラムへの投資という観点からは、伝統的に適用されてきた著作権では、これらの製品の最も価値のある要素である「どのように《ハウツー》実行するか」という部分を保護できないという点が問題になる。少なくとも一八七九年以降、米国の裁判所は実用的なプロセスや方法に対する著作権保護を差し控えてきた。その一八七九年に最高裁判所は、新しい簿記システムを説明する文章の著者に対して、システムを説明するために使用したまさにその言葉には著作権があるが、システムそれ自体は特許法でしか保護できないと判断したのである。議会は一九七六年著作権法を可決した際、このルールを明文化し、著作権はいかなる「アイデア、手順、プロセス、システム、操作方法、コンセプト、原理または発見」にもおよばないと規定した。

特許法では、権利が厳格だが審査基準も厳格で、存続期間が二〇年と比較的短いため、技術的な発明への投資をうながすと同時に、市場に不当な独占が生じないようにうまく調整されている。しかし、特許庁は、一九八〇年代に殺到した新たなソフトウェア特許出願に対する準備ができておらず、特許制度自体がソフトウェアメーカーのニーズに対応できていなかった。すなわち、ソフトウェア分野に精通した特許審査官がなかなか見つからず、コンピュータプログラムの進歩性を測る基準の「先行技術」に関する情報もわずかしかなく、特許審査プロセスには数万ドルの費用と三年かそれ以上の時間(たいていの場合はもっと長い時間)がかかり、それはプログラムの耐用年数をはるかに超えていた。また、特許庁が認めた特許のうち法廷での異議申立てに耐えうるものはほとんどなかった。当然のことながら、自社製品の命運を特許制度に委ねようとするソフトウェアメーカーは比較的少なかった。

コンピュータプログラムに対する著作権保護は、いくつかの点ではるかに魅力的だった。当時の著作権登録に必要な二〇ドルを払えば、ソフトウェア設計者は、長期にわたる綿密な特許審査プロセスを経ることなく連邦裁判所に直接訴えることができ、著作権侵害に対する広範な法的救済措置(差止め、侵害物品の差押えおよび破棄、法定損害賠償ならびに弁護士費用)を受けることができた。しかし、著作権はあらゆるプロセス、システム、操作方法に対する保護を明示的に除外しているため、ソフトウェアメーカーは、ユーザーがコンピュータの能力を利用できるようにする方法やプロセスという、自社製品の最も革新的で機能的な要素を法律が保護してくれるとは現実的に期待できなかった。それでも、一九八〇年代を通じて、多くのソフトウェアメーカーは著作権に運命を託した。著作権法ならではの、緩やかなホームズ流の寛容な保護基準と、ほかに保護手段がない場合には著作権を拡大するという司法の本能とがあいまって、プログラムの基礎となる方法に対する投資を保護してくれるのではないかと期待していたのである。

一時のあいだ、このような期待に応えてくれた裁判所もあった。一九八六年、コンピュータプログラムの著作権保護の範囲に関する最初の重要な判決において、連邦控訴裁判所は、歯科技工所のマネージメントに用いるコンピュータプログラムについての著作権は、プログラムのコードで示されたまさにその文字列だけでなく、プログラムの「構造、配列、構成」も含まれると判断した。裁判所によれば、プログラムで唯一、保護できない要素は、その画期的なコンセプト、すなわち「歯科技工所の効率的な組織化」であるという。この判決は、おそらくある種の荒っぽい正義を実現したのだろうが、ここ一世紀にわたる著作権法の理論から大きく逸脱している。もし裁判所が『ロミオとジュリエット』のような伝統的な文学作品も同じように扱うとしたら、あらゆる先例に反して、著作権は、キャラクターのタイプや歴史的な出来事、非常に古くからある物語のお約束など、戯曲のあらゆる要素を保護するが、「敵対する一族同士という不幸な星の下に生まれた恋人たち」という、この劇曲の最も基本的なコンセプトだけは保護しない、と判断しなければならないだろう。

著作権が機能性の保護を除外しているのは、文学や芸術に対する法の配慮に深く根ざしている。芸術に対する社会の関心は、芸術作品のあいだで可能な限り幅広い差別化が図られることによって最もよく満たされる。結局のところ、芸術の方法論というものは、個々の作家の視点を言語や描線、音楽のなかに織り込むことである。それとは対象的に、科学や技術の目的は機能的であり、技術的解決策を増やす方向に割かれる資源は少ないが、その解決策をよりよくするためにはより多くの資源が割かれる。著作権のアプローチが豊富な表現に投資を向けるのに対し、特許のアプローチは効率的な表明に投資を向ける。スタンフォード大学のブラッドリー・エフロン教授（統計学）は、この違いを「もしシェークスピアが子どもの頃に亡くなっていたら、我々は『ハムレット』を見ることができなかっただろうが、もしニュートンが子どもの頃に亡くなっていたとしても、我々は今日、間違いなく微積分ができるはずだ」と述べている。もちろん、それは科学の大きな利点でもある。微積分を目にしたあとには微積分をより発展させることができるが、改良された『ハムレット』なるものを想像するのは難しい。

著作権法には若々しい自己修正能力がある。歯科技工所判決では回り道をしてしまったが、数年のうちに、コンピュータプログラムの著作権保護の問題を扱ったほとんどすべての連邦控訴裁判所は、主流派の解釈に回帰した。広く支持されたある判決で、第二巡回区控訴裁判所は、著作権は競合他社がコンピュータプログラムのコード行の表現内容をコピーすることを禁じているが、保護可能な表現と保護不可能なアイデアとの区別により、プログラムの最も効率的な動作に不可欠な基礎的要素をコピーすることは自由であるとしたのだ。「一連のモジュールがより効率的になればなるほど、それはプログラムの構造の特定の側面に体現されているアイデアやプロセスにより近づく」。

パソコンを使ったことのある人ならば、著作権が実際には革新的なソフトウェアの保護に失敗しているのではないかと疑問に思うのも無理はない。表計算プログラムやデータベース管理ソフト、DTPプログラム、ビデオゲームなど、非常に創造的なソフトウェアがかつてないほど市場にあふれていた一九八〇年代、これらの商品の保護に著作権が知的財産権のなかで最も使いやすそうな法源であった。このようなきらびやかで素晴らしいイノベーションへの投資を著作権がサポートできたのであれば、著作権にはどんな欠陥があるというのだろうか?

その答えは、この投資の大半を保護していたのは著作権ではなかったということにある。州の営業秘密法が、同じくらい、もしくは著作権以上に重要だったのである。プログラマーがコンピュータプログラムで書く「ソースコード」は人間に判読できても、それを実行するコンピュータには判読できない。ソースコードがコンピュータで実行されるためには「オブジェクトコード」形式に変換されなければならないが、コンピュータに判読可能でも、今度は人間が判読できない。ここでのトリックは、ソフトウエアメーカーは、一般的に、判読不能なオブジェクトコードのかたちでしかプログラムを販売しないという点である。その根底にある判読可能なソースコードを営業秘密として保護することで、プログラムの中核にある革新的なプロセスや手法を競業他社の詮索から隠そうとする。実際、ソフトウェア業界では、ソースコードを企業の「王冠にはめられた宝石」ととらえるのが一般的である。

一九八〇年代から一九九〇年代にかけてのコンピュータと著作権に関する議論の中心は、ある当事者が「ソフト戦争」と呼んでいた、互換性の問題だった。広く利用されているコンピュータ・プラットフォームの所有者が、著作権を行使して、そのプラットフォーム上で互換運用できるほかのソフトウェアを競合他社が販売できないようにすることは許されるのだろうか？　初期のタイプライターメーカーは、タイプライターの販売を実質的に独占することができたにもかかわらず、QWERTYキーボード配列の著作権を保護しようとはしなかった。競合他社の異なる配列をマスターするために、すでに覚えたQWERTYキーボード配列を捨て去るという労力を喜んでするユーザーはほとんどいないからだ。だがそれとは対照的に、コンピュータ会社にとっては、ハードウェアやソフトウェアのプラットフォームを独占するために、そのプラットフォームへのアクセスを制御するインターフェースの著作権を確保したいという誘惑が圧倒的に強かった。

一九八四年、アップルコンピュータは、パーソナルコンピュータ「マッキントッシュ」を発表し、驚異的な成功を収めた。マッキントッシュが成功した理由の一つは、従来ユーザーがコンピュータを操作する際に入力しなければならなかった所定のコマンドを、視覚的で直感的に理解しやすいグラフィカル・ユーザー・インターフェース（GUI）に置き換えたことによる、使い勝手の良さにあった。マッキントッシュのユーザーは、手元のマウスを操作して、画面上のポインタをいくつもあるアイコンのどれかに動かすことができる。たとえば、ファイルを削除するには、画面上でそのファイルのアイコンをゴミ箱のアイコンにドラッグして入れるだけでよい。マイクロソフトとヒューレット・パッカードが、類似のGUIであるウィンドウズとニューウェーブを競合するコンピュータに搭載すると、アップルはマッキントッシュのインターフェースである「ルック・アンド・フィール」の著作権を侵害したとして訴訟を提起した。

アップルは巧妙な戦略でマッキントッシュを販売していた。マッキントッシュ用のアプリケーション・プログラムを作成する他のソフトウェアメーカーに、マッキントッシュのGUIの使用を義務づけることで、マッキントッシュの実用性を高め、結果的に売上を伸ばしたのである。コンピュータの売上が伸びると、アプリケーション・プログラムの売上も伸び、さらにアプリケーションを作成するインセンティブが高まる。短期間のうちに、マッキントッシュのインターフェースは、魅力的な機能であるだけでなく、標準的なタイプライターのキーボードにほぼ共通するQWERTY配列のように、ユーザーの習慣になっていった。異なるグラフィカル・インターフェースを採用した競合他社は、マッキントッシュの習慣を捨てて新しいフォーマットの操作を覚えてくれるように消費者を説得しなければならない。競合他社がこのマーケティング上の障害を克服するために、マッキントッシュのインターフェースを模倣しようとすれば、著作権侵害で訴訟を起こされる。

だが、一九九二年八月、サンフランシスコ連邦裁判所裁判長ヴォーン・ウォーカーは、アップルのこうした著作権戦略を瓦解させた。アップル対マイクロソフト事件において、「純粋に機能的なアイテム、または機能的な目的のためにそれらを配置することは、テレビやビデオデッキのダイヤル、つまみ、リモコン装置などのような、他の一般的なユーザーインターフェースの例と同様に、著作権の領域を完全に超えている」と判示したのである。ウォーカー判事は、「このようなユーザーインターフェースの機能的要素の類似性や、同種の製品におけるそれらの配置の類似性は、違法なコピーを示唆するものではなく、機能的な配慮のための競合製品間での標準化を示唆するものである」と付け加えている。アップルの「ルック・アンド・フィール」の主張を認めると、ウィンドウズやニューウェーブだけでなく、「標準化された機能のインターフェースを搭載している他のデスクトップGUIも、アップルの専有の範囲内に収めることを許してしまい、裁判所が歴史的に採用してきた精査を受けずに、アップルが著作権の主張を通せてしまうことになる」とウォーカー判事は結論づけた。

一九八六年の歯科技工所判決が採用したソフトウェアの広範な保護を否定したアップル対マイクロソフト事件のような判決が、ソフトウェアプログラムの基礎となる方法やプロセスを保護するのに著作権が利用できないということを意味するとしても、著作権はソフトウェアメーカーの営業秘密による保護を少なくとも補強することができるだろうか？　コンピュータメーカーが競争を避けるために採用した二つ目の著作権戦略は、コンピュータのOSの奥深くにデジタルロックをこっそり隠しておき、コンピュータ上でアプリケーションを実行するために必要なデジタルキーを、その特権を得るためにお金を払った企業にだけ渡すという方法であった。競合他社のメインフレーム・コンピュータは、IBMよりも速くて安いかもしれないが、潜在的な顧客がIBMのメインフレーム用に購入済みの高価なアプリケーションを競合他社のマシンで実行できなければ、競合他社はその顧客を自社製品に引き込むことができない、という具合である。

IBMをはじめとする既存のコンピュータ・プラットフォーム企業がとった戦術は、デジタルロックとキー（いわゆるインターフェース仕様）を営業秘密として保持することであった。営業秘密法では、競合他社が、いわゆるリバースエンジニアリングによって市場に出回っている製品を調査し、必要に応じて科学的、電子的な分析をおこない、潜在する秘密を識別することは、合法的な営業秘密攻略方法として許容されている（営業秘密法のもとでは、誰もが自由に、コカコーラのサンプルを科学的に分析してその秘密の製法を突き止め、推測される製法に従って作った清涼飲料水を販売することができるのである）。同じようにコンピュータプログラムには、リバースエンジニアリングの手法の一つ「逆アセンブル」がある。これを用いて判読不能なオブジェクトコードを判読可能なソースコードに変換し、ソースコードを分析することで、プログラムの根幹にある著作権で保護されない手法を抽出することが可能になる。しかし、これは著作権に引っかかる。逆アセンブルをおこなうには、最初のステップとして、競合他社がプログラムのオブジェクトコード全体のコピーを少なくとも一つ作成する必要があるのである。そのコピーを作成することは、著作権侵害と解釈される可能性があるのだ。

ソフト戦争の最後の大きな戦いは、コンピュータプログラムのうち著作権で保護されない方法やプロセスを発見するという限定的な目的のために逆アセンブルをすることを、著作権法が禁止しているか否かという問題をめぐるものだった。一九八〇年代、ビデオゲームとビデオゲーム機の二大メーカーである任天堂アメリカとセガは、まさにこの逆アセンブルを禁止するために著作権を利用し、競合他社が任天堂やセガのゲーム機で動作するビデオゲームを製造するのを阻止しようとした。両社のねらいは、自社のゲーム機と互換性のあるビデオゲームの市場を、自社製品と、世界で最も人気のある二つのビデオゲーム・プラットフォームへのアクセスにお金を払ってくれる、両社のライセンスを受けたサードパーティー製品に限定することであった。両社は、他社が任天堂とセガのゲーム機でゲームを動作させようとするのであればコピーせざるをえないオブジェクトコードのコード行に関する著作権を主張するという戦略をとった。事実上、両社はゲーム機に電子ロックを組み込み、そのキーについての著作権を主張していたのである。一九九一年一〇月にサンフランシスコ連邦地方裁判所に提起されたセガ対アコレード事件は、アップル対マイクロソフト事件と同じくらい注目を集めた。一九九二年四月、裁判長はセガを支持し、ビデオゲームメーカーのアコレードに対し、セガのビデオゲームのオブジェクトコードをコピーして逆アセンブルし、セガのゲーム機「ジェネシス」のロックを解除してアコレードのゲームをプレイできるようにするためのキーを特定して制作したゲームの販売を差し止める判決を下した。

第九巡回区控訴裁判所はどうやら、事実審裁判所での差止命令が、来たるクリスマスシーズンにおけるアコレードのビデオゲーム販売に影響を与える可能性があることを認識していたようで、この訴訟をファストトラック手続で進め、弁論期日を七月二〇日に設定した。その三か月後、裁判所は全員一致の判決を下したが、それはビデオゲームだけでなく、あらゆるコンピュータプログラムを対象としていた。「逆アセンブルが、著作権で保護されるコンピュータプログラムに具現化されたアイデアや機能的要素にアクセスする唯一の方法であり、そのようなアクセスを求める正当な理由がある場合、逆アセンブルは著作権法上、著作物のフェアユースに該当する」。フェアユースとは、ジョージ・ワシントンの手紙に関する一八四一年の事件で初めて著作権法に組み込まれ、のちにウィリアムズ＆ウィルキンズ事件では米国政府を救うために、ベータマックス事件ではソニーを救うために使われた安全弁であるが、今度は、競合他社の製品と互換性のあるデジタル製品を販売したいビデオゲーム会社やコンピュータ会社に競争の門戸を開いたのである。

判決文を執筆したステファン・ラインハルト裁判官は、有名な著作権法一〇七条に定められているフェアユースの四つの要素を、順にチェックしていった。第一要素である被告の使用目的は、「問題となっている使用は中間的なものにすぎず、したがって商業的な『利用』は間接的または派生的なものである」として、アコレードに有利にはたらいた。「アコレードの最終的な目的は、ジェネシスと互換性のあるゲームを販売することであった」ものの、「セガのコードをコピーした直接的な目的、つまり著作物の直接的な利用の目的は、既存のゲームを修正してジェネシスで利用できるようにするための、ジェネシス互換の機能要件を調査することにすぎなかった」。さらに「これらの要件を調査する他の方法をアコレードは持ち合わせていなかった」。

一〇七条の第二要素である著作物の性質もアコレードに有利にはたらき、裁判所は「セガのビデオゲームのプログラムには、コピーしなければ調べることができない保護対象外の部分が含まれているため、伝統的な文学作品よりも低い程度の保護しか与えられない」とした。第三要素である著作物からコピーされた量については、アコレードが逆アセンブルの最初のステップとしてセガのビデオゲームの全体をコピーしていたためアコレードに不利にはたらいた。しかし裁判所は、ソニー対ユニバーサル判決を引用して、この事実だけではフェアユースの成立を妨げるものではないと指摘した。最後に、第四要素である市場への影響について、裁判所は、「消費者は容易に両方を購入することができたため」、被告のビデオゲームが原告のビデオゲームの市場に著しく影響を与えたとする根拠はないと結論づけた。

コンピュータプログラムへの投資に知的財産権による保護などまったく必要ないと本気で主張する者はいないだろう。唯一の問題は、どのようなかたちの保護がソフトウェアメーカーと消費者にとって最適かということである。著作権法がコンピュータプログラムに与えている薄い保護にかわるものとして、これらの製品の特別なニーズを満たすように設計されたカスタムメイドの独自立法（スイ・ジェネリス法）による知的財産法がある。このように特別に作られた法律には、十分な前例がある。米国特許法には、椅子やランプベースなどの工業デザインや、果物や野菜の新品種を保護するための独自規定がある。一九八四年に成立した半導体チップ保護法は、半導体チップを製造する際に使用される複雑なメタルマスク〔基板実装時に使用する治具〕を保護するという、半導体業界のニーズにあわせて特別に制定された法律である。はやくも一九六九年には、ＩＢＭの弁護士がコンピュータプログラムの独自保護規定に関する提案を発表している。この提案は、プログラムの三つの要素（コンセプト、文書化、コード・シーケンス）のそれぞれに、五年から一〇年という異なる度合いの保護を与えるというものであった。

独自立法には、その焦点の狭さが美点ではなく欠点であると主張する反対派もいる。たとえば、半導体チップ保護法の鍵となる条項は、すぐに廃れてしまった技術に関連していた。しかし、これは独自立法の発想自体を否定するものではない。著作権法の保護対象の範囲が議会によって定期的に拡大されてきたように、これらの法律も新しい技術に対応するために改正できるからだ。独自立法に対するもう一つの反対意見は、投資家が確実性を最も必要としているまさにその時期に、これらの法律の目新しさが新技術への投資を妨げる可能性があるとする。しかし、コンピュータソフトウェアに対する著作権保護の激動の歴史をみれば、望ましいレベルの革新を目指し、保護対象の特性を考慮に入れた独自立法が、どんなにその結果が不確実であっても、無制約に受け入れたうえで低レベルの保護しか与えないことで、限定的な利益しかもたらさない著作権よりも優れていることがわかる。

もし議会が新しいものを著作権の保護対象とする際に慎重に動くべきであるならば、文学作品や芸術作品の新しい技術的利用を著作権の管理下におく際には迅速に動くべきである。迅速さが必要な理由は、定着化の駆け引きに起因する。家庭内での録音・録画などの私的利用を著作権の管理下におこうとする立法措置の歴史は、いったん新技術が普及し、個人がそれを無料で使うことに慣れてしまえば、議会にその利用を禁止させることは事実上不可能であることを示している。しかし、新しい利用態様の市場は、少なくとも部分的には古い利用態様の市場にとってかわり、新しい市場での無秩序な利用は、生産者から仕事を続けるために必要な収入を奪うだけでなく、人びとの選好に関する、耳を傾けるべきシグナルをかき消してしまうかもしれない。過去五〇年間の最高裁判決から明らかなように、議会が責任について言葉を濁している場合、裁判所はあいまいな条文を新しい技術的利用まで包含させて解釈することを拒否するだろう（このような司法の抑制的な態度は、裁判所の政治的構成とはまったく無関係であるように思われる)。

著作権者は自分の著作物に対するアクセスを、ユーザーの選好におおよそあわせて、しかし大雑把に切り分けてきた。典型的な例としては、小説が発売されたらいち早く読みたいせっかちな読者向けに比較的高い価格のハードカバーを、一年待ってもいいと思う読者向けに安いペーパーバックを用意する、という売り方がある。そしてデジタル技術は、創造的な作品のこれまでにない完璧な価格設定手段を提供してくれた。レコード会社は、比較的低価格で、ユーザーが一度しか聞けないようにウェブキャスターにライセンスを与えてストリーミング配信させることができる。またレコード会社は、価格を段階的に設定して、所定の期間または永久に、無制限で曲を聞けるようにしたり、ユーザーのコンピュータにだけ(期間限定または無期限で)ダウンロードできるようにしたり、あるいはダウンロードに加えユーザーの車に搭載されたプレーヤーや他人のコンピュータにコピーを送れるようにすることもできる。その可能性は事実上無限大である。

価格差別の大きな長所は、消費者の選好に合わせて価格を調整することで、単一価格制の非効率性(それを不公平性と呼ぶ人もいるだろう)を回避できることだ。たとえば、著作権法のファーストセールドクトリンによって、著作権者がいったん書籍やその他の著作物の複製物を販売したら、購入者は著作権者の同意なしにその特定の複製物を他の人に転売または貸与することができる。この法理の効果は、著作権者が特定の複製物の販売から収益を得る機会が一回しかないという点であるため、最初の販売時の複製物の価格は、著作権者が複製物の転々とおこなわれる販売や貸与のたびに収益を得ることができた場合と比べて、通常、より高価になり、一部の購入希望者にとっては手が届かない価格となる(これが、販売用DVDの価格が相対的に高く、レンタル店の料金が相対的に低い理由の一つとなっている。もし映画スタジオが、DVDがレンタルされるたびにロイヤルティを受け取る仕組みだったなら、DVDの販売価格は低くなり、おそらくレンタル料金は高くなるだろう）。したがって、この問題を解決する処方箋は、権利を構造化して、差別価格設定を可能にすることだが、現在の書籍再販のように、取引費用（著作権者と利用者がお互いを探して交渉するためのコスト）が高すぎて差別価格設定をおこなうのが実務上無理な場合もある。

天空のジュークボックスをはじめとするデジタル技術には、ウィリアム・パッサーノによる雑誌の複写料金の支払い請求から、一九五〇年代に関するドキュメンタリー製作のために、長いあいだ忘れ去られていた何十もの録音、ラジオ放送、そしてブラウン管テレビの放送から短い映像製作について、（録音や映像の利用に関する）ライセンス契約をしようとある映画製作者が骨を折った例にいたるまで、著作物のフル活用を長いあいだ妨げてきた取引費用問題の解決を期待できる。しかし、取引費用の問題は、創造的な著作物の新たな利用態様をカバーするために著作権を拡張すべきか否かに関する、あらゆる判断の核心に根強く存在している。歴史的にみても、議会は著作権法を拡大して私的利用に保護をおよぼすことに対して、取引費用が原因で著作権者とユーザーはライセンス交渉ができないのが普通だという理由から拒否してきた（ウィリアム・パッサーノは、一〇ドル分のライセンスを集めるのに五〇ドルを費やしたが、これは法的指針を確立するためであって、通常のビジネス実務としてではなかった）。著作権法一〇八条が定める図書館における複製の権利制限規定や、ウイリアムズ&ウィルキンス事件およびベータマックス事件で適用されたフェアユースの原則は、いずれも取引費用の問題に対する著作権法の対応を示している。このようなコストがライセンス交渉を妨げていることを認識しているため、議会や裁判所は、社会が半分しか得られない（自由に利用できるが著作権者に支払いがない）方が、まったくなにも得られない（利用できず、支払いもない）よりもマシだという現実的な理由から、ともすれば侵害行為に該当する著作物の利用を容認しているのだ。

著作権法が「公の」実演に法的責任を限定しているのも、取引費用に敏感であることを示すもう一つの例である。シャワーを浴びながら流行りの曲を歌っている人に著作権の責任を負わせないと議会が決めた理由は、プライバシーへの配慮というよりも、このような分散した一時的な利用まで特定して交渉することは費用がかかり、成功しそうもないと認識していたからである。テレビやラジオの放送は、著作権法の公の実演の定義に含まれるが、それは比較的少数で、簡単に特定できる放送事業者に責任を課すことが容易だからである。だが、著作物が大勢の人びとに同時に放送されるのではなく、天空のジュークボックスによって、一度に一つの演目がオンデマンドで加入者に送信される場合、裁判所はこれを公の実演と呼ぶだろうか?

著作権政策の方向性を先導してきた取引費用は、固定観念にもなりうる。議会や裁判所は、取引費用が不変であるかのように振る舞うことが多いが、実際には制度的にも技術的にも流動的である。実際、取引費用が非常に高いと思われる領域に著作権を拡大するという決定そのものが、取引費用を削減するために必要な市場の力を活性化させるかもしれない。もしホームズ判事が、一九〇九年の著作権法ではあらゆる商業的演奏が「営利目的」に該当すると同僚判事を説得していなかったら、ヴィクター・ハーバートはシャンリーズ・レストランに対する訴訟で敗訴していただろうし、米国作曲家作詞家出版者協会（ASCAP）はラジオ放送という新しい技術にライセンスを与えようとする際に乗り越えられない障害に直面していただろう。すでに苦境に立たされていたASCAPは解散していたかもしれないし、音楽演奏のライセンスに関する取引費用は克服できないままだっただろう。

天空のジュークボックスは、電子的に保存された作品について、著作権者とユーザーが実質的に電気代だけで個別にライセンス交渉できる技術を展開することで、すでに取引費用を劇的に削減している。著作権者が未来の電子検索システムに作品をデポジットする際には、各作品に値札をつけ、さまざまな利用態様に応じて異なる料金を記載できるようになるだろう。ユーザーが提示された料金でコピーを作ることを希望すれば、システムはコピーを作成し、ユーザーの口座に電子的に請求する。天空のジュークボックスは、雑誌論文のような著作物全体の利用についてだけでなく、わずかで断片的な著作物の利用についてもライセンス交渉の取引費用を削減することができるかもしれない。

取引費用を削減するための制度的な取り決めは、天空のジュークボックスの内外で引き続きおこなわれるだろう。一九一三年に作曲家、作家、出版社が集まってＡＳＣＡＰを設立したように、一九七〇年代なかばには出版社の気鋭の幹部たちが著作物複写料を徴収するためにコピーライト・クリアランス・センター（ＣＣＣ）を組織した。ＣＣＣの活動は、議会が著作権延長を躊躇していることが、いかに取引費用削減のための組織的努力を妨げ、また、いかに大胆な発想がそうした努力を促進しうるかを明らかにしている。ＣＣＣをつくった人たちは、ウィリアム・パッサーノのような因襲を打破する気質は持ち合わせていなかったかもしれないが、パッサーノが提案した、コピー一ページにつき二セントの使用料を徴収するという解決策よりももっと野心的な計画を練っていた。また、パッサーノとは異なり、彼らは早くから出版界や作家のあいだで広く支持されていた。

しかし、作家たちを理事会に加えるという戦略的判断は、当初ＣＣＣの活動の足かせになってしまった。出版社は、ＡＳＣＡＰのような安価で包括的な使用料徴収システムを望んでいたが、作家たちはそうではなかったのだ。初期のＣＣＣを切り盛りした先見性のある、ダブルデイ社副社長アレクサンダー・ホフマンは、作家たちが「個人の創作者が作品をコントロールする能力を、なんらかのかたちで減らしてしまうような前例をつくること」を恐れていたと回想している。彼らを理事会にとどめておくために、ＣＣＣは、ユーザーがコピーした作品すべての対価を確実に支払うための「取引報告サービス」を考案した。出版社は本の最初のページの下部にコピーに支払うべき料金を示す説明文を印刷し、ユーザーはコピーのたびに計算し、定期的に溜まった合計額をＣＣＣに送金し、それを会員に分配するというものである。

このサービスは作家たちの心配をかなり和らげたかもしれないが、記録管理の面では悪夢のようだった。七〇〇人以上のユーザーが登録したにもかかわらず、CCCが報告を受けたのはわずか五五件だった。出版社にとっても、この取引報告サービスは大きな負担となった。一九七八年にCCCから送られてきた最初の印税明細書を見たウィリアム・パッサーノは、簡単な計算をしてみた。「我々の雑誌に掲載された論文の最初のページにCCCサービス対応の説明文を挿入するために、論文一本につき九三セントかかります。記録によれば、一九七八年の最初の六か月間に出版された論文は二六二二本なので、CCCの説明文挿入コストは二四三〇ドルなのに対し、収入は七三二ドルにすぎません」。

苦難の三年間を経て、CCCは窮地に立たされた。ライセンス収入が出版社の参加コストをほとんど補えないのであれば、参加を継続したいという人はほとんどおらず、新規入会する人はさらにいないだろう。会員数が減るということは、ライセンス可能な作品数も減ることを意味しており、わずかな範囲しかカバーしていないライセンスサービスでは、事業を支える支払いをしてくれる加入者を惹きつけ、維持することは困難であった。また、著作権の法的環境にも問題があった。新しい著作権法の一〇八条は図書館による複写のみを対象としており、多くの教育関係者や企業などの図書館利用者以外は、ウィリアムズ&ウィルキンス社事件の判決を読んで、自分たちの活動はフェアユースに該当し、著作権のライセンスを受ける必要はないと判断したのである。ホフマンと理事会は、CCCが生き残るためには、アメと鞭の両方を差し出さなければならないということを理解していた。アメとは、包括的ではないにしても広範な著作物コレクションへのアクセスを約束する新しい低コストのライセンスシステムであり、鞭とは、図書館と同様に企業のオフィスにおいても、ライセンスなしのコピーは著作権侵害になるという、執行可能な法的規制である。

ASCAPは、CCCの新しいライセンス制度である年間許諾サービスの原型となった。この新サービスでは、CCCが各ユーザーの施設内でのコピー行為を監視し、その監視結果を統計モデルに変換して、各出版社の著作物をコピーした回数を算出する。各出版社が意にかなう著作物のライセンス料を指定したのち、CCCは監視に基づく統計モデルを用いて、各ユーザーから徴収すべきライセンス料と各出版社に分配すべき金額を算出することになる。ゼネラル・エレクトリックは一九八四年一〇月にこのサービスの最初の契約者となり、年間一〇万ドル以上の料金を支払ったといわれている。

著作権という鞭を振り回すには、綿密に計画された戦略に基づくテストケースが必要であった。最初の一連の訴訟で、出版社は数軒の「コピーショップ」から迅速に和解を勝ち取った。コピーショップとは、大学教授が著作権で保護された書籍から必要な部分を選り抜いて、授業の必読書として指定する文献集を制作するコピー店のことである。広く知られているケースでは、ニューヨーク大学の複数の教員が地元のコピーショップを使って複製されたコースリーダーを編集していたことについて、出版社がニューヨーク大学から和解の合意を得たというものがある（この事件では、アラン・ラットマンはコピーショップ陣営の反対側についていたようだ。ラットマンは、一九七六年にニューヨーク大学の法学部に着任し、出版社との交渉で大学の法律顧問を補佐していた）。最初に訴訟にいたったコピーショップ事件であるベーシックブックス対キンコーズ・グラフィックス事件では、裁判所はキンコーズのフェアユースの抗弁を否定し、出版社は最終的に損害賠償と弁護士費用として一九〇万ドルの和解金を得た。

次の有名な訴訟は、一九八五年五月に提起されたテキサコ社に対する事件だった。テキサコは以前から、取引報告サービスと契約していたが、CCCの関係者は、同社がコピー枚数を過小報告していると考えていた。この訴訟は、ウィリアム・パッサーノが米国政府を相手取って提起して敗訴した訴訟と恐ろしいほど多くの共通点があった。米国国立医学図書館（NLM）や米国国立衛生研究所（NIH）と同様に、テキサコも従業員による利用のために雑誌論文を一部コピーしていた点、従業員は海賊ではなく研究者であった点、法廷で主張されたのはほんの一握りの侵害行為だけだった点、出版社は著者に論文の対価を支払っていなかった点、論文は科学的で事実に基づいた著作物であり、しばしばフェアユースが認められるタイプの著作物であった点などである。

しかし出版社側には、有利にはたらく二つの特徴的な事情があった。NIHやNLMとは異なり、テキサコは営利企業であり、最高裁がベータマックス事件で編み出した公式に従えば、テキサコの活動が出版社に商業的な損害を与えていないことを証明するのは困難な作業であった。また、出版社が長々と説明する収入の損失は、パッサーノが主張して失敗した購読料の損失とそっくりだったが、出版社はパッサーノが主張できなかった、ある経済的な主張を加えることができた。それは、CCCが失った収入である。

一九九二年七月二三日、マンハッタン連邦地方裁判所は、CCCの存在によって無許可コピーに関するあらゆる口実が取り除かれたという主張に強く依拠して、出版社に有利な判決を下した。著作権に関する判決でミクロ経済学の専門用語が使われることはほとんどないが、ピエール・レヴァル判事によるテキサコ判決は例外であった。レヴァル判事は、「コピーの作成に対する著作権法の適用を悩ませてきた問題は、少数の複写物を作成する場合にライセンス契約締結に到達するための取引費用である」と述べ、「二ドルの著作権使用料は、容易に数百ドルの取引費用を発生させ、多くの無駄な時間を費やすことになるかもしれない」と指摘した。しかし判事は、CCCを例に挙げ、「このように、民間による協力的な創意工夫によって、乗り越えられないと思われていた問題に実務的な解決策を見出した。テキサコは、一九七三年にNIHが請求裁判所に提出して成功したのと同じ主張をすることはもはやできないのである」と結論づけた。控訴裁判所はレヴァル判事の判決を支持し、最高裁は上告を却下した。

著作権の取引費用をデジタル技術で解消することがどうやっても無視できなかったとしてもデジタル技術によってライセンスが可能となる状況が実現することを見込んで、議会が法で規制されていない利用態様に対して排他権を迅速に拡大するというケースは歴史上ほとんど存在しない。このような消極的な姿勢は理解できる。有権者は、以前は無料だった利用に税金を支払うことに反対するだろうし、投資家は市場がないかもしれない技術を支援することに難色を示すだろうし、隙間を埋めてくれるASCAPやCCCのような（著作権）集中管理団体も出現しないかもしれない（米国とは異なり、考えられるほぼすべての著作権利用態様について（著作権）集中管理団体が存在する多くの国では、この問題はそれほど大きくないことがわかっている）。少なくとも米国では、著作権という織物のこの部分は、今後もほつれ続けるだろう。

取引費用のもう一つの形態は、法の適用範囲の不確実性である。ブルース・リーマンが起草した一九九五年の白書を受けて、どの電話会社も、そのネットワークを通過する何十億もの一時的なデジタルコピーが著作権侵害責任を問われることはないとは自信をもって言えなかった。また何百万ものウェブサイトにユーザーを誘導するインターネット検索会社も、そのなかには間違いなく著作権侵害コンテンツを提供しているサイトも含まれているから、完全には安心できなかった。これらの企業にアドバイスをする弁護士は、質問攻めにあっていた。すべてのウェブサイトをチェックすると膨大なコストがかかるのであれば、なにもチェックせずにすませられないのか？　児童ポルノなど著作権と関係のない、特に攻撃的なウェブサイトだけをスクリーニングしていた際に不審な海賊版サイトに出くわした場合、その海賊版サイトをブロックしなければ、著作権侵害の責任を負うのか、等々。

この白書の発表を受けて、著作権者、電話会社、インターネットサービスプロバイダは、立法こそが唯一の答えだとの結論にいたった。彼らの妥協案は、ビル・クリントン大統領が法案成立の署名をした、一九九八年デジタルミレニアム著作権法（DMCA）の第二章に結実した。これは、サービスプロバイダに対する五つのセーフハーバーを規定したもので、所定の基本ルールに従いさえすれば、著作権侵害に対する金銭的救済から完全に免責されるというものであった。「通過的デジタルネットワーク通信」に関するセーフハーバーは、基本的に、電話会社に対して、ユーザーが選択した対象物のオンライン通信を、ユーザーが指定した地点間で、変更を加えずにルーティングするという、伝統的な電話通信の範疇にとどまることを求めている。グーグルやユーチューブ等の検索サービスやストレージサービスを提供するインターネットサービスプロバイダに対しては、DMCAのセーフハーバーは、主に、著作権侵害の通知を受けたときに、プロバイダが速やかにリンクを解除したり、侵害コンテンツを削除したりすることを条件に金銭的責任を免除するとしており、これらの通知は通常、著作権者自身がおこなう（DMCAのいわゆるノーティス・アンド・テイクダウンの手続）。

著作権の功利主義的な原則へのコミットメントが試されるという意味で、著作権の保護期間をどれほどの長さにすべきかという問いほど、法律の正統性について深い考察をうながす著作権の問題はない。だからこそ、ドナルドソン対ベケット事件で、英国の貴族院が数週間にわたって繰り広げた、著作権は永遠であるべきか、期間限定であるべきかをめぐる議論が、エドマンド・バークやデイヴィッド・ギャリックのような文豪たちからも広く注目を集めたのだろう。英国の保護期間を著作者の死後六〇年へと延長すべきとの提案に関する一八四一年の庶民院討論会では、トーマス・バビントン・マコーリーが、もしジョンソン博士が自分の著作権が一八四一年にも存続していると知っていたら、もっとやる気を出して昼前に起床していただろうかという質問をして、この問題を提示した。

一九九七年に、米国の著作権保護期間を二〇年延長して、著作者の死後七〇年とする案が提案された際には、そのような喧騒はみられなかった。実際、改正はほとんど波紋を広げずに通過し、上院と下院の公聴会で証言した一八人の識者のうち、アメリカン大学ロースクールのピーター・ジャシー教授を除く全員が、この改正案に賛成の立場だった。過去の保護期間の延長と同様に、議会は、保護期間が著作権のインセンティブに与える影響についての難しい実証的な問題を回避し、他国で制定された延長を単純に反映させただけだ。一七九〇年制定時の米国著作権法は、英国の制定当初の保護期間である一四年(一度だけ更新して一四年延長可能)に倣ったものであった。約二百年後に出された、著作者の死後七〇年に延長するという提案も、欧州連合が一九九三年の保護期間指令で期間を延長したことに倣っている。

EU保護期間指令には、米国の著作権者らが新しい欧州の保護期間にあわせようという提案に飛びつきたくなるある工夫が含まれていた。この指令では、著作物が最初に創作された国が、米国の著作者の死後五〇年という期間のように、新しい欧州の保護期間よりも短い期間を与えている場合、その国で作られた著作物は、EU諸国では短い期間しか保護されないことになるのである。シンガーソングライターのボブ・ディランは、上院公聴会の準備声明のなかで、国際著作権法の複雑さを熟知していることを明らかにし、「短い方の保護期間のルールが適用されてしまうので、我々の著作物は、欧州で同じ時代に作られた著作物よりもずっと前に保護が終わってしまうだろう。S・483〔保護期間延長法案〕の制定は、米国と欧州の著作物の競争条件を平等にし、米国のクリエイターにとっての不公平を是正することにおおいに貢献するだろう」と主張した。欧州での不平等な扱いという「不公平」は、たしかに米国における保護期間延長の単なる口実以上だったが、米国で著作権が切れようとしている多くの重要な作品に対して「公平」な主張をすることはさらに困難だった。ジョージ・ガーシュインの『ラプソディー・イン・ブルー』は一九九八年、『華麗なるギャツビー』は二〇〇〇年、『ミッキーマウス』は二〇〇三年、『風と共に去りぬ』は二〇一四年にパブリックドメインに入ることが決まっていた。

保護期間延長の賛成派は、この欧州との不公平論に加え、予備の主張も用意していた。全米ソングライター協会会長のジョージ・ディヴィッド・ワイスは、下院小委員会で、「著作権がパブリックドメインになると、概して利益を得る者はなく、損失を被る者がいるだけだ」と証言した。「音楽出版社や著作物を管理する者が、投資を回収したり利益を得られる可能性がほとんどないのに、パブリックドメインの作品を利用したり、修復したりするために資金を投じるのはなぜか」と彼は問いかけた。この反語調の問いかけに、委員会メンバーは異論を唱えようもなかったが、ジャシー教授は完璧な返答を放った。「パブリックドメインの議論を、古典の高品質な復刻版のコストが、安価で作られる大量生産のペーパーバックよりも高いか安いかという問題に集中させることは、パブリックドメインの概念を矮小化するものであり、さまざまな世代の創造的な人びとが新たな価値をもつ想像力のある別の作品に作り変える素材の供給源という、パブリックドメインのより中心的な機能を見落としてしまうことになる」。デジタル複製機能の将来性に期待するならば、パブリックドメインにあるオリジナルの完璧な複製物を作るのには、ほんのわずかの資本投資ですむだろうとジャシー教授は付け加えたかもしれない。

保護期間延長がこれほど簡単に立法過程を通過した理由の一つは、家庭内録音・録画や複写の話とちがって、この提案には天敵がほとんどいなかったからである。改正法案が可決されたあと、ボストン・グローブ紙に掲載された記事では、「保護期間延長の物語は、……一部の人に利益を集中させる一方で、すべての人にコストを分散させるような法案に対して、ワシントンで反対運動を組織することがいかに難しいかを示す教科書的な例である」と指摘されている。この法案の成立には、政治的な力も重要な役割を果たした。コングレッショナル・クオータリー誌のアラン・K・オータによる詳細な報告には、まったく別の著作権法案をめぐる立法が行き詰まり、保護期間延長法案が脇においやられてしまったとき、ディズニーのマイケル・アイズナー会長は上院多数党院内総務のトレント・ロットに会ったと書かれている。ロットは後に、アイズナーとのやりとりについて「彼は著作権法案の推移に非常に興味をもっていた。そのことは検討に値し、改正を進める必要があると考えている。私は彼に同意する」と述べた。その三週間後、ユニバーサルスタジオの敷地を訪れたニュート・ギングリッチ下院議長に、複数の映画スタジオのCEOたちが著作権保護期間延長案を進めることを迫った。AP通信の記事によると、下院の法案の最初の法案提出者一三人のうち、一〇人がディズニーの政治活動委員会から献金を受けており、なかでも著作権小委員会の委員長と上級委員はそれぞれ五〇〇〇ドルの献金を受けていたという。上院では、一二人の法案提出者のうち八人がディズニーの資金援助を受けていた。議会閉会間際の一九九八年一〇月七日、延長法案は上院の議場に提出され、全会一致で通過した。下院でも同日、賛成多数で可決された。その三週間後、クリントン大統領は著作権保護期間延長法（CTEA）に署名し、同法が成立した。

CTEAは「少数の人に利益を集中させ、すべての人にコストを分散させる」提案の成功を享受した実例であるが、その分配されたコストでさえも、一部の者にとってはほかの一般市民よりも痛手になる可能性がある。その一人、エリック・エルドレッドは、一九九五年に非営利のウェブサイトを立ち上げ、『緋文字』を皮切りに、パブリックドメインにある古典作品の高品質な電子版を配布した。同サイトには一日あたり二万件ものアクセスがあり、古典作品の高品質版の保存を維持できるのは著作権だけだという主張が偽りであることを示していた。CTEAによって、一九二三年に出版された二作品を自分のサイトから外さざるをえなくなったとき、エルドレッドは、当時三七歳にして法律とデジタル環境の交叉領域について米国で最も創造的な思想家の一人としての地位を確立していた、ハーバード大学法学部教授のローレンス・レッシグに相談した。レッシグは、新法の合憲性を争う裁判の原告代表であるエルドレッドの代理人を務めることに同意した。

エルドレッドの訴訟がコロンビア特別区の事実審裁判所から連邦最高裁判所へと進むにつれ、レッシグが法的に重要視した点は変化していったが、著作権のまさに根幹から他に類を見ない一つの論点が浮上してきた。それは、憲法は議会に著作権と特許に関する立法権限を付与しているが、「学術および有益な技芸の進歩を促進する」ために権限を行使することが求められており、これを実現できない法律は憲法上問題があることを示唆しているという論点である。ほとんどの経済学者は、将来の著作物に対する保護期間延長の報酬は、創作に対する実際のインセンティブを提供するにはあまりにも迂遠であることに同意するであろうから、レッシグは、この根拠に基づいて攻撃すれば、法案全体を無効にできる可能性があることをわかっていた。しかし、慎重な戦術家であるレッシグは、そうではなく、既存の作品に関する保護期間延長についてのみ異議を唱えることにした。その方が、延長に反対する訴訟としての説得力がおおいに増すからである。いったん創作された著作物にそれ以上の投資のインセンティブは必要ないという命題に対して、いったい誰が反論できるというのだろうか。

連邦地方裁判所はエルドレッドの合憲性に関する訴えを退け、連邦巡回区控訴裁判所の三人の裁判官の合議体でも同様に退けたが、そのうち一人の裁判官は反対意見を述べた。最終的に、最高裁も、二人の裁判官が反対意見を述べたものの、エルドレッドに不利な判決を下した。保護期間延長が経済学的に疑問を覚えるものであっても、法廷を動かすにはいたらなかった。ルース・ベーダー・ギンズバーグ判事は多数意見で「我々はこの秩序に関する議会の決定や政策判断を、それがどんなに議論の余地があるものであろうと、あるいは明らかに賢明でないものであろうと、勝手に後知恵で批判することはできない」と述べた。重要なのは憲法であり、「保護期間延長の目的で将来の著作権と既存の著作権を同等に扱うという議会の一貫した慣行を継続しているＣＴＥＡが、著作権条項に基づく議会の権限行使として許されないと結論づけることはできない」としている。仮に裁判所が、創造的活動へのインセンティブを与えられないという理由で保護期間延長を無効とするならば、議会の著作権に関する他の権限行使（たとえば、著作権の対象範囲の拡大や、法定の排他的権利の拡大）も、同様に司法審査に服することになってしまうではないか、というプラグマティズムが裁判所の判断を後押ししたのである。著作権法に対するごくごく小さな立法上の調整であっても、裁判所の後知恵で批判されうることになってしまうだろう。

ジョン・ポール・スティーヴンス判事は反対意見のなかで、既存の作品だけでなく将来の作品にも利益をもたらす、連綿と続く保護期間延長の歴史に依拠した多数派の意見を否定した。「議会が憲法の誤った解釈に基づいて繰り返し行動してきたという事実は、違憲行為が最終的にしかるべき訴訟で争われることになったときにそれを無効にするという我々の義務を緩和するものではない」と述べた。スティーヴン・ブライヤー判事の反対意見はさらに広範囲におよび、既存の著作権と将来の著作権の両方に適用されることを理由に、この法律は違憲であると主張した。ブライヤー判事は、ハーバード大学ロースクールの在職期間中であった一九七〇年に初めて研究した、著作権に関する経済的懐疑論に回帰したのである。ブライヤー判事は「ノーベル賞受賞者五名を含む経済学者グループが提出したアミカス・ブリーフで用いられている分析」に言及し、「たとえば、七五年後の未来から二〇年間にわたって毎年一〇〇ドルを稼げる可能性が一％あるとしても、今日の価値は七セントにも満たないというのが妥当だろう。シェークスピアやウォートン、ヘミングウェイがそんな金額に心を動かされる可能性などあるだろうか？」と指摘した。

法廷で争われたのは保護期間延長の合憲性であってその賢明さではないというリーガリズムは、新聞の見出しにするにはあまりにも細かい指摘であり、最高裁にいたるまでの裁判を追ってきた新聞の社説は、保護期間延長がシンプルに間違っているという、より幅広い批判を展開した。ニューヨーク・タイムズ紙は、連邦議会に法案が提出されていたときは保護期間延長に反対していたが、いまでは「この判決は、将来的には著作権を拡大させるさらに悪い法への道を切り開いてしまうものであることはほぼ間違いない」と警告している。ニューヨーク・タイムズだけではない。ワシントン・ポスト、ウォール・ストリート・ジャーナル、フォーブズなどのさまざまなニュースメディアに掲載された批判的な報道は、著作権に対する一般の人びとの懐疑の輪を大きく広げた。それは一九八〇年代にソフトウェアの著作権を拡大しようとする試みに反対した法学部教授たちの世代から始まり、一九九〇年代には、DMCAの迂回防止策によってパブリックドメインが閉ざされてしまうのではないかと懸念した活動家も加わった。著作権に対する反対は、急速に草の根運動になっていったのである。

次の展開を予想できていた人はほとんどいなかった。

第 8 章

無料との競争

COMPETING WITH FREE

二一世紀にさしかかる頃、米国著作権法に、おかしなことが起こった。二百年ものあいだ、新技術をその射程に取り込むために定期的に拡大してきた著作権法が、デジタルミレニアム著作権法（ＤＭＣＡ）と一九九八年の著作権保護期間延長立法を最後に、事実上、その動きをピタリと止めてしまったのである。二〇一三年三月、著作権改革に向けて通常最初に開催される米国下院知的財産小委員会は、「デジタル時代に著作権法がまだ機能しているかどうかを判断するため」に、一連の公聴会を開始した。しかし、足かけ二年間かけて二〇回開かれた公聴会では膨大な証言がなされたものの、実質的な立法にはいたらなかった。立法活動の凍結は、米国で最も深刻であったものの、ヨーロッパでも同様だった。主要工業国のなかでは、著作権法を欧米基準にあわせようと躍起になっている中国だけが、大きな法改正をおこなった。

立法活動が沈黙していたのは、差し迫った問題がなかったからではない。議会がＤＭＣＡのセーフハーバーを導入した当時、一本の映画をダウンロードするのに数時間かかっていた。いまやダウンロードは数分ですむようになり、著作権侵害の機会は桁違いに増大している。毎日サーバーを通過する無数の著作権侵害作品から距離をおくことを怠ったインターネット・プラットフォームは、侵害品一点につき七五〇ドルから三万ドル（故意の侵害の場合は一五万ドル）の法定損害賠償の判決を受けるリスクがあり、これによりどんなに利益をあげている企業でも破産しかねない。広く支持されていた米国著作権局による孤児著作物に関する法案を米国議会が成立させなかったことは、著作権で保護された作品を素材として利用し、著作権者の所在さえ判明すれば喜んで使用料を支払うであろう多くのクリエイターを深く失望させた。

立法活動が停止した主な理由は、著作権法をめぐる政治経済の変化にあった。歴史的には、著作権者である企業が議会での議論を支配してきた。しかし、新世紀に入ると、映画スタジオ、レコード会社、書籍・音楽出版社は、明らかに、急速に台頭してきたインターネット企業と対等の立場に立たされるようになってきた。二〇一一年、著作権者らが、海外の海賊版サイトへのリンクを提供しているインターネットサービスの責任を拡大するオンライン海賊行為防止法案（ＳＯＰＡ）法案と知的財産保護法案（ＰＩＰＡ）の制定を上下両院にはたらきかけたところ、シリコンバレーの反応はすさまじかった。ウェブサイトには、議員に何百万通ものメールを送ろうという呼びかけがあふれた。ついには、何千ものウェブサイトが一日中閉鎖された。グーグルは、通常のホームページのロゴをブラックアウトし、それをクリックすると、「議会に伝えよう　ウェブを検閲しないで！」という呼びかけとともに、最終的に七〇〇万人以上の署名を集めることになる請願書が表示されるようにした。これに対して、議会は、この二つの法案制定作業を棚上げにした。その一か月後、同じように知的財産権の執行強化を目的とした偽造品の取引の防止に関する協定（ＡＣＴＡ）が、欧州で大規模な抗議行動を引き起こし、七月には欧州議会が史上初めて貿易協定の拒否権を行使した。

インターネット企業の大規模性と、そのプラットフォームの人気の高さは、彼らの政治的影響力を支えるのみならず、著作権に反対する理由それ自体にもなっている。プラットフォームは、ネットワーク効果の経済性を利用して繁栄している。ネットワーク効果とは、あるシステムが多くの人に利用されればされるほど、その価値が高まるという現象である（電話システムは、ネットワーク効果の初期の例である）。グーグルやユーチューブのように、プラットフォームの成長をユーザーに依存し、その収益を広告に依存する場合、ユーザーを惹きつけて広告を表示させるだけでなく、ユーザーをプラットフォームにとどまらせてさらに広告を表示させる必要がある。娯楽や情報ほど人を惹きつける魅力はほかにない。そしてプラットフォームがこのコンテンツを無料で入手できるなら、それに越したことはないのだ。ユーザーがビデオをストリーミングやダウンロードするたびに著作権使用料を支払うことになれば、プラットフォームの基盤とサービスの価値は縮小してしまうだけだからである。このように、著作権への抵抗は、プラットフォームの経済的基盤に、最初から織り込み済みなのである。

停滞する著作権問題を解消するために、二つの立場の変化が予想される。第一に、伝統的メディアが歴史的に負ってきた規制負担を要求されるとイノベーションが損なわれるという企業の主張が弱まるにつれて、インターネットに長らく政府の規制がおよばなかった状況が終焉に近づきつつあることである。二〇一八年までずっと、米国議会の委員会は、ヘイトスピーチ、フェイクニュース、性的人身売買の広告を掲載してユーザーのプライバシーを危うくするインターネット企業の役割を調査してきた。インターネット上のいわゆる「荒れた西部（ワイルドウェスト）」を文明化しようという政治的意思が初めて出現するかもしれない。それに加えて、広告ブロック技術の普及によって広告収入モデルにかげりがみえてくると、インターネット企業は、アップルの初期の例に倣って、エンターテインメント企業とのあいだで著作権ライセンス契約を締結し、ユーザーにコンテンツの対価を課金する体制を整え始めた。遅ればせながらも、インターネット業界が天空のジュークボックスに自分の五セント硬貨を入れようとしている証左である。

こうした進展が、著作権を、立法課題というお馴染みの場所に戻す可能性は、高いように思われる。しかし、そうなったとき、新たに携わる立法者が直面する著作権市場は、二〇年前の市場とは別ものだろう。特に、無料の作品が驚くほど普及している点が異なる。著作権市場には、これまでも常に無料の作品が存在していた。たとえば、書店で買うのではなく公共図書館で借りた本や、コンサートホールで聴くのではなく放送ラジオで聴いた音楽などである。ただし、著作権者は、図書館が蔵書のために本を購入したり、放送局が音楽のライセンス料を支払ったりすることで、常にこれらの商品の対価を得ていた。これに対して、今日の著作権者は、決して支払われることのない財と競争しており、その量は過去のどの時代よりもはるかに多い。このような無料の商品のなかには海賊版もある。しかし、非常に多くの無料のコピーは、もっぱら合法だ——著作権法のもとで拡大されたフェアユースという特権として流通しているものもあれば、サミュエル・ジョンソンの「金も入ってこないのに物書きをするのは馬鹿だけだ」という言葉を試すかのように、金銭的報酬を期待も望みすらもしないアマチュアクリエイターのノートパソコンから送り出されているものもある。

二〇〇二年、全米映画協会会長のジャック・ヴァレンティは、著作権で保護された映画のインターネット上での海賊行為に対して、「どんなビジネスモデルも無料には対抗できない」と激しく非難した。ヴァレンティの主張には、前例がないわけではない。一九五〇年代には、ハリウッドは、無料でのテレビ放送を阻止しようとしていた。この新しい技術によって映画館がリビングのカウチソファにとってかわられてしまうことを恐れたのだ。一九八〇年代には、ビデオデッキが映画会社の標的となり、ヴァレンティは、ビデオデッキが興行収入を脅かすさまをボストン絞殺魔になぞらえた。しかし、このような立法措置から十年も経たないうちに、悪者扱いされていたテレビ、そしてビデオデッキは、映画産業の強力な収益源となった。インターネット技術はこれらの先駆者たちとは異なるのか。それとも、インターネットもまた、著作権産業にとってさらに大きな利益を生み出す源泉となるのか。グーグルブックス事件に代表されるように、フェアユースの法理が劇的に拡大し、また無料の、自費出版された娯楽や情報がかつてないほど氾濫している。そうすると明日の立法者は、著作権が、無料というなにかと競争できるか否かを初めて問う必要があるかもしれない。

二〇〇二年、グーグルの共同創業者であるラリー・ペイジは、同社のCEOであるエリック・シュミットに、一度の操作で本の表紙を切り取って内容をデジタル化できるブックスキャナーを披露した。これは、これまでに出版されたすべての書籍をスキャンしてデジタル化し、その内容をグーグルの検索エンジンのように広くアクセスできるようにして、「世界中の情報を整理し、世界中の人びとがアクセスできて役に立つようにする」というグーグルの創業目的を実現するための壮大な計画の始まりだった。グーグルが次に取り組んだのは、これからデジタル化する数百万冊におよぶ図書館所蔵の書籍を、三つのカテゴリーに分けることだった。すなわち、パブリックドメインになっていて自由にコピーできる古い作品、同社がライセンス供与を求める著作権者をすぐに特定できる最近の作品、著作権者の追跡やライセンス取得が容易ではなく、だからこそフェアユースの対象になりうる(とグーグルは期待している)膨大な数の孤児著作物、という三つのカテゴリーである。

この三つのカテゴリーは、いずれも課題を欠くものではなかった。大雑把にいうと、一九二三年以前に出版された作品は、米国ではパブリックドメインに入っており、法的には誰でも自由にコピーすることができる。しかし、抽象的になら簡単に日付で線引きできるが、実際に作品の出版日を特定しようとすると危険がともなう。出版という法的概念は非常に専門的で、時代とともに変化しており、関連する行為が八十年以上前の場合には特に確認しにくいためである。最近出版された書籍については、グーグルの計画では、ユーザーの検索で書籍のタイトルが表示されるたびに「この本を買う」というオンライン書店へのリンクを提供し、売上を伸ばすことを提案して、出版社に表示を許可してもらうことを目指していた。しかし、このカテゴリーにも著作権リスクがあった。書籍の出版契約では、電子出版権が著者に留保されている場合があり、各書籍の出版契約を一つ一つ確認しなければ電子化権者が著者なのか出版社なのかという問いに答えられないからである。最もやっかいなのは三番目のカテゴリー、孤児著作物である。というのも、許諾を得るための当該著作権者に関する情報が手に入らなければ、グーグルのデジタル化プロジェクトは、フェアユースとして認められない限り、かつてない規模の著作権侵害を構成してしまうからである。

二一世紀初頭に議会が著作権政策の舞台から撤退してしまったため、既定路線どおり、米国の裁判所が著作権改革の主戦場となった。これもまた既定路線であるが、司法により生み出されたフェアユース法理が、裁判所が著作権を新技術に適合させるための仕組みとなり、グーグルのデジタル化プロジェクトが著作権法上の責任から免除されるというグーグルの希望を支えることになった。一九七三年のウィリアムズ&ウィルキンス判決は、米国国立医学図書館が医学雑誌の記事を複写することはフェアユースにあたると判断したものの、これはグーグルのプロジェクトにはほとんど役立たなかった。図書館での使用は非営利的であって、グーグルの複製のように新規ユーザーや広告収入を得るためではなく、その目的は医学研究であって純粋な好奇心ではなく、さらに研究者からの特定の要求に応じて作成された論文の複製を問題としており、グーグルのように書籍全体について数百万冊単位で無差別になされる複製ではなかった。

グーグルは、近年公表された変容的利用の法理、つまりパロディをフェアユースの範囲に含めた一九九四年のプリティ・ウーマン事件で最高裁が採用した法理に免責の望みを託していた。この法理を、どうにかしてグーグルのデジタル化計画にも適用できないだろうか。ここでグーグルは驚くべき幸運に救われた。二〇〇五年九月二〇日、米国最大の書籍著作者団体である全米作家協会が、グーグルが著作権で保護された数百万冊の書籍を組織的にデジタル化したことによる「大規模な侵害」に対して集団訴訟を起こしたのだが、その訴訟の場が、控訴になれば第二巡回区控訴裁判所で審理されるニューヨーク州南部地区連邦地方裁判所だったからである。連邦最高裁は、プリティ・ウーマン事件で変容的利用の法理を確立した際に、第二巡回区控訴裁判所のピエール・レヴァル判事がハーバード・ローレビューに寄稿した重要な論文に依拠しており、この裁判所は変容的利用の範囲を拡大することに全米で最も意欲的に取り組んでいた。

全米作家協会がほかの連邦裁判所でグーグルを訴えることができたのであれば、なぜニューヨーク南部地区連邦地方裁判所を選択したのだろうか？　たしかに全米作家協会のオフィスはそこにあるが、訴訟を担当する弁護士は、通常、熱心に自己に有利な法廷地を探し回り、最も有利な法廷地で訴訟を提起するものだ。おそらく、答えは、次の点にある。つまり、全米の多くの著作権弁護士と同様に、全米作家協会の弁護士も、パロディのような重要な作品のために作られたルールを、グーグルが数百万単位で作っていた完全なコピーを許すような法理にまで拡大するようなことは、どの巡回区控訴裁判所も、たとえ第二巡回区控訴裁判所であってもやらないと考えていたからだろう。実際、著者らによる訴訟提起五日前に、権威ある著作権関連ブログに投稿された記事は、全米作家協会の弁護士たちの勝訴可能性に対する期待を裏付けるものだった。フェアユースに関する論文の著者であるウィリアム・パトリはブログの投稿のなかで、グーグルのプロジェクトを「素晴らしい」「ぜひ実現してほしい」としながらも、最終的には「この件に関するグーグルのずうずうしいやり方は息を呑むほどであり、実際、彼らがこれまでにおこなってきたことは、私の見解ではすでに著作権侵害である。それは書籍を利用可能な状態にしなかったとしても書籍の複製である」と結論づけていた。

著作権に依拠して生計を立てている著者たちが予想できなかったのは、著作権からの自由に依拠して生計を立てている非常に資金豊富な相手方が、自社サービスを守るためにどこまでやるかということだったのかもしれない。グーグルはすでにフェアユース案件の弁護に相当な経験を積んでおり、全米作家協会の訴訟が進行中だった二〇〇六年には、著作権保護期間延長問題を連邦最高裁まで持ち込んだ活動家の法学部教授ローレンス・レッシグが設立したスタンフォード大学インターネット・社会センターに二〇〇万ドルを寄付していた。その後、このセンターは、フェアユースプロジェクトの設立を発表した。

のことであった。

同センターのウェブサイトによれば、「創造の自由を強化し、重要な公的権利を保護するために、フェアユースの境界を明確にし、拡張することを目的としたさまざまなプロジェクトを法的に支援する」とのことであった。

グーグルは、自らをフェアユースの保護下におくために、手始めに二つの取り組みをおこなった。第一に、研究目的で著作物の一部をコピーすることはフェアユースであるという一九三五年に締結された「紳士協定」に立ち返って、各著作物から八分の一ページ程度の「スニペット（抜粋）」のみをユーザーに提供することにした。第二に、同社は「オプトアウト」計画を採用した。この計画は、孤児著作物の出版社に対して、コピーを希望しない書籍リストをグーグルに提出する機会を与えるために、デジタル化計画を三か月間中断する。その後、グーグルは、出版社のオプトアウトリストに掲載されていない書籍のスキャンを進める、というものだった。第一の戦術の問題点は、グーグルはスニペットのみを表示するが、そのスニペットは、著作権者の同意なしに作成された書籍の完全なデジタルコピーに基づくものであり、またスニペットを集めるとかなりの量になる可能性があることである。第二の戦術の問題点は、著作者の同意は付与ではなく留保されているものと推定される、という何世紀にもわたる社会規範をくつがえしてしまうことである。グーグルのオプトアウト方式の提案は、いかにその意図が穏当なものであったとしても、かつて同社が懇意にしていた出版社の反感を買うことになった。全米作家協会が集団訴訟を起こした一か月後、大手出版社五社は、グーグルを相手に自ら著作権侵害訴訟を起こした。

このデジタル化プロジェクトは、さらにもう一つの難関に直面した。巨満の富をもつインターネット企業はフェアユースに一〇億ドルの賭けをしてもかまわないかもしれない。しかし、グーグルのスキャナーに蔵書を供給するよう請われた非営利の図書館が、同じリスクを負ってくれるという根拠はどこにあるのか。この点に関しては、合衆国憲法の奇妙な点がグーグルを救った。合衆国憲法修正第一一条は州に対する民事訴訟を免除しているが、連邦最高裁はこの主権免責を、損害賠償を求める知的財産権訴訟にも適用すると解釈している。そのため、ラリー・ペイジが母校のミシガン大学に接触したとき、この州立大学は、グーグルにデジタル化させた七〇〇万冊の本のなかに著作権のある作品が含まれていても、金銭的負担が生じないとわかっていた。のちにプロジェクトに参加したカリフォルニア大学、テキサス大学、ウィスコンシン大学も同様であった。グーグルの私立大学のパートナーであるオックスフォード大学、プリンストン大学、スタンフォード大学などだけが、パブリックドメインにある著作物だけにグーグルのアクセスを制限した。グーグルは、協力の報酬として、蔵書からコピーしたすべての書籍のデジタル版を各図書館へ無料で提供した。

大抵の訴訟では和解で落ち着くものだが、全米作家協会対グーグル事件のときのように、双方のリスクが大きい場合は、妥協に向けた綱引きは特に強くなる。グーグルにとって、敗訴は、一〇億ドルを超える著作権侵害の判決をもらうことを意味するだけでなく、著作権の束縛から解放されたプラットフォームを拡大しなければならないという同社のほかの計画の足かせとなりうる判例が作られてしまうことをも意味する。著者や出版社にとっては、著作権で保護された何百万冊もの書籍を組織的にコピーして利益を得ることがフェアユースであるという判例が出れば、デジタルライセンスを自ら販売する見込みが事実上奪われることになる。そして、少なくとも米国では、無料との競争を永遠に強いられることになる。このように双方に大きく利害関係があるため、いくつかの手続上の小競り合いを経て、二年半続く和解交渉に突入し、ようやく二〇〇八年一〇月に和解合意書をまとめるにいたったのも当然のことである。この合意書は付属文書を含めて二〇〇頁を超え、出版市場の変革を求めるに等しい内容であった。

今回提案された和解合意書は、著作権はあるが絶版になっている書籍を中心としたもので、グーグルの試算では出版された全書籍の七〇%を占めるという。この合意書では、グーグルは、著作権者への支払いと引き換えに、検索インデックス用にこれらの書籍のデジタル化を続け、多くの場合、ユーザーへの書籍全文表示を継続することになっている。支払いには、スキャンされた各書籍について指定された締切日までに請求権を登録した著作権者への最低六〇ドル、および広告、機関購読、消費者への販売によってグーグルが将来的に得る収入の六三%が含まれる。これらはすべて和解合意書によって設立された版権レジストリに支払われる。個々の作品の価格はアルゴリズムによって設定され、販売データや著作権者による修正に基づいて調整される。

和解合意書の締結にあたって、訴訟を担当する裁判官（本件ではニューヨーク州南部地区連邦地方裁判所のデニー・チン判事）の承認を必要とするものはほとんどない。しかし、著者らは自分たちの訴訟を、法廷にはいない何百万人ものクラスメンバーを拘束する手続上の技術である集団訴訟（クラスアクション）として構成していたため、連邦民事訴訟規則により、チン判事は当該和解合意書が「公正で、適切で、合理的」であるかどうかを判断することが求められた。

学者、プライバシー保護団体、グーグルの競合他社、米国司法省反トラスト局などを含む反対派は、裁判所に対して数百にのぼるコメントを提出した。そのなかには、米国での著作物の繁栄を懸念するフランスやドイツからの鋭い批判も含まれていた。これらの反対意見を前におおいに悩んだチン判事は、両当事者に再交渉するよう、うながした。二〇〇九年一一月に提出された修正和解案は、以前の和解案の範囲を多少狭めたものだったが、それでもグーグルブックスプロジェクトは事実上、オムニバス式のブックストアと購読サービスへと変貌することになった。

この修正された和解案に対して、またもや多くの反対意見が寄せられた。二〇一一年三月、チン判事はこの修正和解案を承認しなかった。チン判事が懸念したのは、グーグルに対して書籍のスニペットだけでなく書籍全体を市場に出すのを認めることで、「訴答手続（訴答手続（pleading）とは、訴訟の冒頭で、

各当事者の主張書面を提出する手続のこと）において想定された範囲をはるかに超えた請求を放棄するこ

とになってしまう」という点であった。また、六八〇〇人という「非常に多くの」クラスメンバーが訴訟から離脱したことや、残留したメンバーが単に過去の損害に対する請求（通常のクラスアクションの範囲）を放棄するだけでなく、「自己の創作物に対する一定の財産権を放棄することになり、沈黙すればグーグルに著作物の将来的使用に対するライセンスを与えたものとみなされる」ことを懸念し、チン判事は提案された合意書案が「公正で、適切で、合理的である」という基準を満たしていないと結論づけた。

この和解の規模が非常に大きいことも、チン判事を悩ませた。チン判事の見解では、「著作権者の許諾を得ずに書籍の大量コピーをしてきた」のはグーグルだけであるため、今回の和解案は、請求対象になっていない著作物に対する事実上の独占権をグーグルに与えることになると考えた。さらに、「グーグルがまず先に許諾を得ずに著作物を複製した上で、著作権者に対して自分の権利を守るために申し出る責任を負わせるというのは、著作権法の目的にそぐわない」とした。この不整合は、和解案に反対する外国人からも指摘されており、米国の著作権条約下で明確に禁止されている。最後に、チン判事は、孤児著作物に関する法律を制定しようとする議会の「長年の努力」に言及し、「孤児著作物の後見人を、誰に、どのような条件で、どのような保護措置をもって任せるべきかという問題は、自己利益を追求する私的な当事者間における合意を通じてではなく、議会によってより適切に決定される事項である」と述べた。

チン判事が言及した孤児著作物法案は、個人や団体から八五〇件以上の意見書が提出された公開調査を受けて、著作権局が起草したものであった。この法案は、孤児著作物問題について今回の和解案よりもはるかにシンプルなアプローチをとっていた。この法案は、「誠実かつ合理的な努力をもって」探索をおこなったが最終的に著作権者の探索に失敗したユーザーに対して、著作権者の救済を「合理的な補償」に限定する。この縮小された救済措置も、使用が非商業的で、著作権者の要求に応じて速やかに中止した場合、完全に免除されることになる。著作権局の法案は、DMCAと大して違わないセーフハーバーをユーザーに効果的に与えるという点で、グーグルの和解案よりも広かった。しかし、このセーフハーバーは著作権者を一冊一冊丹念に探索することを条件としており、グーグルのような大量のデジタル化プロジェクトに対して非現実的な負担を課すことから、グーグルの和解案より狭くもあった。それでも、全米作家協会や出版社だけでなく、グーグル自身や主要な図書館協会も、早くから著作権局に孤児著作物法案の提出を求めていたことは、民間で急拵えした和解案よりも立法の方が優れていることの証左である。二〇〇八年には上下両院の委員会で法案が報告され、上院では可決されたものの、最終的には、グーグルブックス事件の和解案が公表された直後、下院で頓挫していた。

二〇一二年一〇月、出版社の原告は、グーグルと和解した（著作者らの訴訟とは異なり、出版社の訴訟は集団訴訟ではなかったため、和解には裁判所の承認は必要なかった）。しかし、著作者が訴訟を継続しており、チン判事の最初の手続は、主張された著作者のクラス、つまりこの訴訟で彼の判決に拘束されることになる著作者のクラスとして、「グーグルがその図書館プロジェクトの一環として複製した一つ以上の書籍について米国における著作権法上の利益を有する、アメリカ合衆国に居住するすべての人」を認定するか否かを決定することであった。そのときはじめて、チン判事はフェアユースという主要争点に直面することになった。

チン判事は提案されたクラスを認定したが、フェアユースの問題に着手する前に、グーグルは認定決定について第二巡回区控訴裁判所に上訴した。第二巡回区控訴裁判所は、チン判事がまずフェアユースの問題に取り組み、図書館プロジェクトがフェアユースによる防御対象となると判断した場合、クラス認定の問題をさらに取り上げる必要はなくなるだろうという手続上の提案をして、認定決定を取り消し、訴訟を連邦地裁に差し戻した。この認定決定を斥けた第二巡回区控訴裁判所の三人の裁判体のメンバーのなかには、連邦最高裁がプリティ・ウーマン事件で依拠した画期的な変容的利用に関する論文の著者であるピエール・レヴァル裁判官がいた。この事実は、裁判体の簡潔な決定文のなかにある「訴訟経済の利益の観点から、地方裁判所の判決に対するさらなる控訴は、この裁判体に割り当てられるものとする」という異例の最後の一文に対して特別な予感を与えた。

二〇一三年一一月、チン判事は第二巡回区控訴裁判所に異動していたものの、特別指名により、引き続きこの連邦地裁の裁判を担当していた。彼は、グーグルの複製には変容性があり、結果的に公正であるとの判決を下した。その二年後、控訴裁判所はこれを支持した。連邦控訴裁判所は、「この著作権紛争では、フェアユースの限界が試されている」としながらも、インターネットユーザーが検索した用語を含むテキストの「スニペット」を見ることができるようにする「一般に利用可能な検索機能」を確立するために、グーグルが「数千万冊の書籍」をデジタル化したことは、その限界の範囲内であると結論づけた。連邦控訴裁判所は、利用が公正であるかどうかを決定するうえで最も重要であると裁判所が一般的に承認している一つの要素――著作物の潜在的市場に対する利用の影響の要素をあっさりと切り捨てた（連邦最高裁は、プリティ・ウーマン事件で、パロディはフェアユースとして認められうると判断したが、第三者がロイ・オービソンの曲をヒップホップ調に編曲することを認める彼の権限を、被告のヒップホップ曲が損なうか否かを判断するために、事実審裁判所に差し戻した）。連邦控訴裁判所は、変容的とされるスニペットに焦点をあて、グーグルが著作物全体を無断で複製し協力図書館に対して完全な複製を配布したことにより、出版社が自社のデジタル版を図書館にライセンスして利益を得る能力が損なわれたという事実を重視しなかった。事実上、この重要な市場において、出版社はいまや無料と競争しなければならなくなったのである。第二巡回区控訴裁判所の全会一致の意見を執筆したのは、ピエール・レヴァルであった。二〇一六年四月一八日、連邦最高裁は、上告申立てを不受理とした。

グーグルブックス事件は、著作権政策の手段としてのフェアユースの重要な欠陥を明らかにした。この法理は、抗弁に失敗すれば最も公共心の強いユーザーであっても全額を支払うことを強要され、抗弁に成功すれば著作権者は無料との競争を強要される。フェアユースには中間的な解決策がなく、グーグルブックス事件での和解の試みの歴史は、このような規模のプロジェクトでは交渉による妥協がいかに難しいかを示している。諸外国の著作権法では、法律で補償金制度が定められており、さらに著作権管理団体との定期的な取引によって、中間的な解決策が実現されている。集団に対する嫌悪感が染みついている米国には、音楽実演権という狭い範囲をもっぱら扱うほんの一握りの著作権管理団体しかないのに対して、諸外国には想定しうるあらゆる著作権利用を許諾する数十の著作権管理団体がある。著作権管理団体の発祥の地であるフランスには、文筆家、劇作家、グラフィック・アーティスト、映画監督、ビデオゲーム・デザイナーなど、さまざまなクリエイターを代表する二六もの団体がある。北欧諸国は、グーグルブックスの集団訴訟から離脱した作家のような集団活動に抵抗する者たちの問題に対処するために、拡大集中許諾制度という概念を考案した。この概念では、集中管理団体は、その集中管理団体に属する権利者だけでなく、属さない者をも代理して、ユーザーと交渉する権限を法律上与えられている。

著作権者は、常に無料と競争してきた。著作権の保護期間は長いかもしれないが、ある時点で、著作権者は、以前の時代のパブリックドメインに入った古典作品と競争しなければならない。インターネットほど、無料作品の現実と幻想を拡大した技術はない。無料作品の現実とは、情報財や娯楽財の限界費用が、紙、ビニール、セルロイドそのほかの伝統的な化体物から解放され、また保管、輸送、盗難に関する費用から解放され、それらの伝送に必要な電気代や帯域幅といったごくわずかな費用にまで低減したことである。無料作品の幻想とは、制作にどれほど費用がかかったとしても、これらの電子的コンテンツが、電子そのものと同じくらい安いものだとユーザーが考えることが非常に多く、またそう考えるのも無理からぬことだということである。

著作権政策の観点からすると、海賊版は、無料であることが最も明白な形態である。しかし、海賊版が著作権収入に与える影響を測定することは困難であることがわかっている。二〇一〇年に公表された米国政府会計検査院（GAO）は、海賊版の経済的影響に関する産業界の主張について、控え目に言っても懐疑的な評価を下す記載をしている。たとえば、GAOは、映画産業の業界団体である全米映画協会が実施した調査結果を検討した。この調査結果は、二〇〇五年に海賊版によって六一億ドルの損失が発生したと結論づけていた。GAO曰く、「この調査で提供された情報に基づいて、著者が代替率」（すべての海賊版コピーを正規版コピーの定価販売減少とみなす誘惑が存在する）や「調査サンプルからより広範な母集団への推定といった重要な前提条件をどのように扱ったかを判断することは困難である」。

利害関係者から独立した実証研究は、海賊版の影響分析について、産業界による研究よりも、方法論的により透明性の高い分析を提供するが、その結果も決定打にはならない。二〇一一年におこなわれたアメリカン・アッセンブリーの調査では、米国とドイツの「コピー文化」（音楽、映画、テレビ番組を無料でコピーし、共有し、ダウンロードする人口）を比較したところ、コンテンツにお金を払っているユーザーと海賊版を消費しているユーザーを綺麗に分けられないことがわかった。「コピーまたはファイルシェアをしている者とそうでない者とのあいだで、購買習慣に有意差はない」と当該調査は明らかにしており、P2Pのファイル共有者は「ファイル共有をしないインターネット利用者と同じくらい多くの合法的なDVD、CD、および定額制メディアサービスを購入している。米国では、ファイル共有者はデジタル音楽を約三〇％多く購入している。また彼らは支払い意欲もわずかに高いことを示している」。比較的低価格のストリーミングサービスの成長により、この結果はさらに有償利用の方向に傾くことさえ予想される。

世紀の変わり目に、レコード業界の幹部は、米国人がインターネット上で音楽を交換し、その数が二〇〇六年には月に三億ファイル以上にまで上昇したのを見て、同時期にCDの販売枚数が二五％減少したのはファイル共有のせいだと合理的に結論づけることができた。しかし、広く引用される、音楽ファイル共有の経済的影響に関する二〇〇七年の調査（音楽ファイルの実際のダウンロードに関するデータを分析した初めてのものである）は、ファイル共有はユーザーの平均的なCDの購入に統計的に有意な影響を与えないと結論づけ、また「ほとんどのユーザーは、ファイル共有をしなければダウンロードした音楽を買わなかったであろう個人である可能性が高い」と推測した。また、別の研究者が収集したデータによると、「ファイル共有は新しいヒット曲の創作を減少させなかった」だけでなく、「たとえファイル共有がレコード売上の減少を引き起こしたと仮定しても」、ファイル共有は「総合的に見て、より多くのヒット曲の創作につながった」点が示唆されている。しかしながら、これらの調査の政策的妥当性は誇張されるべきではない。というのは、これらの調査はCDの生産と販売に焦点をあてているが、著作権は音楽の生産と販売に関係するものであり、しばしば音楽はCD以外の収入源として、スタジアムでのコンサート、ビデオのサウンドトラック、ラジオやテレビでの実演、インターネットストリーミング等からのより大きな収入基盤を有するからである。

こうした利害関係者から独立しておこなわれた研究結果をあわせて考慮すると、一般的には、有償利用と無償利用の関係は二者択一ではなく、海賊版コンテンツのダウンロードやストリーミングは必ずしも合法的な販売にとってかわるものではないことがわかる。正規の娯楽提供者は違法な提供者よりもオープンに自らの作品を販売することができるため、ユーザーが見つけやすい、というのが一つの理由であろう。また、技術的にも高品質であることが多い。検索エンジンは、ユーザーが海賊版サイトを見つけるのに役立つかもしれないが、海賊版サイト運営者は、積極的に誘導しすぎると、誘因行為による著作権侵害となる危険にさらされることを理解している。また、かつて海賊版サイトが独占的に提供していた魅力的な機能（デバイス間のポータビリティ、ワイヤレスモビリティ、選択の幅、リミックス機能など）は、その後、正規品に採用され、正規品と海賊版のあいだの利便性の差は縮まっている（ある二〇一七年の調査によると、米国内で違法なファイル共有サービスを利用してビデオのストリーミングやダウンロードをした者の理由として、六三％が「無料だから」、四八％が「より多くのコンテンツにアクセスできるから」、三〇％が「より便利だから」、二三％が「より良い画質だから」と回答していた）。

二〇一二年に議会が海賊版対策であるオンライン海賊行為防止法案（SOPA）と知的財産保護法案（PIPA）を棚上げにしたとき、業界団体は、コンテンツを海賊版から守るために、行動規範に目を向けた。著作権者は、広告主や広告業界団体を説得し、海賊版サイトへの広告掲載を禁止するベストプラクティスを示したガイドラインを採用させた。大手クレジットカード会社は、著作権者からの通知により不正なウェブサイトへの支払いを停止するプロトコルを導入した。映画会社、音楽会社および大手インターネットサービスプロバイダー五社が共同開発した「著作権侵害警告システム」は、教育を通じてP2Pのファイル共有者間で通用している規範を変えようとするものである。著作権者から通報があった場合、サービスプロバイダは、違反行為をおこなったインターネット加入者に対して、著作権法の内容を説明し、著作権保護を受けたコンテンツの合法的な入手方法を示す通知を送付する。二度目の通報により、二度目の教育的メッセージが送られる。三度目と四度目の警告は加入者に受領確認を要求する。五度か六度目の通知によって、加入者はインターネット上で部屋の隅に座らされるお仕置きと同様の状況にあう。つまり通常はコンテンツの受信速度を低下させられる。

ＳＯＰＡ‐ＰＩＰＡ騒動の以前でさえ、なんとしてでも政府規制を避けたいインターネットサービスは、大手の映画会社や動画制作会社と協力して、「ユーザー生成コンテンツ（ＵＧＣ）原則」と呼ばれるガイドラインを採択していた。このガイドラインでは、インターネット企業がコンテンツ識別技術を導入して、著作権侵害の音声・動画コンテンツをウェブサイトから排除することになっており、コンテンツ識別技術にはサービスによるスクリーニングを可能にするため著作権者から提供された「参照資料」（その中心をなすのは各作品の固有のデジタル指紋）を使用するとされた。多くのインターネットサービスは、すでにスクリーニング技術を導入していたが、ＵＧＣ原則の目的は、既存サービスのみならず新規のサービスに対しても、ベストプラクティスの基準を確立することにあった。このＵＧＣ原則は完全に署名するかは任意だったが、ある一つの原則が署名をうながす誘因となっていた。「ＵＧＣサービスが本原則のすべてを誠実に遵守する場合、本原則の遵守にもかかわらずＵＧＣサービス上に侵害者によるユーザーアップロードコンテンツが残存していたとしても、著作権者は、当該ＵＧＣサービスに対して著作権侵害の主張をすべきではない」。

グーグルは、ＵＧＣ原則に署名しなかった。その一年前の二〇〇六年、グーグルは、一六億五〇〇〇万ドル相当の株式でユーチューブを買収すると発表していた。ユーチューブは、猫のダンスやコメディ・セントラルの映像クリップといった動画を提供しており、グーグル検索を含むウェブ上のどのサービスよりも速いペースで成長していた。買収当時、ユーチューブのアップロードに関する著作権侵害の責任がグーグルの念頭にあったことは明らかであり、一か月後の買収完了時のプレスリリースでは、「今回の取引で発行され、または発行可能な株式のうち一二・五％は、一定の賠償義務を確保するために一年間エクスローの対象となる」、つまりユーチューブ事業に関して結果的にグーグルが被る可能性がある著作権侵害責任をカバーするために二億ドル以上の引当金を計上する旨が発表された。

この法律家的な警戒心が、グーグルの役に立った。二〇〇七年三月、ユーチューブの買収に競り負けた会社の一つであり、コメディ・セントラルだけでなくMTV、BET、パラマウント・ピクチャーズなどを保有するバイアコム・インターナショナルが、グーグルとユーチューブを提訴し、「大規模な故意の著作権侵害」を主張して、一〇億ドル以上の損害賠償を求めた。バイアコムの訴状によれば、同社は「ユーチューブ上で、著作権で保護された番組の無許諾切抜き動画が一五万以上あり、一五億回という驚異的な再生数があったことを確認した」。バイアコムは、「ユーチューブは、著作権を侵害している人気作品がサイト上で利用可能になることで直接利益を得ている」としたうえで、このサービスは「ユーチューブサイトを毎日または毎時監視して侵害動画を検出し、ユーチューブに侵害作品の『削除』を要求する通知を送るという負担を完全に著作権者に転嫁することを決定している」と主張した。

しかし、監視の負担をサービスから著作権者に転嫁することは、一九九八年のDMCAで定められたセーフハーバーがまさに意図していたことである。実際、バイアコムは、訴訟提起前に、所定のセーフハーバー手続にのっとり、著作権保護対象となっている特定された一〇万個の切抜き動画を削除するようユーチューブに通知していた。「ノーティス・アンド・テイクダウン」の手続に従って、ユーチューブは違法な切抜き動画を速やかに削除した。しかし、バイアコムは、DMCAが強いる手続そのものにこそ異議を唱えていた。同社会長のサムナー・レッドストーンとCEOのフィリップ・ドーマンは、ユーチューブのサイトを監視するために毎月一〇万ドルもの費用がかかること、特に同社の努力は、もぐら叩きのようなイライラするゲーム以外のなにものでもないことに憤慨した。バイアコムの訴状に記載されているとおり、削除通知を受け取ったあとも、「多くの場合、ほぼまったく同じ著作権侵害動画が、複数の別ユーザーによってアップロードされるためにユーチューブ上に残存していたり、削除後数時間以内に再びユーチューブに表示されたりする」。

著作権者は、プロバイダが実際にその侵害的使用を認識していたことを立証できれば、プロバイダのセーフハーバー免責を破り、著作権侵害に対する救済を受けることができる。バイアコムの見解では、ユーチューブは自社サイトが侵害行為が行われていることをユーチューブが知らない
わけがないため、ユーチューブは毎日何千件もの侵害コンテンツのホストとして使用されていることを一般的に認識しており、セーフハーバーを剝奪するのに十分である。しかしながら、二〇一〇年六月、第一審裁判所は、バイアコムのDMCAの解釈を退け、ユーチューブがサイト上での侵害を一般的に認識していただけではセーフハーバーを取り除くには不十分であり、そうするためには、ユーチューブはある特定の切抜き動画が著作権を侵害していることを具体的に認識している必要があると判断した。控訴審において巡回区控訴裁判所はこれに同意したが、少なくともいくつかの事例では、ユーチューブが権利を侵害する切抜き動画について必要な知識を有していた可能性を示す訴訟記録中の証拠（ユーチューブの従業員間での電子メールのやりとり）が存在すると判断した。裁判所は、必要な事実認定をおこなわせるため、第一審裁判所に事件を差し戻した。

バイアコムのような著作権者がサイトを監視して削除通知を出すのにはコストがかかるが、ユーチューブのようなサイトがこれらの通知に従うのにもコストがかかる。テクノロジー企業としての本旨に立ち返り、ユーチューブは、著作権者をも満足させることができる技術的な解決策を模索していた。バイアコムがユーチューブを提訴する数週間前、ユーチューブは、不運なナップスターのために電子的な著作権フィルタリングシステムをかつて設計したオーディブル・マジックと契約し、ユーチューブから侵害コンテンツをスクリーニングする自動システムを設計した。しかし、オーディブル・マジックのフィルタリング技術は音声しか識別できないため、ユーチューブが視聴覚作品の侵害コンテンツをスクリー

ニングする独自システムのコンテンツＩＤを開発できるまでの応急処置にすぎなかった。

コンテンツＩＤは二〇〇七年末に開始され、年々改良されてきたが、その中心的な特徴は変わっていない。コアとなるのは、著作権者から提供された各作品固有のデジタル指紋の膨大なライブラリであり、コンテンツＩＤシステムは、このライブラリとユーザーがアップロードした動画コンテンツを電子的に比較する。アップロードされた切抜き動画がライブラリ内のデジタル指紋と一致した場合、コンテンツＩＤは、著作権者があらかじめ指定したオプションを自動的に実行する。すなわち、切抜き動画を削除する、切抜き動画をユーチューブに残すことを許可したうえで当該動画の広告収入の一部を著作権者に支払う、または、収益を分配せずに切抜き動画を残すことを許可しつつユーチューブに著作権者に対して使用統計を報告させる、という三つのオプションである。

ユーチューブの最初の一〇年が終わる頃までに、ユーチューブのコンテンツＩＤデータベースには、あらゆる著作権産業にわたる五千万件以上のアクティブな参照ファイルが登録され、このシステムは著作権に基づく請求のうち九八％以上を解決した。音楽業界ではさらに高い数値を示しており、音源の著作権に基づく主張の九九・五％がコンテンツＩＤを通じて自動的に処理され、このうち九五％が収益化されている（コンテンツＩＤによって、グーグルが自社専用の比類なき貴重な著作権データベースを構築できたのは、おそらく偶然ではないだろう）。同時期に、ユーチューブはシステムの粗い部分をいくつか洗練させた。認識・比較アルゴリズムは定期的に改良され、システム回避を狙うアップローダーがおこなった操作を特定できるようになった。同時に、法定のセーフハーバー規定の想定とは異なる紛争解決メカニズムが導入され、アップローダーが著作権に基づく主張に対して異議申立てできるようになった。よくあるのは、フェアユースに基づく異議申立てである。

第一審裁判所では最終的にユーチューブに軍配が上がったが、バイアコムが控訴を予定していた一週間前に、和解が成立した。数年前にUGC原則に加入していたバイアコムは、この時点で、ほかの著作権者らとともにコンテンツIDに加入していた。それでは、なぜバイアコムはこれほど長く訴訟を続けていたのだろうか。請求していた一〇億ドルの賠償額は、理由になりえないだろう。というのは、先の控訴審判決が示した条件は、損害賠償が可能な額を大幅に減少させていたからである。むしろバイアコムは、セーフハーバーがあったとしても、ユーチューブがそのサイト上での明白な侵害行為を無視した場合には著作権責任を負うという原則を確立するために戦ったのではないか。この原則は圧倒的な影響力を有する。なぜなら、これがなければサービスの広告収入に対する著作権者の取り分がユーチューブの気まぐれで設定される可能性があるためである。

ユーチューブが発表した、サービス開始から最初の一〇年間で権利保有者に分配した二〇億ドルという金額は、抽象的にはすさまじく見えるかもしれない。しかし、その期間中にユーチューブが滝のように配信した何百万もの著作物の数でその金額を割ったり、アップルミュージック、スポティファイ、ディーザーなどの、はるかに配信数の少ないほかのライセンス契約された音楽サービスにより支払われた報酬と比較したりすると、この総額は、ユーチューブのような規模でのみ成し遂げうる市場支配力の大きさを示している（ユーチューブがひそかに世界最大の動画ライブラリーとなり、一般の人びとが好んで利用する動画ソースとなっていることに、バイアコムが気づかなかったわけはない）。ユーチューブは二〇一四年に全世界で五二％の市場シェアを獲得したものの、ストリーミング音楽の収入のうち一三・五％しか支払っていなかった。二〇一七年末、ユーチューブがレコード会社と独自に交渉してライセンス契約の交渉に動いたちょうどそのとき、著作権者は、ディズニーのボブ・アイガーCEOの「コンテンツは王様だ」という自慢話には同意するものの、その宮殿には女王も控えていて、女王が価格を決定していることを認識せざるをえなかった。

グーグルブックスのフェアユースとしてのスニペットのように、著作権者の許可を得ていない海賊版その他の複製物は、インターネット上で利用可能な無料コンテンツのごく一部にすぎない。生計を立てようとする作家、音楽家、写真家は言わずもがな、大ヒットをねらう企業も、アマチュアのコント、ハウツービデオ、ミニドラマ、インスタグラムの写真、そしてツイッター上の個々人のメッセージなど、すべて完全に合法で無料のものと人気を競わなければならない。このような無償コンテンツの氾濫を動機づけるものはなんなのか、また、それは（もしあるとすれば）著作権とどのような関係性があるのか。法学者のジェシカ・シルビーは、作家、芸術家、発明家や彼らの弁護士との長期にわたるインタビューをまとめ、クリエイターたちには「革新的で創造的な活動にかこまれた生活やビジネスを開始し、従事し、そして構築する複数の動機がある」と述べた。シルビーは、著作権はそれらを促進するとはかぎらないと結論づけた。そして「インセンティブ論は、もっとずっと複雑な話を簡潔に示した略語である」と述べた。

オンライン百科事典ウィキペディアは、二〇一七年にはインターネット上で五番目に訪問者数の多いサイトとなり、アブハジア語からズールー語まで二五〇以上の言語で展開され、英語版だけでも五〇〇万以上の記事と毎月七五億近くのページビューがある。三万人の編集者が、匿名かつ無報酬で個々の記事を作成、編集、更新している。こうした営みの原動力は、なんなのか？　共同体意識が、重要な役割を担っていることは間違いない。ウィキペディアの創設者ジミー・ウェールズは、インタビュアーに「なぜ人びとはこのような仕事を無料でするのか」と聞かれ、「彼らは、これを価値のあるプロジェクトだと考えている」と答えたのち、次のように付け加えた。「人びとが無料で喜んで仕事をすると思っているとしたら、あなたは大きな勘違いをしている。むしろ、人びとが無料ですることは、無料で楽しむことなのだ。人びとは自分が楽しいと思うことをする。それは、知的な楽しみであったり、コミュニティに対する温かい気持ちであったり、友人と一緒に過ごすことであったりする。人びとが無料であることは、たくさん、たくさん、たくさんある」。

ウィキペディアへの投稿者たちは、自らの労力を無償で捧げているが、他者の著作権を尊重していることは明らかである。二〇〇八年、グーグルブックスは、ベースボールダイジェストの既刊号を、スニペットだけでなく全ページ公表した。その後、カリフォルニア大学バークレー校の経営学教授アビシェーク・ナガラジは、ウィキペディアの投稿者らがウィキペディア上でおこなったベースボールダイジェストからの転載について、まだ著作権のあるベースボールダイジェストの号からの転載と、著作権の更新がされずにパブリックドメインに入った一九六四年以前の号からの転載を比較した。そして、グーグルの「デジタル化プロジェクトは、ベースボールダイジェストの情報をウィキペディアで再利用することを大きく促進するが、著作権で保護された号からの情報の再利用は著しく低い傾向にある」ことを発見した。

ジミー・ウェールズは、ウィキペディアの初期の成功は、リーナス・トーヴァルズのオープンソース・ソフトウェア運動から発展したことに起因すると考えた。一九九一年に登場したリナックスOSは、のちのウィキペディアと同様に、コミュニティとボランティア精神を重視している。世界中のリナックスプログラマーは、トーヴァルズのオリジナルコードやほかの人が公開したコードを継続的に閲覧、編集、修正、構築しており、このすべての行為についてシステムの発案者に許可を得る必要はない。今日では、リナックスは、グーグルのスマートフォンに搭載されているアンドロイドOSから、ツイッターやフェイスブックなどのアプリケーションにいたるまで、事実上、インターネットのあらゆる領域を支えている。歴史的にクローズドな独自OSに基づいてビジネスを展開してきたアップルでさえも、ほかのベンダーのプラットフォームでの動作を確保するために、新しいプログラミング言語をオープンソース化した。金融機関、小売業、サービス会社も、同じ理由から、オープンソースにこだわっている。

オープンソースのインフラを拡大するためには、多額の投資とそれにともなう収益が必要だが、これは通常、著作権に関連するたぐいのものではない。S&P500に名を連ねるレッドハットは、リナックスOSを開発するために設立された企業であり、オープンソースを利用したいがそれに必要な技術を自社開発しないことにした企業に対して、サポートとカスタマイズサービスを販売することで収益を得ている。業界をリードする企業は、パブリックライセンスに「当社のソフトウェアに関するすべての改良を、当社も含めて誰でも無料で利用可能にする」という要件を盛り込むことで、その地位を維持することができる。最低でもその企業は、この要件を利用して、他社による修正に依拠することで自社の開発コストを削減できる。グーグルの場合、アンドロイドをオープンソース化することで、多数のスマートフォンメーカーやアプリ開発者との共同作業が可能になり、当時主流だったブラックベリーやウィンドウズフォンから顧客を引き離すことに成功した。

オープンソースの大きなパラドックスは、それが無料であり続けるために、著作権に依拠している点である。当初、リーナス・トーヴァルズは、著作権は彼が望む無償でオープンな使用と相容れないという信念に基づき、自身のOSに対する著作権保護を拒否した。しかし、彼は、すぐに考えを改めた。自分のコードの著作権保護を受けることでしか、コード改良をおこなったユーザーがオーナーシップを主張することを禁じるライセンス条件を付すなどの使用条件を課すことができないことを認識したからである。トーヴァルズは、著作権がなければ共同作業の構造全体が崩壊してしまうことを理解した。今日では、オープンソースプログラムは、GNU一般公衆ライセンスなどのパブリックライセンスのもとで配布されるのが一般的である。このライセンスでは、たとえばオリジナルコードに変更を加えた場合はそれを明記することや、その後の複製や変更にはオリジナルと同一の条件や制限が適用されることを求めること等のプログラムの使用条件が定められている。

クリエイティブ・コモンズという広大なコンテンツ・コミュニティも、同様に著作権を基盤としている。クリエイティブ・コモンズ構想は、ローレンス・レッシグ、マサチューセッツ工科大学のコンピュータサイエンス教授のハル・エイベルソンおよびエリック・エルドレッド（議会による著作権保護期間延長と戦った際のレッシグのクライアント）がおこなった二〇〇一年の会合の場で生まれた。この考え方は、独占権（全権利留保）という著作権の厳しいルールを、著作権のあるコンテンツを合意のうえで共有する仕組み（一定の権利留保）へと変貌させ、ライセンス交渉の煩わしさから解放する。具体的にいえば、レッシグが二年後にスタンフォード大学法学部の教授陣に加わった際に持ち込んだクリエイティブ・コモンズ構想とは、「まず弁護士を呼ばなくても、アーティストや作家が、自身の創造性のうえに成り立つ自由を他者に与えることを支援する」もので、あらゆる表現形態やあらゆるユーザーコミュニティをこの企てのなかへ取り込むものであった。

リナックスのように、クリエイティブ・コモンズ・ライセンスは、著作物の無料での利用を例外ではなく原則としたことで、標準的な著作権実務を事実上、くつがえす。二〇〇二年に登場して以来、クリエイティブ・コモンズ・ライセンスのメニューは増え続け、二〇一七年には著作権者はさまざまな条件を組み合わせた六つの選択肢からライセンスを選べるようになった。たとえば、「表示」ライセンス（最も広範なライセンスで、著作者表示をする限り、他者が作品を商用・非商用にかかわらず複製、配布、翻案することを認める）、「表示－継承」ライセンス（他者が作品を翻案する場合、著作者表示をし、かつ翻案元の作品と同一条件での翻案を許諾するという条件で翻案を認める）、「表示－非営利」ライセンス（「表示」ライセンスと同様だが、非商用利用に限定する）などがある〔クリエイティブ・コモンズでは、CC-BY（表示）、CC-BY-SA（表示－継承）、CC-BY-ND（表示－改変禁止）、CC-BY-NC（表示－非営利）、CC-BY-NC-SA

（表示－非営利－継承）、CC-BY-NC-ND（表示－非営利－改変禁止）の6つのライセンス形態を定義している」。

七つ目の選択肢として、クリエイティブ・コモンズは、著作権者が著作権を完全に放棄し、作品をパブリックドメインに置くことを認めている。この選択肢は、クリエイティブ・コモンズのシステムに対する、より執拗な批判者らへの譲歩として作られた。そしてレッシグの手広い試みでさえ、著作権の悲観論者のなかに悪く言う人がいたということは、著作権の原理そのものに対する学術界の懐疑心の現れだろう。これらの批判者は、ライセンスの価値を維持することで創造的な作品には財産権があるという暗黙の主張をクリエイティブ・コモンズが強化し、「情報には所有権があり、常に所有者がいるというメッセージ」を伝達していると主張する。ライセンスは、「常にライセンスが必要であり、許可されていない限り共有は禁止されているという認識」を強化するものだと彼らは訴える。

クリエイティブ・コモンズは、その共同利用ライセンスの実現にあたって、工夫を凝らした三層構造を導入した。ライセンスの「リーガルコード」層は、伝統的に著作権業界で採用される、弁護士が起案した細則と見紛うほどの文言で書かれている。第二層の「コモンズ証」は、ライセンスの最も重要な条項を平易な言葉でまとめたものである。第三層は、ライセンス条項の機械判読可能バージョンで、検索エンジンその他のソフトウェアシステムが理解できる言語で書かれており、ライセンスを効果的に自動化している。クリエイティブ・コモンズ・ライセンスは、個々の作品に利用条件をデジタル的に添付することにより、作品が孤児著作物となる可能性も減らした。しかもグーグルブックスの和解案や著作権局提案の孤児著作物法案よりも、はるかに能率的な方法でそれを実現しているのだ。

クリエイティブ・コモンズの成功は、「クリエイターは、自身を、他者の営為のうえに自己の営為を構築する共同体の一員であると考え、そのために自分の作品を喜んで共同プールに寄贈する」という創設者の信念を十分に裏付けている。完全稼働一年目の二〇〇三年に一〇〇万ライセンスからスタートしたクリエイティブ・コモンズの発行ライセンス数は、二〇一八年には一四億に上り、その対象は印刷物だけでなく、教育資料、データ編集物、美術館のコレクション、音楽、映像、写真など多岐にわたっている。このプロジェクトは、グローバルに広がった。二〇〇七年、クリエイティブ・コモンズは世界中の著作権専門家と協力して、バージョン3・0のライセンス一式を各国の実務慣行の特性にあわせる作業を開始し、二〇一三年のバージョン4・0をリリースするまでに、三五か国以上の著作権法や契約法の特徴にあわせたライセンスが提供されるようになった。二〇一二年には、ユーチューブでクリエイティブ・コモンズの「表示」ライセンスが使用可能になり、二〇一六年にはライセンスつき動画の数が三〇〇〇万本に達した。注目すべきは、クリエイティブ・コモンズの初期においては、「表示」ライセンスはライセンサーが利用できるいくつかの選択肢のうちの一つにすぎなかったということである。しかし、実際にあらゆるユーザーが「表示」ライセンスを選択していることが明らかになると、「表示」ライセンスはすべてのライセンスのデフォルト機能となった。

著者名の表示や名声は、一部のクリエイターにとっては自らの活動を促進する唯一のインセンティブかもしれないが、作品販売やライセンスで生計を立てている無数のクリエイターたちにとっては、どうだろうか。グーグルブックス事件で最初に訴訟提起をしたのが出版社ではなく著者であったという事実は、デジタル時代における作者の自律性への期待を象徴するものであった。また、著作権で武装したクリエイターが、出版社、レコード会社、そして映画スタジオから自らを切り離し、創造性の経済学が、作者と読者とのあいだにおける直接的かつ経済的な対価関係を約束する自費出版を軸として再び動き出すであろうことも、作者の自律性への期待の象徴となった。二〇〇一年のニューヨーク・タイムズに対する最高裁判決では、全米著述業組合の支援を受けたフリーランスの作家集団が、ニューヨーク・タイムズが自らのものと主張していた記事の電子版の権利を取り戻したが、これは著作者の独立性が高まる前兆だと考えられた。

自費出版は目新しいものではないが、二〇〇七年にアマゾンがキンドル・ダイレクト・パブリッシングを開始した際の効果は劇的だった。一〇年後には、アマゾンドットコムで利用可能な電子書籍の四〇%が自費出版となり、同社の電子書籍売上高二三億ドルのうち二五%を占めることになった。自費出版は、従来の出版社の機能を消失させたのではなく、分解しただけである。オンラインサービスは、編集、デザイン、流通、マーケティング、広報などの面で著者を支援することが可能であり、通常の出版社の会計報告よりもはるかに豊富でアクセスしやすい販売データを提供することができる。著者は、自費出版本専用のソーシャルネットワーク上で無料の章を投稿することでファン層を開拓することができる。また、より野心的な作家であれば、クラウドファンディングの例にならって、読者に書籍予約や完成品への出資をしてもらうために、ストーリーのアイデアやサンプルページを掲載することもできる。

作者の自律性を高める機会は、書籍出版以外にもある。デジタル技術によって、スタジオ品質での録画・録音物の制作費が劇的に削減され、デジタル配信によって音楽界のスターダムへのしあがる機会が大衆化された。クラウドファンディングのプラットフォームは、ミュージシャンがアルバム制作やツアーを開始するための資金を調達する機会を提供し、また、配信、コンサートチケット、グッズを購入するファンのコミュニティを構築する機会も提供している。ゲーム業界でも自費出版がさかんだが、これは、ほかの著作権産業に比べて企業組織が新しく、あまり強く組織が確立していないことや、オーサリングツール〔デジタルコンテンツの作成・編集のためのソフトウェア〕の価格が下がり使いやすくなったことが一因である。クラウドファンディングを使って一本のゲームを制作した開発者は、「一万五〇〇〇人のファンと直接関係を築けたこと」が資金調達キャンペーンのメリットだったと述べている。ビデオゲームに限らず、ショッピングアプリ、教育アプリ、ソーシャルメディアアプリなど、ダウンロード可能なアプリのかたちで自費出版されたソフトウェアは、個人起業家に高い利益をもたらすことができる。二〇一七年、アップルのｉＯＳプラットフォーム向けのアプリ開発者は二六五億ドルの収益を上げたと報告されている。長編映画製作は、これまで作者の自律性に向けての動きが鈍かった。その理由は主に、映画を制作するための資本コストが、最も労働集約的なビデオゲームを除いて、ゲーム制作のための資本コストよりもはるかに大きくなりうる点、また、ビデオ配信のチャンネルが普及したとはいえ、映画配信の可能性が書籍や音楽よりも限られている点にある。

自費出版は、特にクリエイティビティの下流でさかんである。そこでは、作曲家崩れが他人の楽曲をマッシュアップしたり、二次創作の作者が別の作家の物語世界で自分の物語を展開したりする。二次創作は少なくとも一九三〇年代からあったが、インターネットのプラットフォームによってファンクラブが瞬時にグローバル化されたことで、はじめて軌道に乗ったのである（二〇一八年までに、二次創作サイトのファンフィクション・ドットネットではなんと七五万本以上のハリー・ポッターの物語がアップされている）。出版社は当初、著作権を振りかざして二次創作をインターネットから追い出そうとする者と、おそらく原作の売上向上を期待して二次創作を容認する者とに分かれた。最近では、伝統的な出版社も、二次創作から金の卵を発掘しようとしている。二〇一三年、アマゾンはキンドル・ワールドというプラットフォームを立ち上げて、二次創作市場に革命を起こした。このプラットフォームでは、アマゾンが原作の著作権者から得た広範なライセンスのもとで、ユーザーは自由に二次創作を作成しアップロードできる。自費出版とＡＳＣＡＰのような包括ライセンスの両方の要素をあわせもつキンドル・ワールドは、ファンにも著作権者にも、各貢献に応じた報酬を支払う。

著作権は、作品が市場で利益を得ることを約束するものではない。利益を得た場合にその利益が著作権者に帰属するというだけの話である。例外はあるが、今日、ほとんどの本が自費出版されているのは、昔から同じ理由、つまり商業出版社が販売しても利益が見込めないからである。『フィフティ・シェイズ・オブ・グレイ』の著者であり自費出版者でもあるE・L・ジェイムズのように、一億二五〇〇万部以上の売上を合理的に期待できる自費出版作家など、ほぼいない。ほとんどの人は、初めて小説を書く人と同じような経験をするだろう。たとえばこんな感じである。二か月間、ソーシャルメディアで自分の本を宣伝し、三人の編集者によるレビュー（九二四ドル）、文学賞への応募料（二二八ドル）、三つの書店イベントへの参加費用を支払ったのち、なんとか電子書籍一六七冊とペーパーバック一一八冊を販売し、合計八〇三・九〇ドルを売り上げた（一年半のあいだ、毎週二章ずつの草稿を受け取るかわりに六一人の支援者から寄せられた六九〇九ドルで支出を相殺した）。

それでも、低コスト化と電子マイクロペイメントの技術があれば、インターネットが何十億もの家庭に行き渡っていることとあいまって、生計を補うことができる。二〇一六年、スタンフォード大学コンピュータサイエンス学部の学部生五名は、同大学ロースクールの学生四名と協力して、写真家が自分の写真を直接ブロガーにわずかな費用でライセンスできる自動ライセンスシステムのプロトタイプを設計した。スタンフォード大学のプロトタイプは、クリエイティブ・コモンズ・ライセンスと同様に、写真家に金銭面以外のいくつかの選択肢（著者名表示の要否やトリミングの可否など）が与えられていた。しかし、クリエイティブ・コモンズとは異なり、申込みのあった使用の規模に応じて、写真家が決定した価格オプションが提供されている。ブロガーは、欲しい画像を見つけたら、予定している使用の規模を示し、写真家が事前に提示した価格に納得すれば、クリックして取引を完了する。支払いは、指定された低コストのオンライン支払いサービスを通じて、写真家に直接支払われる。

スタンフォード大学のプロジェクトは、米国著作権局との学術提携のもとに実施され、著作権楽観主義者の象牙の塔のような理論を、市場の厳しい現実に適応させる練習となった。たとえば、たとえ米国の法律に違反するかもしれないとしても、インターネット上のプラットフォームは、写真家がライセンシーとなる可能性のある人に自らを特定してもらうために画像に埋め込んだメタデータを除去することが当たり前であることを学生らは学んだ。また学生らは、作品の作者名を表示するという単純な便法で、著作権侵害を回避できると考えるブロガーが非常に多いことにも驚いた。これはおそらくクリエイティブ・コモンズの利用経験を通じて身につけた思考習慣なのだろう。さらに学生らは、著作権のライセンスシステムにおける信頼の重要性についても学んだ。これは、とあるライセンシーが、ある画像の使用料を写真家Aに払う場合、写真家Bがあとになって、その画像の権利者はAではなくBであると主張して訴訟を起こさないというなんらかの保証を、そのライセンシーが求める、ということである。

スタンフォード大学の画像ライセンスシステムのプロトタイプは、学部生が一年で使えるわずかな予算で構築されたものであり、電子ライセンスの可能性を垣間見ることができるにすぎない。教科書出版社は著作権侵害訴訟で数百万ドルの判決を受けるのが常である。これは、たった一冊の教科書に掲載されている何百、何千もの画像ライセンスがいつ期限切れになるかを常に監視しているわけではないからである。しかし、もし各ライセンスがライセンスの有効期限を電子的に記載したもの、いわゆるスマートコントラクトであれば、有効期限が近づくと、ライセンスの再交渉や次の版から画像を削除するといった必要なことを出版社に自動的に知らせることができる。

ブロックチェーン技術は、完全分散型でありながら非公開の台帳を用いて、ある一つの作品に関するすべての取引の完全な記録を保存し、また同時に、トークンの配布を経て所定の条件での新たなライセンス締結を可能にすることによって、自動化された一対一ライセンスについて、ひょっとすると次のステージを提供するかもしれない。二〇一七年には、ＡＳＣＡＰがフランスや英国の著作権管理団体と協力してブロックチェーンシステムを構築するという報道がなされた。ASCAPのプレスリリースによると、そのブロックチェーンシステムの目標は「音楽業界が、リアルタイム更新と追跡機能を備えた音楽作品のメタデータの共有分散型データベースを作成・採用する手法のプロトタイプを作ること」である（一九一三年のレストラン・リュショーズのディナーにいたASCAPの創設者たちが、この長ったらしい言葉の意味を噛みしめているところを、ちょっと想像してみてほしい！）

著作権立法の行き詰まりがこれほど長く続いた理由の一つは、対立する両陣営の動機が、あまりにも深く強固になっていたためである。著作物を流通させる新しい技術の出現ほど、著作権者の強欲と恐怖を呼び起こすものはない。その技術が自分たちにもたらすと信じている広大な未開拓の市場に対する強欲であり、規制のないコピーが、新規市場だけでなく、彼らの収益源である既存市場をも破壊してしまうことへの恐怖である。インターネット企業もまた強欲と恐怖に駆られている。何百万人ものユーザーが自分たちのプラットフォームに集まってくるという強欲と、著作権料によってプラットフォームが縮小してしまうのではないかという恐怖である。しかし、一九九八年に著作権を保有する会社がおこなった著作権保護期間の延長キャンペーンにより、世間の目から見て著作権が非常に悪者として描かれてしまったためか、プラットフォームの所有者ではなく著作権者の欲望が、政策の頓挫に影響した。

著作権が再び立法のテーブルに上ったら、新たに取り組む立法者は難問に直面するだろう。今日、著作権を保有する会社は、海賊版を嘆きながらも、書籍、音楽、映画を（なかには何億ドルもかかるものもある）視聴者の需要よりもずっと多量かつ多様に、生産し流通し続けている。立法者は、ジェレミー・ベンサムの功利主義を引き合いに出して、著作権は創造的作品の制作に投資を呼び込むのに必要な範囲を超えて拡大すべきではないと主張する著作権悲観論者に従うべきだろうか。あるいは立法者は、ジョン・ロックの自然権哲学を持ち出して、原則として権利の拡張を支持する著作権楽観主義者に従うべきだろうか。

実際のところ、英国と米国における著作権の歴史をよく知っている研究者はほとんど驚かないだろうが、功利主義的な原則は、最も根拠薄弱かつ表層的なやり方以外で、著作権の進化を導いたことはない。一七七四年に貴族院がトマス・ベケットの『四季』の永久保護の主張を退けたことは、判決票をもつ一一人のコモンロー判事のうち少なくとも五人の票（もしかすると過半数の票）を獲得した自然権の主張を退けたわけではないように、著作権に対する功利主義的な見解を支持したわけでもないのである。レトリックではなく結果で評価すると、米国の立法作業は、二世紀以上にわたり欧州大陸における著作者の権利の伝統と同じ手法に従ってきた。そして立法の経済的正当性について詳細を調査することなく、著作権を拡張してきたのである。米国の著作権は、悲観論者の旗印を掲げているかもしれないが、舵を切っているのは著作権楽観論者である。

この持続的な立法衝動は、少なくとも部分的には、作者を道徳的構想のなかに位置づけることに由来している（合衆国憲法が、著作権法制定権限を議会に付与した際に、「出版者」ではなく「著作者」について言及したことは偶然ではない）。カリフォルニア大学バークレー校ロースクールのロバート・マージェス教授は、幼い子どもたちが、粘土の塊の所有権を、最初の所有者ではなくその粘土をささやかな彫刻に仕上げた人に割り当てるという研究結果を紹介しながら、次のように述べる。「逆説的に言えば、人は道徳的な問題に関して、最初は経験によらないという経験的証拠がある。彼らは、普遍的といえるほどに一般に浸透している一連の道徳的判断に依存している。そして、それらの道徳的判断がいかなるものであったとしても、単に粗く、検証不可能で、不安定な信念ではない。首尾一貫した形と型をもっているように思われる。言い換えれば、それらの道徳的判断は盲目的な信仰の問題ではなく、それ自体一種の理性である」。

このことから、課題を抱える立法者は、なにを理解すればいいのだろうか。六〇年前、議会が米国特許法について同じ質問をしたとき、経済学者のフリッツ・マハループは、特許制度を徹底的に検証して、次のような結論をまとめた。「もし特許制度がなかったら、その経済的な結果に関する現在の知識に基づいて、特許制度の制定を勧めるのは無責任であろう。しかし、我々は長いあいだ特許制度を有しているので、我々の現在の知識に基づいて、特許制度の廃止を推奨するのも無責任であろう」。

同様の処方箋が、著作権にも妥当する。なぜなら、著作権法の歴史は、功利主義の現実味のない経験論や無制約にもなりうる自然権論のいずれよりも、より確実で実用的な立法の道標を示しているからである。歴史から得られる実用的な教訓は、単純で、ただ著作権制度が機能しているということである。最も控えめな尺度で測ったとしても、長いあいだ、著作権は、増大し続ける創造的な作品の数々を、どんどん低廉なコストで社会が入手することを、決して妨げなかった。

著作権の歴史は、著作権法の立法作業について二つの具体的な処方箋を示している。第一に、新しい形態の技術的素材が現れた場合、立法者は、著作権保護を求めるどんな声に対しても、著作権法の歴史的な価値観から判断すべきである。そして、著作権が知的財産法のなかで最も器の大きな法理であるという理由だけで、既定路線で著作権を拡張しようとする誘惑に抵抗すべきである。コンピュータソフトウェアの著作権に関して起きたことは、注意すべき例を示している。第二に、著作物の新しい技術的な利用が現れた場合、法律家は、克服できない執行コストが立ちはだからない限り、たとえ私的な場所で現れたものであっても、これらの利用法を包含するように著作権を迅速に拡張すべきである。私的利用に対する議会の躊躇が示すように、権利の遅延は、通常、権利の否定につながる。

いかなる種類の対象に対して著作権保護を与え、保護を与えるべきではないか。コンピュータプログラムに対する著作権が確立された現在、次に著作権保護の対象となりそうなのは、コンピュータによって作られた生成物である。今日、大量のデータから、人間の手をほとんど、いやますますまったく介さずに、何パラグラフにもわたるスポーツ記事や財務報告書を作成できるコンピュータプログラムが存在する。同様に、自動化された仮想現実（ＶＲ）や拡張現実（ＡＲ）環境の未来が待ち受けている。しかし、これらの生成物が人間の手による著作物と同様に独創的で表現豊かであるからといって、それらが著作権の対象になるわけではない。功利主義の厳しい尺度でインセンティブを判断する稀有な立法者は、劇的に低いコストで生産された機械製の作品に、なんらかのかたちで独自の権利を認める立法をすることが、九五年続く著作権を認めるよりも理にかなっているか否かを考えなければならないだろう。また、著作権を「著作者の権利」と考える伝統をもつ大陸法の国々では、ある作品が著作権で保護されるためには「著作者の個性の刻印」を帯びなければならないという象徴的な要件があるため、同様に、これらの機械製の作品に対する保護を妨げる傾向があるように思われる。

料理人、コメディアン、マジシャン、ファッションデザイナーなどの創造性に関する観察研究では、著作権がなくとも、これらの分野におけるイノベーションは十分に発生しうることが示された。しかし、経済学者のミケラ・ジョルチェッリとペトラ・モーザーによるオペラの研究は、驚くべき対比を示している。一七七〇年から一九〇〇年にかけてイタリアの八つの州で初演された二五九八曲のオペラを対象とする彼らの創意工夫を凝らした研究は、イタリアのロンバルディア州とヴェネチア州がナポレオンのイタリア遠征の結果フランスに併合され、その後一八〇一年にフランスの著作権法を自国の法として採用し、一八二六年までイタリアで著作権をもつ唯一の州であったという事実から出発する。調査によると、イタリアの作曲家は、以前はフランスやオーストリアに移住して著作権保護を受けていたが、一八〇一年以降はロンバルディア州やヴェネチア州に移住したという。では、著作権の具体的な影響はあったのだろうか？　調査によると、「著作権のある州は、一八〇一年以降、ほかのイタリアの州に比べて、年間二・一本多くのオペラを制作した」ことがわかった。

二一世紀の立法者がこの比較から得られる教訓は、著作権法は、常に、著作者が投じた創作表現の量に比例して、著作物の保護の深さを増してきたということである。オペラのような創作性の高い作品は、言葉や音楽をそのまま流用するだけでなく、筋書き、エピソード、そしてキャラクターの借用からも保護される。これに対して、レシピ、気の利いたフレーズ、手品のトリックなどの比較的創作性の低い作品は、もし著作権で保護されるとしても、完全コピーに対してのみ保護される（また、レシピや手品のトリックは、営業秘密保護法で十分な保護を受けることができる）。イタリアオペラの研究を、料理、コメディ、手品の観察研究とならべてみると、豊かな表現力を投入するものには相応の著作権の保護を与え、そうでないものにはあまり、あるいはまったく保護を与えていないのであれば、法は、両方の種類の素材に対して、正しく機能していることがわかる。

著作物利用のすみずみまで網羅するように権利を構築するという二番目の政策的処方箋は、最も熱心な著作権悲観論者でさえも否定していない前提から出発する。つまり、創造的コンテンツの生産と消費は結びついており、消費者が望むものを示すには、彼らが市場で支払ってもかまわない価格を通じて示す以上に適した方法がない、ということである。無料作品の増加現象を含めて、無償利用は、必然的にこれらのシグナルを薄めてしまう。しかし、ほかの考慮事項が、この処方箋を複雑にしている。すなわち、取引コストによって、これらの権利のいくつかは非効率になっているかもしれない。また、配分的または社会的な考慮により、これらの権利は公平ではなくなっているかもしれない。著作権が権利保護期間延長の戦いで失った道徳的な輝きを取り戻したいのであれば、両方の懸念への対応を具体化する必要がある。

学術目的のコピー、授業でのプレゼンテーション、視覚障害者への配慮など、有益ではあるがその特性上資金不足となる利用のために、世界中のあらゆる著作権法には、著作権法の排他的権利のおよばない例外規定が狭い範囲で設けられている。また、取引費用のせいで特性上私的な使用許諾ができないような状況に対しても例外規定が設けられているが、二一世紀の立法者は、デジタル技術が取引費用を削減していくなかで、これらの例外規定を再検討する準備をしておくべきである。これに劣らず重要なこととして、立法者は、著作権法上の責任を営利目的利用に限定し、非営利目的利用を除外しようとする改革者気取りの者たちの呼びかけに抵抗すべきである。著作物の利用が公共の場から私的な場へと移行し続けるなかで、著作権者が対価を得たいと思うならば、それらを追跡する必要がある。政策論議でよくあるように、「私的」と「非営利」が混同されると、著作権者は収入を得る機会が容赦なく削られ、その結果、著作権が完全に廃止されてしまうことになりかねない。

クリエイティブ・コモンズのような巨大な社会的・経済的事業を通じて流通する財を無料なものとし続けるために、著作権が中心的役割を果たしているという事実は、著作権法が、娯楽・情報市場を組織化するための、柔軟であるがゆえに耐久性の高いツールとしての性能を有していることを際立たせるに過ぎない。著作権法は、著作権者が自らの著作物の価格、形態、そしてタイミングを差別化することで、無料と競争することを可能にもしている。著作権がなければ、映画会社は、まず映画館で最新の大ヒット作を上映し、高いチケットが売れなくなってからようやくデジタルダウンロードに移行し、その後またはそれと同時に、何千ものタイトルを映画館のチケット一枚分よりも安い月額料金で加入者とその家族に提供する配信プラットフォームに移行する、といったスキームをとることが難しくなる。最初の、映画館の高額チケットは、一部の消費者にとっては気軽に手が出せないかもしれない。しかし、差別化された市場で収益が蓄積しない場合、その映画はそもそも製作されなかったかもしれないのだ。

著作権の排他的権利は今後確実に延長されないと考えられる傾向にあるが、それは当然である。一九九八年に議会が著作権保護期間を二〇年延長したとき、法案に反対した人たちは、新しい保護期間が終了して期限切れになる二〇一八年の終わりまでに、著作権者たちが再び延長を求めて戻ってくるだろうと確信をもって予想していた。しかし、保護期間延長法案は提出されないまま二〇一八年を迎えた。その理由の一つは、著作権全般にわたる立法の行き詰まりだが、一九九八年の延長によって著作権の門戸にもたらされた悪意がその行き詰まりを助長した。また、国際貿易の経済性を含め、長期の保護期間による経済性に疑問が呈されているため、さらなる延長が立法課題から無期限で外れる見込みである。

著作権の国内経済と国際経済の類似性は、著作権の対象を慎重に選択し、経済的価値があるありとあらゆるところにまで権利を拡大するという国内の処方箋が、国際的な場でも同様に適用されるべきであることを示唆している。著作権者がますますグローバル市場を目指すなかで、この処方箋は、価格メカニズムが世界中の嗜好について正確なシグナルを提供することを最も保証するだろう。また、この処方箋は、専門的だがコストのかかる作品で、それを支える十分な規模の国内市場がなくても、世界中の視聴者から十分な対価を得ることができるような作品の制作を促進することになるだろう。たとえば、スコットランドのカーリングに関するドキュメンタリーは、米国でもスコットランドでも視聴者が少なすぎて製作費が集まらないかもしれないが、世界中の潜在的な顧客を考慮すれば、上質な作品を支えるのに十分すぎるほどの収入が得られるかもしれない。

著作権の規範から大きく逸脱する地域があると、天空のジュークボックスの将来に重大な支障をきたす可能性がある。ナップスターが全盛期の頃、デジタル商取引に関する会議で、ある参加者が同社のCEO代理のハンク・バリーに、論争のさなかにある事業を、著作権をより尊重しない国に海外移転することを考えたかどうか、冗談めかして尋ねた。ナップスターを合法的な、完全にライセンスを受けた音楽サービスにすることに全力を注いでいたバリーは、「考えていない」と答えた。しかし、その後のファイル共有サービスが、米国や欧州の著作権者の手の届かないバヌアツなどの遠方の国に法人を設立したり、あるいはサーバーを設置したりしたのは偶然ではないだろう。しかし、インターネット上の広告が縮小し、インターネット企業が著作権に基づく収益モデルにどんどん移行するに従い、著作権者とより利害関係が一致するようになったインターネット企業が、より厳格に行動し、海賊版サイトへのリンクを閉鎖するようになったとしても驚くには値しないだろう。

著作権法は、国内外を問わず、著作物利用のすみずみまで網羅すべきであるということは、著作権の執行が法律に従って本来私的な空間にまで踏み込むべきであるという主張ではない。そんなことに労力を費やすのは、コストがかかるうえに徒労に終わる。むしろこのような状況では、著作権の最も効果的な役割は、自力執行力のある規範としての役割になるだろう。不動産における不法侵入の行動規範は、刑事上または民事上の制裁を受けるおそれがまったく迫っていないにもかかわらず、他人の家の芝生を横切って近道をする人がほとんどいない理由を説明している。行動規範は、許される行動と禁止される行動を定義している。暴走する自動車から逃れるために他人の家の芝生を横切ることについてためらう人がほとんどいないのも、行動規範があるからである。二一世紀の著作権の至上命題は、制限と許可の原則を、不動産の規範と同じくらい道徳的に説得力のある行動規範として確立することである。

チャールズ・クラークが「機械に対する答えは機械のなかにある」と提唱したのと同じアムステルダムの会議で、グレイトフル・デッドの作詞者であるジョン・ペリー・バーロウは、さらに未来を見据えて、創造的商品の保護にあたって、技術だけでなく倫理にも頼らざるをえないだろう、そして法律よりも技術と倫理の両方にずっと多くを頼らざるをえないだろうと示唆した。規範が定着するためには、なによりも規範が合理的でなければならないし、少なくともそう見えるものでなければならない。二〇〇三年から二〇〇八年にかけて、米国のレコード会社は、録音された実演を自室や大学寮の部屋でこっそりとダウンロードした何万人もの音楽ファンを告訴して、音楽のファイル共有を止めようとしていたが、著作権に対するイメージアップにはならなかった（最初の陪審員裁判で、二四曲を共有したミネソタ州の四人の母親に対する判決で出された損害賠償額は二二万二〇〇〇ドルだった）。また、ＡＳＣＡＰが米国ガールスカウト連盟にキャンプファイヤーでの合唱に対する支払いを要求した際には、マスコミがこぞって報道した。ウォール・ストリート・ジャーナル紙の記事では、若いキャンパーたちが音楽なしでマカレナを踊っている様子が紹介された。

合理性は、大衆の支持を得るための必要条件だが、十分条件ではない。一般論として著作権の正当性が直感的に説得力をもつとしても、特定の事例ではその魅力が急速に失われもする。ＤＶＤを万引きすることは、店主のポケットに直接手を突っ込んでいるのとほとんど変わらない。これは、買物客の道徳的感覚に基づく自然な主張だろう。しかし、インターネットで映画をコピーすることは、誰の目にも明白な富の収奪と映るとはかぎらない。それに、コピーによって新しい映画を作るための投資が減るかもしれないという説明は、コピーする人の普通の思考からあまりにもかけ離れていて、強い道徳的反応を引き起こすようななにかがない限り、説得力を有しない。

著作権が、永続的規範に必要とされる深度の承認を得るためには、その人その作者の顔を見せなければならない。メアリ・Ｈ・クラークの著作の出版社、ブルース・スプリングスティーンの楽曲を販売するレコード会社、スティーヴン・スピルバーグの映画を配給するスタジオ、これらを特に気にするファンはほとんどいない。しかし、好きな作家のサイン会に何千人もの読者が列を作り、アマゾンでもっと手軽に、しかも半額で買える本にわざわざサインをしてもらうのだ。

自然権としての著作権の主張を担保してきたのは、所有権ではなく、作者性である。一七一〇年、英国の書籍出版業組合は、おそらく手段を選ばずに著者の旗印のもとに著作権を争った際、このことを理解した。著作権の人間的な側面は、自費出版に参加するクリエイターがますます増えることで、かえって広がっていくだろう。残された問題は、市場だけでなく議会においても、著作者が著作権の顔として企業オーナーにとってかわるか否かである。一九七六年の著作権法は、著作者とその出版社との経済的関係を、著作者に有利なように大きくリセットした。議会が次に取り組む大きな課題は、著作者と公衆との関係をリセットすることである（米国は先進国のなかで唯一、ベルヌ条約で定められた著作者人格権の保護義務を果たしていない）。今日のインターネットでは、そして明日のインターネットではなおさら、競合他社が魅力ある商品を無料で提供し、あらゆるユーザーが自ら出版者となり、あらゆるリビングは自身の映画館となる。著作権法が広く公衆に受け入れられることを通じて自力執行することに失敗すれば、もうほかのやり方では執行されえない法律となろう。

訳者あとがき

酒井　麻千子

1　はじめに

本書は、Paul Goldstein, Copyright's Highway: From the Printing Press to the Cloud (2nd ed.), Stanford University Press, 2019 の全訳である。著者はスタンフォード大学ロースクール Stella W. And Ira S. Lillick 寄付講座教授で、著作権法の講義を担当している。自身の名を冠した著作権法の学術書をはじめとして、現在は版を重ね共著となっているが、国際著作権法の教科書や知的財産法のケースブックなど、多数の専門書及び学術論文を公表している。また著者は法律を題材にした小説家としても有名で、二〇一三年には三作目の小説で法廷小説に与えられる文学賞も獲得した。著者のウェブサイトを拝見すると、本書は多彩な著作のうち一般向けの書籍に位置づけられるようだが、法律の専門的な内容が多数含まれ、読み応えのあるものとなっている。

米国を中心とした著作権の歴史（コピーライト・ハイウェイ）をたどる本書は、一九九四年に初版、二〇〇三年に改訂版が出版された。初版及び改訂版は、'From Gutenberg to the Celestial Jukebox' という副題がつけられていが、第二版の本書は'From the Printing Press to the Cloud' に変更されている。章構成も変化していて、初版は六章構成、改訂版は初版の六章の部分を大幅に書き改めつつ一章拡張して七章構成、そして本書は七章に新たな事象を書き加えつつ八章をほぼ書き下ろした形で八章構成となっており、より現代に近い技術を取り上げた章を拡張・新設している（もちろん、他の章も最新の事情を踏まえた修正が適宜なされている)。第二版の副題変更はこれらの変化を踏まえたものであろう。いわばハイウェイの延伸である。

以下では、本書を読み進めるにあたって有益と思われる思考の補助線を示しつつ、本書の学術的意義に触れることにする。

2 いくつかの補助線

(1) 本書における、著作権の歴史の取扱い方について

本書は著作権の歴史をたどるものではあるが、歴史的事実を列挙するものではない。著者は、きわめて現代的かつプラクティカルな問題意識から、歴史を取り扱っている。すなわち、著作権が対象としてきた情報・娯楽市場の構造は、技術革新に伴い劇的に変化しており、世の中の大抵の情報や娯楽はほぼ無料で手に入れることができるようになった。そのような中で、著作権は創造的な作品の創作・流通・享受に対して適切な役割を果たし、「新たな情報・娯楽環境がもたらす挑戦に対応できるのだろうか」(二六頁)、より端的には、著作権の役目は残っているのだろうか、という問題である。

著者はこの問いに対して、新たな技術との遭遇に立法や司法を通じて対処し続けてきた著作権の歴史こそが、方針の手がかりを与えてくれる、と考える。そこで、コピーライト・ハイウェイを一気に駆け抜け、その道程から「実用的な教訓」(二八二頁)を得て、立法への「処方箋」(同頁)を引き出し、道半ばのハイウェイのその先を予想するのである。

したがって、本書で取り扱う歴史の事象は、「著作権がその時々の新技術とどのように対峙してきたのか」という観点からピックアップされ記述される。著作権法誕生の契機となった活版印刷技術に始ま

り、写真、映画、レコード、ラジオ、ビデオテープ・ビデオデッキ、そしてデジタル技術とインターネット。加えて、筆者は単に関連する立法・判例・学説を記述するだけでなく、特に戦後以降の関係当事者に行った綿密なインタビューを元にして、当時の議論をまとめている。本書が読み物としても面白く感じるのは、えてして長くつまらなくなりがちな歴史の話を、鮮やかに、そして軽やかに走り抜ける爽快感があるからであろう。

(2) 「天空のジュークボックス」について

本書に頻繁に登場する言葉の一つに、「天空のジュークボックス」がある。第二版では副題から削除されたこの言葉は、もともと筆者が一九九四年の初版において、デジタル技術とインターネットがもたらす未来の可能性を示す技術イメージを指す言葉として考案したものだった。それは、ユーザーが瞬時にかつオンデマンドに、大量の情報・娯楽の宝庫へアクセスできるようになる技術やサービスが近い将来提供される、というものである。そして本書七章にもあるとおり、この「天空のジュークボックス」という言葉は一九九五年の米国政府の白書に採用され、広く知られることとなった。

「天空のジュークボックス」は、二〇二三年の現在においてはほぼ達成できていると言えなくもない。アイチューンズのように曲単位で音楽やMVをダウンロード・視聴できるサービスにとどまらず、スポティファイのようなストリーミングサービスも日常的に使われている。音楽だけでなく、映画、書籍も含め、膨大なコンテンツに即時アクセスし、享受することができるようになった。しかしながら、筆者の当初の予想と異なったのは、このイメージを最もよく想起させうるユーチューブなどのオンライン・プラットフォームが、コンテンツ提供の対価に五セント硬貨を求めるジュークボックスではなく、広告収入モデルを通じて無料でコンテンツをユーザーに提供したことである。包括ライセンスの締結や収益の分配を通じて権利者に一定の金額を支払う、コンテンツモデレーション技術を用いて適切に侵害コンテンツを管理する、といった対応によって状況は変わりつつあるが、いわゆるバリューギャップ問題（ユーチューブ等が音楽配信から得る利益と権利者に還元される利益が不均衡であること）への懸念も根強い。

(3)「著作権のコップ」について

「天空のジュークボックス」と同じくらい高頻度で登場するのが、「著作権のコップ」の比喩である。著者はこれを、著作権楽観論者と著作権悲観論者との対立を示すために用いている。著作権楽観論者は、著作権は創作を行った著作者に対して、著作者の利益を害しうる著作物のあらゆる利用に及ぶ支配権を認めるものだと捉える（自然権論）。したがって、「著作権のコップ」に入る水は多ければ多いほど良いと考えるのである。他方、悲観論者は、著作権は著作者のインセンティブを与えるのに必要な限度に限るべきで、著作者と利用者のニーズのバランスを図ることが重要だと考えている（功利主義）。したがって、「著作権のコップ」は半分空であるのがよい、と考える。

本書でも示されるように、両者の対立は著作権法上よく知られており、実際立法や司法の場で火花を散らしてきた。しかし著者は、五章において、歴史上両者は対立するだけでなく、しばしば肩を組んで著作権の保護を担保してきたことも指摘する。これは、両者が「著作権のコップ」の水量を問題にしていても、コップが空であることは想定していない点からも明らかである。

3　本書の学術的意義

本書から得られた知見をまとめると、以下の二点になる。

(1)　歴史から得られる「実用的な教訓」と立法への「処方箋」

やはり最も注目されるのは、歴史から得られる「実用的な教訓」と立法への「処方箋」であろう。これは八章で詳述される。

まず前提として、著者は立法の重要性を強調する。米国の著作権政策において、議会（立法）だけでなく裁判所（司法）もしばしば新たな技術と対峙する役割を担ってきたこと、特に二一世紀に入ってからは、立法活動の事実上の停止を背景に司法の役割が高まったことを確認する。しかし、司法の判断は、ユーザーの利便性を確保しつつ権利者にも一定の利益還元を行う、といった中間的な解決策を示すことが難しい点を指摘し、より良い制度づくりのためには立法が必要であると考えている。

その上で、新技術に対処するための立法作業について、著者は著作権の歴史から得た二つの具体的な「処方箋」を――初版から変わらず――提示する。第一に、新技術によって新たな著作物候補となりうる素材が現れても、著作権の範囲を直ちに拡張せず、著作権の歴史的な価値観から慎重に判断すべきである点、第二に、新技術によって新たな技術的利用が現れた場合、つまり新たな侵害態様が生じた場合は、克服できない執行コストが立ちはだからない限り、これを捕捉するように迅速に著作権を拡張すべきである点である（二八二頁）。

著者の見解は、２⑵で挙げた「著作権のコップ」をめぐる対立――つまり自然権論と功利主義という相反する立場から生じる、それぞれの著作権のあり方――のどちらが望ましいのか、といった視点から結論を引き出すのではなく、著作権の歴史を振り返りながら、どちらの立場でも許容しうる方針を提示するという点で、一定の実務的な価値を有し、新たな技術と対峙し続ける著作権政策の方向性に示唆を与えるものである。しかし、著者の提示する二つの「処方箋」自体には、疑問なしとしない。特に第二の処方箋については、新たな著作物の技術的利用が、公平性の観点からユーザーに認められるべき場合であっても常に禁止されてしまうのではないか、といった懸念が生じうる。こうした懸念に立法が具体的に（後述する「道徳的な輝き」（二八四頁）でもって）対応する必要性を著者は認識しているが、にもかかわらずデフォルトを新たな利用の禁止に置くのは、著者が歴史から得た「実用的な教訓」が関係していると考えられる。その教訓とは、昔も今も「ただ著作権制度が機能している」（二八二頁）こと、著作権が長い間、「増大し続ける創造的な作品の数々を、どんどん低廉なコストで社会が入手することを、決して妨げなかった」（同頁）ことである。つまり著者は、「昔から今まで続く」著作権制度が果たしてきた機能をおそらく是と捉えており、新たな利用はこの状態を崩すので捕捉されるべきである、と考えているように思われる（これは同時に、新たな素材を著作権の対象とすることに消極的な要因にもなる）。

しかしながら、このスタンスに対しても批判が生じうるだろう。例えば、著者の立場はただ現状を追認しているだけで、いわゆる「現状維持バイアス」を強化してしまうのではないか、という批判である。この点について深く掘り下げる紙幅の余裕はないが、著者はこの批判に対しても一定の回答を用意しているように思われる。それが(2)である。

(2) 著作権の役割と倫理あるいは道徳的議論の重要性

著者は、最初の問題意識（現代における著作権の役割）を、(1)での議論を踏まえて示している。すなわち、著作権法が著作物利用のすみずみまで網羅すべきであるという「処方箋」を実践するためにもっとも効果的な役割は、著作権が「自力執行力のある規範」（二八七頁）となることである。他人の家の芝生をわざわざ横切って近道をする人がいないこと、他方で緊急時に芝生に踏み込むのを躊躇う人もいないことを挙げた上で、二一世紀の著作権の至上命題は、「制限と許可の原則を、不動産の規範と同じくらい道徳的に説得力のある行動規範として確立すること」（同頁）である、と著者は主張する。これは著作権侵害とすべき、あるいはすべきでない、という判断を誰もが守ってくれるようにするためには、合理的な説明とともに直感にも訴えかける必要がある。さらに著作権が永続的な規範として深く承認されるためには、「作者の顔」（二八八頁）を見せ、作者とユーザーがつながる必要がある点も指摘している。

このような主張を、歴史的に裏付けることができるのが著者の一番の強みであろう。特に第二章では、出版社が、自身の利益ではなく著者の利益を前面に出して様々な主張を行い、立法にも取り入れられたことが示されていた。またホームズ判事の新たな著作物利用に対する判断も、理論的な正しさ・精密さはもちろんのこと道徳的観念に強く訴えかけるものだった。このように著作権法はかつての「道徳的な輝き」を取り戻し、自力執行力のある規範となることが必要である、と著者は主張している。

4　おわりに

以上のように、本書は読み物としても面白いが学術的にも興味深い内容を含むものである。このような書籍を翻訳する機会をいただけたことは望外の喜びである。

最後になるが、本書の企画経緯について。本書の翻訳企画は、二〇二〇年一〇月、酒井が勁草書房の鈴木クニエ氏からメールをいただいたのがきっかけ……とつい先日まで思っていたのだが、実はそれよりもずっと以前に、同社の別の編集者の方に「『コピーライト・ハイウェイ』面白いですよ」と酒井が飲み会で話したのが真のきっかけで、第二版の出版を契機にお話を頂いたようである（大変恐縮だが本人は全く覚えていなかった）。その後、鈴木氏との相談を通じて、知的財産法がご専門で、既に同社で知財関連の翻訳書を手掛けておられた山根崇邦先生に企画参加をご快諾いただいた。そして「八章構成なので四人で各二章分担はどうだろうか」というアドバイスをいただき、同じく知的財産法がご専門で、本書のテーマに関連した論文も発表されていた比良友佳理先生、鈴木氏曰く「原著者は小説家の一面もあるので、ラノベに強く翻訳相性が良さそう」な大島義則先生にもお声がけして、豪華なメンバーで翻訳を進めることになった次第である。

翻訳作業は、担当章についてそれぞれ暫定訳を作ったのち、相互レビューを通じて訳語の調整もできるだけ綿密に行った。当初相互レビューはグーグルドキュメントのコメント機能を使ってクラウド上で作業する形にしたものの、なかなか捗らない訳者もいた。この状況を打破すべく、鈴木氏のご提案で、Ｚｏｏｍを用いたオンライン相互レビュー会を連日開催して一気に進めたのも今となっては良い記憶……である。なんとか刊行にこぎつけることができて、ほっとしている。

また著者であるポール・ゴールドスタイン先生は、本書の日本語版序文を書いてくださっただけでなく、訳者からの翻訳に関する質問にも快く答えてくださり、誠に感謝している。

出版にあたっては、鈴木氏に加え、同社の中東小百合氏に大変お世話になった。編集や校正では、特に中東氏に丁寧なチェックをいただいた。訳者の事情により、当初の予定よりも出版がかなり遅れてしまったにもかかわらず、辛抱強く待っていただき、また折に触れお気遣いをいただき、心から感謝申し上げる次第である。

書籍は制作過程もさることながら、何よりも、読者のみなさまが手に取ってくださることで完成する。本書が、著作権に関心のあるすべての人々にとって、楽しいドライブの時間となりますよう。

二〇二三年九月

■訳者紹介（五十音順）

大島義則（おおしま・よしのり） 翻訳担当：第4章・第8章
弁護士法人長谷川法律事務所弁護士（第二東京弁護士会所属）、専修大学法科大学院教授。2006年慶應義塾大学法学部法律学科卒。2008年慶應義塾大学大学院法務研究科修了。2009年弁護士登録。主著として、『憲法ガール Remake Edition』（法律文化社、2018年）、『実務解説 行政訴訟』（編著、勁草書房、2020年）、ダニエル・J・ソロブ『プライバシーなんていらない!? 情報社会における自由と安全』（共訳、勁草書房、2017年）。

酒井麻千子（さかい・まちこ） 翻訳担当：第2章・第6章
東京大学大学院情報学環准教授。2014年3月東京大学大学院学際情報学府博士課程単位取得退学、同大学院情報学環助教を経て2019年より現職。主著として、「18世紀後半～19世紀前半における絵画の複製と著作権――ドイツ（プロイセン）での議論を中心として」著作権情報センター編『第10回著作権・著作隣接権論文集』（著作権情報センター、2016年）1頁、「写真の技術的特性に対する意識――被写体の決定と創作性判断をめぐる議論」田村善之・山根崇邦編著『知財のフロンティア 第1巻 学際的研究の現在と未来』（勁草書房、2021年）263頁、「メタバース上でのコンテンツ流通と知的財産法」法学セミナー68巻2号（2023年）47頁。

比良友佳理（ひら・ゆかり） 翻訳担当：第5章・第7章
京都教育大学教育学部講師。2014年北海道大学大学院法学研究科博士後期課程修了、博士（法学）。2015年より現職。主著として、「著作権法における現代アートの受容可能性に関する一考察――フランス法からの示唆」吉田広志ほか編『知的財産法政策学の旅 田村善之先生還暦記念論文集』（弘文堂、2023年）368頁、「著作権と表現の自由」論究ジュリスト34号（2020年）111頁、『あたらしい表現活動と法』（共著、武蔵野美術大学出版局、2018年）。

山根崇邦（やまね・たかくに） 翻訳担当：第1章・第3章
同志社大学法学部教授。2009年北海道大学大学院法学研究科博士後期課程修了、博士（法学）。2019年より現職。主著として、『知的財産法政策学の旅 田村善之先生還暦記念論文集』（共編著、弘文堂、2023年）、『知財のフロンティア第1巻・第2巻 学際的研究の現在と未来』（共編著、勁草書房、2021年）、ロバート・P・マージェス『知財の正義』（共訳、勁草書房、2017年）。

索　引

■数字・アルファベット

■ア行

■カ行

■サ行

■タ行

■ナ行

■ハ行

■マ行

■ヤ行

■ラ行

■ワ行

注

本文中で言及した大半の判例は、ウエスト社の判例集 National Reporter System（NRS）に登載されている。同判例集は、群の法律図書館、ロースクール図書館、多くの法律事務所で利用可能である。NRS のうち、連邦地方裁判所の判例を登載した判例集が Federal Supplement（F. Supp.）であり、連邦巡回区控訴裁判所の判例を登載した判例集が Federal Reporter（判決日に応じて Fed.、F.2d、F.3d）である。このほか、連邦最高裁判所の判例に関しては、全件ではないが、公式判例集の United States Reports（U.S.）に登載されている。また、本文中で言及した連邦法は、公式法令集の合衆国法典（U.S.C.）に掲載されている。

第 1 章

ジェームズ・トムソンの『四季』は、*Millar v. Taylor*、*Donaldson v. Becket* という 18 世紀英国の 2 つの画期的な判決において登場する。両判決については第 2 章で取り上げる。『アンクル・トムの小屋』をめぐる裁判の出典は *Stowe v. Thomas*, 23 F. Cas. 201（C.C.E.D. Pa. 1853）、ワシントン大統領の伝記をめぐる裁判の出典は *Folsom v. Marsh*, 9 F. Cas. 342（C.C.D. Mass. 1841）である。オーガスティン・ビレルの「文学の窃盗」は、Augustine Birrell, *The Law and History of Copyright in Books* 167（1899）に収録されている。

プリティ・ウーマン事件の第一審判決の出典は、*Acuff-Rose Music Inc. v. Campbell*, 754 F. Supp. 1150（M.D. Tenn. 1991）である。オスカー・ブランドの発言は、同控訴審判決の 972 F.2d 1429, 1433（6th Cir. 1992）で引用されている。

サリンジャー事件の出典は *Salinger v. Random House, Inc.*, 811 F.2d 90（2d Cir. 1987）、モンティ・パイソン事件の出典は *Gilliam v. American Broadcasting Cos.*, 538 F.2d 14（2d Cir. 1976）である。ストーリー判事の「法の形而上学」への言及は、*Folsom v. Marsh*, 9 F. Cas. 342, 344（C.C.D. Mass. 1841）にみられる。

著作権、特許、商標が混同されがちだというアラン・ラットマンの指摘は、1970 年 8 月 1 日にミズーリ州セントルイスで開催された米国法曹協会の特許・商標・著作権部門での講演のなかで述べられたものである。講演録は 60 *Trademark Reporter* 506（1970）に掲載されている。連邦特許法は 35 U.S.C.§§1 et seq. に規定されている。連邦著作権法および特許法の憲法上の根拠は合衆国憲法 1 条 8 節

8項にある。連邦商標法は15 U.S.C.§§1051 et seq. に規定されている。連邦商標法の憲法上の根拠は通商条項と呼ばれる合衆国憲法1条8節3項にある。著作権と商標権に基づく重畳的な請求がされたディズニー訴訟の例として、映画「ピノキオ」の登場人物のキャラクターの描写に関する *Walt Disney Productions v. Filmation Assocs.*, 628 F. Supp. 871 (C.D. Cal. 1986) 参照。

ジョニー・カーソン事件の出典は *Carson v. Here's Johnny Portable Toilets, Inc.*, 698 F.2d 831 (6th Cir. 1983)、AP通信事件の出典は *International News Service v. Associated Press*, 248 U.S. 215 (1918) である。著作権延長立法の合憲性が争われた訴訟の出典は *Eldred v. Ashcroft*, 123 S. Ct. 769 (2003) である。民間伝承の保護運動におけるアフリカ諸国の役割については、Marie Niedzielska, "The Intellectual Property Aspects of Folklore Protection," *Copyright*, November 1980, p. 339を参照。

『スカーレット』の494万ドルの前金については、"Headliners: By the Pen," *New York Times*, May 1, 1988, Sec. 4, p. 7で報告されている。『風はとわに去りぬ』をめぐる裁判の出典は、*Suntrust Bank v. Houghton Mifflin Co.*, 252 F.3d 1165 (11th Cir. 2001) である。ジョン・ペアレスのコメントは、"Rappers in Court Over Parody, Not Smut, and It's Still a Hard Call," *New York Times*, November 13, 1993, Arts Sec., pp. 3, 18に掲載されている。エドワード・マーフィがニューヨーク・タイムズ紙の編集者に宛てた手紙は、*New York Times*, December 3, 1993, Sec. A, p. 32に掲載されている。

プリティ・ウーマン事件の控訴審判決の出典は、*Acuff-Rose Music, Inc. v. Campbell*, 972 F.2d 1429 (6th Cir. 1992) である。ヘミングウェイ事件の出典は、*Hemingway v. Random House, Inc.*, 244 *Northeastern Reporter* 2d 250 (1968) である。連邦著作権法 (17 U.S.C.§§101 et seq.) は、著作物の保護要件として残存していた方式要件について1989年3月1日をもってすべて撤廃した。アイデアの投稿をめぐる法的責任の問題については、やや古い文献ではあるが、Harry Olsson, "Dreams for Sale," 23 *Law and Contemporary Problems* 34 (1958) が今なお非常に参考になる。

オリバー・ウェンデル・ホームズ・シニアの発言の引用文は、"Mechanism in Thought and Morals," in *Pages from an Old Volume of Life: A Collection of Essays, 1857-1881* 288 (1883) に掲載されている。著作権法上のフェアユースの抗弁は17 U.S.C.§107に規定されている。ハワード・ヒューズ事件の出典は *Rosemont Enterprises v. Random House, Inc.*, 366 F.2d 303 (2d Cir. 1966)、ザプルーダーフィルム事件の出典は *Time, Inc. v. Bernard Geis Assocs.*, 293 F. Supp. 130 (S.D.N.Y. 1968)、ネイション誌事件の出典は *Harper & Row Publishers v. Nation*

Enterprises, 471 U.S. 539（1985）、グルーチョ・マルクス事件の出典は *Marx v. The United States*, 96 F.2d 204（9th Cir. 1938）である。著作権法 506 条(a）は、著作権を「故意に、かつ商業的利益または私的な経済的利得を目的として」侵害した者に対して刑事罰を科している。1992 年改正により著作権侵害罪には重い罰則が科されることになった（18 U.S.C.§2319(b)）。

スティーヴン・ブライヤーの論文の出典は "The Uneasy Case for Copyright: A Study of Copyright in Books, Photocopies, and Computer Programs", 84 *Harvard Law Review* 281（1970）、バリー・タイアーマンの反論の出典は "The Economic Rationale for Copyright Protection for Published Books: A Reply to Professor Breyer," 18 *UCLA Law Review* 1100（1971）、タイアーマンに対するブライヤーの再反論の出典は "Copyright: A Rejoinder," 20 *UCLA Law Review* 75（1972）である。ブライヤーが多数意見を執筆した最高裁判決の出典は、*American Broadcasting Cos., Inc. v. Aereo, Inc.*, 134 S. Ct. 2498（2014）である。

第5章では、米国の著作権法と諸外国の著作権法との相違点と類似点、およびこれらを統合しようとする条約上の取り決めについて検討する。ロシアにおけるアガサ・クリスティのミステリー小説の海賊版や『風と共に去りぬ』の続編の海賊版については、Gleb Uspensky & Peter B. Kaufman, "50 Million Agatha Christies Can Be Wrong," *Publishers Weekly*, November 9, 1992, p. 60 で言及されている。

書籍出版の現在の成長に関する数値は、Charles Barber, "Books by the Number," 6 *Media Studies Journal*, Summer 1992, p. 15 によるものである。第2章、第3章、第4章、第6章では、写真からコンピュータプログラムに至るまで、議会および裁判所において生じた著作権と新技術との出会いの物語について述べる。著作権法 106 条(4）は、実演権侵害の責任を「公衆」に対してなされる実演に限定している。公の実演の定義につき、同 101 条を参照。

WIPO の事務局長であったアーパッド・ボクシュは、1991 年 3 月 25 日から 27 日にかけてスタンフォード大学で開催された WIPO シンポジウムで、「誰が、どの作品の、作者なのでしょうか」という問題を提起した。筆者はこのシンポジウムの総合司会を務めた。本シンポジウムの議事録は、World Intellectual Property Organization, *WIPO Worldwide Symposium on the Intellectual Property Aspects of Artificial Intelligence*（1991）として公刊されている。

「全会一致原則」をめぐる議論につき、Thomas Olson, "The Iron Law of Consensus: Congressional Responses to Proposed Copyright Reforms Since the 1909 Act," 36 *Journal of the Copyright Society* 109（1989）参照。「最先端の技術に取り組むつもりなら、その刃先が当たらないように後方に下がっておくことが最も重要だ」というのは、シンポジウムにおけるハイネス・ガフナーの発言であ

る。*Proceedings of the Congressional Copyright and Technology Symposium, Fort Lauderdale, Florida, February 4-5, 1984,* Prepared at the Request of the Subcomm. on Patent, Copyright and Trademark for use of the Senate Comm. on the Judiciary, 99th Cong., 1st Sess.（S. Print 99-71, July 1985）に収録されている。筆者はこのシンポジウムの総合司会を務めた。下院知的財産小委員会の委員長であったロバート・カステンメイヤーは、主任顧問弁護士のマイケル・レミントンとの共著論文"The Semiconductor Chip Protection Act of 1984: A Swamp or Firm Ground?" 70 *Minnesota Law Review* 417（1985）においてこの見解を支持している。

オリバー・ウェンデル・ホームズ・ジュニア判事の著作権法に対する貢献については第2章で論じる。プリティ・ウーマン事件の最高裁判決の出典は、*Campbell v. Acuff-Rose Music, Inc.*, 510 U.S. 569（1994）である。マッテゾンの引用文は、筆者の同僚であるレオナルド・ラトナーの手になる翻訳文であるが、原著の出典は Johann Mattheson, *Der Vollkommene Kapellmeister: Das ist Gründliche Anzeige*（1739）である。

第2章

ミルトン、バーク、ゴールドスミス、マンスフィールド、ホームズに関する文献は、この章の後半で紹介する。ジョン・ハーシーが反対意見を述べた米国議会の委員会報告書は、National Commission on New Technological Uses of Copyrighted Works, *Final Report* 27（1978）である。また、ローマの詩人マルティアリスについては Bruce Bugbee, *Genesis of American Patent and Copyright Law* 13（1967）に、ディルムッド王については Augustine Birrell, *The Law and History of Copyright in Books* 42（1899）に記載されている。

王室の勅許とライセンス、書籍出版業組合の運営、アン法の制定に関する記述は、L. Ray Patterson, *Copyright in Historical Perspective*（1968）のほか、Bruce Bugbee, *Genesis of American Patent and Copyright Law*（1967）, Thomas Scrutton, *The Law of Copyright*（4th ed., 1903）, Harry Ransom, *The First Copyright Statute*（1956）に大いに依拠している。カーティン教授の論文は以下を参照。Rebecca Schoff Curtin, "The Transactional Origins of Author's Copyright," 40 *Columbia Journal of Law & the Arts* 175, 201（2016）. ジョン・ミルトン『失楽園』の出版承諾の件については、David Masson, 6 *The Life of John Milton* 509-511（1965）に掲載されている。アン法の出典は、8 Anne, c. 19（1710）である。

トンソン対コリンズ事件からドナルドソン対ベケット事件までの書籍出版業組

合の訴訟活動に関する議論は、主に以下の文献から引用している。L. Ray Patterson, *Copyright in Historical Perspective* (1968), Mark Rose, "The Author as Proprietor: *Donaldson v. Becket* and the Genealogy of Modern Authorship," 23 *Representations* 51 (1988)（このエッセイは大幅に拡大した形で Mark Rose, *Authors and Owners: The Invention of Copyright*, 1993 でも掲載されている）。加えて、Howard Abrams, "The Historic Foundation of American Copyright Law: Exploding the Myth of Common Law Copyright," 29 *Wayne Law Review* 1119 (1983), Benjamin Kaplan, *An Unhurried View of Copyright* (1967), Augustine Birrell, *The Law and History of Copyright in Books* (1899) といった論考も参照されたい。

バーク、ゴールドスミス、ギャリックがドナルドソン対ベケット事件で貴族院での弁論を傍聴していた件については、Mark Rose, "The Author as Proprietor: *Donaldson v. Becket* and the Genealogy of Modern Authorship," 23 *Representations* 51–52 (1988) にある。またドナルドソン対ベケット事件における裁判官の投票数のミスカウントに関する推測は、Howard Abrams, "The Historic Foundation of American Copyright Law: Exploding the Myth of Common Law Copyright," 29 *Wayne Law Review* 1119, 1156–71 (1983) に記述されている。

本章で言及した 18 世紀英国における判例の出典は、*Millar v. Taylor*, 4 Burr. 2303, 98 Eng. Rep. 201 (K.B. 1769) および *Donaldson v. Becket*, 4 Burr. 2408, 98 Eng. Rep. 257 (1774) である。マンスフィールド判事の著作権に関する最後の見解は *Sayre v. Moore* (1785) に現れており、*Cary v. Longman and Rees*, 1 East 180, 102 Eng. Rep. 138 (K.B. 1801) の脚注に引用されている。

米国における初期の著作権についての議論は主に以下の書籍・論考から引用している。Bruce Bugbee, *Genesis of American Patent and Copyright Law* (1967), Barbara Ringer, "Two Hundred Years of American Copyright Law," in American Bar Association, *Two Hundred Years of English and American Patent, Trademark and Copyright Law* 117 (1977), Walter Pforzheimer, "Historical Perspective on Copyright Law and Fair Use," in Lowell Hattery and George Bush, eds., *Reprography and Copyright Law* 18 (1964).

ノア・ウェブスターの役割に関する追加の背景については、Harry Warfel, *Noah Webster: Schoolmaster to America*, ch. 4 (1936) を参照。ジェームズ・マディソンが、文学的財産に関する法が統一されていないと指摘した点については *Federalist Paper* No. 43 (Modern Library ed., 1941) にある。また憲法制定会議での審議内容は Max Farrand, ed., 2 *Records of the Federal Convention of 1787* 509 (1911) に翻刻されている。初の米国著作権法の出典は、Act of May 31, 1790,

ch.15, 1 Stat. 124 である。

ホイートン対ピーターズ事件に至るまでの人物や出来事の叙述は、Craig Joyce, "The Rise of the Supreme Court Reporter: An Institutional Perspective on Marshall Court Ascendancy," 83 *Michigan Law Review* 1291（1985）から引用している。本訴訟の引用文献は、*Wheaton v. Peters*, 29 F. Cas. 862（C.C.E.D. Pa. 1832）および *Wheaton v. Peters*, 33 U.S. 590（1834）である。

1870 年法の出典は Act of July 8, 1870, ch. 230 §§ 86-111, 16 Stat. 198, 212-216 である。米国議会図書館と米国著作権局の歴史は John Cole, "Of Copyright, Men, and a National Library," 28 *Quarterly Journal of the Library of Congress* 114（1971）から引用している。

『アンクルトムの小屋』事件の引用は *Stowe v. Thomas, 23 F. Cas.* 201（C.C.E.D. Pa. 1853）である。1865 年の著作権法改正は Act of March 3, 1865, ch. 126, 13 Stat. 540-41 である。オスカー・ワイルドの写真に関する事件は *Burrow-Giles Lithographic Co. v. Sarony*, 111 U.S. 53（1884）である。関連する商標事件は 100 U.S. 82（1879）である。

『朝食テーブルの独裁者』に関する事件は、*Holmes v. Hurst*, 174 U.S. 82（1899）のことである。本章で取り上げたホームズ判事の 4 つの著作権に関する意見は、以下の判例から引用している。*Bleistein v. Donaldson Lithographing Co.*, 188 U.S. 239（1903）（サーカスのポスターの事件）、*Kalem Co. v. Harper Bros.*, 222 U.S. 55（1911）（ベン・ハー事件）、*White-Smith Music Publishing Co. v. Apollo Co.*, 209 U.S. 1（1908）（自動ピアノのピアノロール事件）、*Herbert v. Shanley Co.*, 242 U.S. 591（1917）（「営利目的」での演奏事件）。ホームズが大衆演劇を好んだことについては、Peter Gibian, "Opening and Closing the Conversation: Style and Stance from Holmes Senior to Holmes Junior," in Robert W. Gordon, ed., *The Legacy of Oliver Wendell Holmes* 190（1992）に記述がある。

エジソンの映画事件について、第一審判決は *Edison v. Lubin*, 119 F. 993（E.D. Pa. 1903）、控訴審判決は *Edison v. Lubin*, 122 F. 240（3d Cir. 1903）である。映画を対象とした著作権法の改正は、Act of August 24, 1912, ch. 356, Pub. L. No. 62-303, 37 Stat.（part 1）488-90 である。

エオリアン社の独占の試みについては、Hearings on S. 6330 and H.R. 19853, 59th Cong., 1st Sess., 23-26, 94-97, 139-48, 166, 185-98, 202-6（June 6-9, 1906）; H. Rep. No. 2222, 60th Cong., 2nd Sess., 7-8（1909）に記述がある。1909 年著作権法の出典は、Act of March 4, 1909, Pub. L. No.60-349, 35 Stat.（part 1）1075 である。

ハーバートとスーザの証言は、Arguments Before the Committees on Patents of the Senate and House of Representatives, Cojointly, on the Bills, S. 6330 and

H.R. 19853, to Amend and Consolidate the Acts Respecting Copyright, June 6–9, 1906に掲載されている。音楽作品に公の実演権が与えられた1897年の改正は、Act of January 6, 1897, ch. 4, 29 Stat. 481–2である。SACEMの設立については、David Sinacore-Guinn, *Collective Administration of Copyrights and Neighboring Rights* §1.01（1993）から引用している。

ASCAPに関する話は、主に以下の文献から引用している。Leonard Allen, "The Battle of Tin Pan Alley," *Harper's*, October 1940, p. 514, Raymond Hubbell, *The Story of ASCAP*（undated and unpublished; on file with ASCAP), Lucia Schultz, "Performing-Right Societies in the United States," *Music Library Association Notes* 511（1979).

ヒリアード・ホテル事件の引用は、*John Church Co. v. Hilliard Hotel Co.*, 221 F. 229（2d Cir. 1915)、シャンリー事件の引用は、*Herbert v. Shanley Co.*, 222 F. 344（S.D.N.Y. 1915), *affirmed*, 229 F. 340（2d Cir. 1916）である。連邦最高裁判決は242 U.S. 591（1917）にある。バンバーガー事件は*M. Witmark & Sons v. L. Bamberger & Co.*, 291 F. 776（D.N.J. 1923）である。反トラスト法の同意審決は、*United States v. Broadcast Music, Inc.*, 1940–43 Trade Cases（CCH）¶ 56,096（February 3, 1941）および、*United States v. American Society of Composers, Authors and Publishers*, 1940–43 Trade Cases（CCH）¶ 56,104（March 4, 1941）である。ASCAPの収入と会員数は、ASCAP, *2016 Annual Report*から引用している。

第3章

本章では主に3つの資料に基づいて執筆している。第1は、ウィリアム・パッサーノ・シニア（1986年12月18日、メリーランド州ボルチモア)、マーティン・カミングス（1991年5月20日、メリーランド州チェサピーク・ビーチ)、アーサー・グリーンバウム（1988年3月7日、ニューヨーク州ニューヨーク）のインタビューである。第2は、コーワン、リーボウィッツ&ラットマン法律事務所（ニューヨーク州ニューヨーク）が保有するウィリアムズ&ウィルキンス事件の訴訟関連ファイルである。第3は、ウィリアムズ&ウィルキンス対合衆国事件の裁判記録と最高裁の弁論記録である。

このほか、トーマス・バーンズ（1990年6月26日、ワシントンDC)、ジェームズ・デイヴィス（1990年6月26日、ワシントンDC)、チャールズ・リーブ（1988年3月7日、ニューヨーク州ニューヨーク)、ウィリアム・パッサーノ・ジュニア（1986年12月18日、メリーランド州ボルチモア)、バーバラ・リンガー

(1990年6月29日、ワシントンDC)、ドロシー・シュレイダー(1991年1月3日、ワシントンDC)、キャロル・シムキン(1988年3月8日、ニューヨーク州ニューヨーク)のインタビューから追加的に確認した事実がある。ロバート・ボークからの手紙(1994年3月10日)にはさらに詳しい情報が記載されている。

ジョセフ・ダ・パッサーノの肖像画は、パッサーノ家の伝記 William Moore Passano, *A Mad Passano Am I* (1978) に掲載されている。ウィリアムズ&ウィルキンス事件に関するワシントン・ポスト紙の記述は、John MacKenzie, "Photocopying Case Tops Supreme Court Business List," *Washington Post*, October 13, 1974, p. K1 に掲載されている。米国国立医学図書館とマーティン・カミングスに関する背景情報は、Wyndham Miles, *A History of the National Library of Medicine: The Nation's Treasury of Medical Knowledge* (1982) による。

ラットマンのフェアユースに関する研究は、Alan Latman, "Fair Use of Copyrighted Works," in *Studies Prepared for the Subcomm. on Patents, Trademarks, and Copyrights of the Senate Comm. on the Judiciary*, 86th Cong., 2d Sess. Copyright Law Revision (Comm. Print 1960) に収録されている。合衆国政府に対する著作権侵害訴訟を認める制定法の規定は、28 U.S.C.§1498 である。1960年代の複写量に関する研究は、U.S. Copyright Office, *Summary of the Three Leading Studies That Deal with Photocopying in the United States and Its Copyright Implications* (1968) に要約されている。

フォートナイトリー事件判決の出典は *Fortnightly Corp. v. United Artists Television, Inc.*, 392 U.S. 390 (1968)、デイヴィス補助裁判官の判決の出典は *Williams & Wilkins v. The United States*, 172 *United States Patents Quarterly* (BNA) 670 (Ct. Cl. 1972)、請求裁判所の判決の出典は *Williams & Wilkins v. The United States*, 487 F.2d 1345 (Ct. Cl. 1973) である。ガスライト事件判決の出典は、*Benny v. Loew's, Inc.*, 239 F.2d 532 (9th Cir. 1956), *affrmed by an equally divided Court sub. nom. Columbia Broadcasting System v. Loew's, Inc.*, 356 U.S. 43 (1958) である。

ハワード・ヒューズ事件の出典は *Rosemont Enterprises, Inc. v. Random House, Inc.*, 366 F.2d 303 (2d Cir. 1966)、合唱の指導者に関する事件の出典は *Wihtol v. Crow*, 309 F.2d 777 (8th Cir. 1962)、テレプロンプター事件の出典は *Teleprompter Corp. v. Columbia Broadcasting System, Inc.*, 415 U.S. 394 (1974) である。ウィリアムズ&ウィルキンス事件の最高裁判決は 420 U.S. 376 (1975) に掲載されている。ブローニス教授の論文の出典は、Robert Brauneis, "Parodies, Photocopies, Recusals, and Alternate Copyright Histories: The Two Deadlocked Supreme Court Fair Use Cases," 68 *Syracuse Law Review* 7 (2018) である。

第4章

本章では、ニューヨーク州ニューヨーク市にあるコーワン、リーボウイッツ&ラットマン法律事務所にあるウィリアムズ&ウィルキンス訴訟の事件記録及び次の者へのインタビューを使用した。トーマス・ブレナン（1990年6月29日、ワシントンDC)、マーティン・カミングス（1991年5月20日、メリーランド州チェサピーク・ビーチ)、リチャード・エリオット（1993年6月17日、ワシントンDC)、ロバート・カステンメイヤー及びマイケル・レミントン（1992年10月20日、ワシントンDC)、デイヴィッド・リーボウィッツ（1993年6月18日、ワシントンDC)、アーサー・レヴィン（1990年6月27日、ワシントンDC)、チャールズ・マティアス（1990年2月7日)、ワシントンDC)、バーバラ・リンガー（1990年6月29日、ワシントンDC)、ハロルド・スクールマン（1994年3月9日、電話インタビュー)、ドロシー・シュレイダー（1991年1月3日、ワシントンDC)、ゲイリー・シャピロ（1993年8月16日、ワシントンDC)、ロバート・ウェッジワース（1993年7月12日、ワシントンDC)。

ビデオカセット及びオーディオカセットレコーダーの所有に関する統計は、Gillian Davies and Michèle Hung, *Music and Video Private Copying: An International Survey of the Problem in the Law* 28–29（1993）にある。OTAの調査は、Office of Technology Assessment, *Copyright and Home Copying: Technology Challenges the Law* 3, 145–46（1989).

1909年著作権法改正の取組みの歴史に関する考察は、Jessica Litman, "Copyright Legislation and Technological Change", 68 *Oregon Law Review* 275（1989）を一部引用している。1976年法に関する上下両院の報告書の出典は、H.R. Rep. No. 94–1476, 94th Cong., 2d Sess. 65, 71–72（1976)、およびS. Rep. No. 94–473, 94th Cong., 1st Sess. 66（1976）である。アブラハム・カゼン・ジュニアとロバート・カステンメイヤーが下院で交わした議論のやりとりは117 *Congressional Record* 334, 748–49（1971）に掲載されている。ラットマンのフェアユース研究は、Alan Latman, "Fair Use of Copyrighted Works," in *Studies Prepared for the Subcomm. on Patents, Trademarks, and Copyrights of the Senate Comm. on the judiciary*, 86th Congs., 2d Sess. Copyright Law Revision 11–12（Comm. Print 1960）に収録されている。

カミンシュタイン米国著作権局局長に関する引用は、House Comm. on the Judiciary, 89th Cong., 1st Sess., Copyright Law Revision, Part 6, *Supplementary Report of the Register of Copyrights on the General Revision of the U.S. Copyright Law: 1965 Revision Bill* 26, 28 (Comm. Print 1965)に掲載されている。バ

ーバラ・リンガーの米国議会図書館長に対する訴訟における判決は、*Ringer v. Mumford*, 355 F. Supp. 749 (D.D.C. 1973) である。CONTU の報告書は、National Commission on New Technological Uses of Copyrighted Works, *Final Report* (1978) である。

筆者はベータマックス訴訟で原告側弁護士のコンサルタントを務めた。ベータマックス訴訟とそれに関連する立法戦略に関する記述は、James Lardner, *Fast Forward* (1987) を一部引用している。ユニバーサル・シティ・スタジオ対ソニー・コーポレーション・オブ・アメリカの連邦地裁判決は 480 F. Supp. 429 (C.D. Cal. 1979)、控訴審判決は 659 F.2d 963 (9th Cir. 1981)、最高裁判決は 464 U.S. 417 (1984) である。

1979 ～ 82 年のビデオデッキ販売に関する統計は、Electronic Industries Association, *The U.S. Consumer Electronics Industry in Review*, 1992 ed. にある。連邦議会議員が「現実主義者である」という見解は、James Lardner が *Fast Forward* 240 (1987) で述べたものである。ベータマックス事件における裁判官の覚書と意見書草案への言及はすべて、米国議会図書館に所蔵されているサーグッド・マーシャル判事の最高裁文書から引用したものである。ビデオデッキがある米国の家庭の数に関する数値は、Gillian Davies and Michèle Hung, *Music and Video Private Copying: An International Survey of the Problem in the Law* 29 (1993) にある。

デジタル録音に関する予備知識の一部は、Office of Technology Assessment, *Copyright and Home Copying: Technology Challenges the Law* (1989) から引用している。ファーガソン判事の「電波妨害解除装置を妨害する」装置に関する見解は、James Lardner, *Fast Forward* 119-20 (1987) に報告されている。オーディオ家庭内録音法の引用は Pub. L. No. 102-563, 106 Stat. 4237 (1992) である。

第5章

テッド・ターナーによる MGM の取引に関する記述は、Maurine Christopher, "Tracking the TBS-MGM Deal No Easy Task," *Advertising Age*, February 10, 1986, p. 54, Stratford P. Sherman and Wilton Woods, "Ted Turner: Back from the Brink," *Fortune*, July 7, 1986, p. 24, "Ted Turner May Sell Assets to Pay for MGM/UA," *Los Angeles Times*, May 7, 1986, Business Sec., p. 2 に基づいている。著作者人格権は「親密な結びつき」を保障するものであるという見解は Raymond Sarraute, "Current Theory on the Moral Right of Authors and Artists Under French Law," 16 *American Journal of Comparative Law* 465 (1968).

アンリ・ルソーの事件は *Bernard-Rousseau v. Soc. des Galeries Lafayette*, Judgment of March 13, 1973 (Tribunal de Grande Instance, Paris 3^{e}) で、John Henry Merryman, "The Refrigerator of Bernard Buffet," 27 *Hastings Law Journal* 1023 (1976) に解説がある。ゲッパート議員の著作者人格権に関する法案は H.R. 2400, 100th Cong., 1st Sess. (1987) である。ターナーの「映画は PAL カラーの方が見栄えが良いと思うんだ」というコメントは Stephen Farber, "The Man Hollywood Loves to Hate," *Los Angeles Times Magazine*, April 30, 1989, p. 9 からの引用である。

ル・サンク事件の判決は Judgment of May 28, 1991, Cass. civ. 1re, 1991 La Semaine Juridique (Juris-Classeur Périodique) であり、その解説は Paul Geller, "French High Court Remands Huston Colorization Case," *New Matter* 1 (State Bar of California Intellectual Property Section), Winter 1991–92, 及び Jane Ginsburg and Pierre Sirinelli, "Authors and Exploitations in International Private Law: The French Supreme Court and the Huston Film Colorization Controversy," 15 *Columbia-VLA Journal of Law & the Arts* 135 (1991) に基づいている。判決文の翻訳は Ginsburg-Sirinelli の論文の付録に収録されている。

西ドイツの家庭内録画に関する判決は Juergen Weimann, "Private Home Taping Under Sec. 53(5) of the German Copyright Act of 1965," 30 *Journal of the Copyright Society* 153 (1982) に解説がある。著作者人格権に関するレヒトの見解は Pierre Recht, *Le Droit d'Auteur, Une Nouvelle Form de Propriete: Histoire et Théorie* 281 (1969) を参照。その翻訳として、Russell DaSilva, "Droit Moral and the Amoral Copyright: A Comparison of Artists' Rights in France and the United States," 28 *Bulletin of the Copyright Society* 1, 7 (1980)。ジェーン・ギンズバーグの研究とは "A Tale of Two Copyrights: Literary Property in Revolutionary France and America," 64 *Tulane Law Review* 991 (1990) である。

著作権に関する経済的思想の歴史は実質的に Gillian Hadfield, "The Economics of Copyright: An Historical Perspective," 38 *Copyright Law Symposium* 1 (ASCAP) (1992) の記述に基づいている。スミスによる分析は Adam Smith, *Lectures on Jurisprudence* 83 (1762) (R. Meek, D. Raphael, and P. Stein, eds., 1978)、ベンサムによる分析は Jeremy Bentham, "A Manual of Political Economy," in 3 *Works of Jeremy Bentham* 31, 71 (1839) (Jay Bowring, ed., 1962) を参照。マコーリーの演説は Thomas Babington Macaulay, *Prose and Poetry* 731, 733–37 (G. M. Young, ed., 1967) を参照。アローの論文とは Kenneth Arrow, "Economic Welfare and the Allocation of Resources for Invention," in National Bureau of Economic Research, *The Rate and Direction of Inventive Activity:*

Economic and Social Factors 609 (1962) である。デムゼッツの論文とは Harold Demsetz, "Information and Efficiency: Another Viewpoint," 12 *Journal of Law and Economics* 1 (1969) である。著作権と経済学に関する啓蒙的な最近の論文として、William Landes and Richard Posner, "An Economic Analysis of Copyright Law," 18 *Journal of Legal Studies* 325 (1989) がある。

フランスとベルギーの著作権をめぐる関係の歴史は Stephen Ladas, 1 *The International Protection of Literary and Artistic Property* 25-26 (1938), Sam Ricketson, *The Berne Convention for the Protection of Literary and Artistic Works: 1886-1986* 17-22 (1987) に基づいている。米国における国際著作権に関する議論の歴史は James Barnes, *Authors, Publishers and Politicians: The Quest for an Anglo-American Copyright Agreement, 1815-1854* (1974) を参照。貿易儀礼については Robert Spoo, "Courtesy Paratexts: Informal Publishing Norms and the Copyright Vacuum in Nineteenth-Century America," 69 *Stanford Law Review* 637 (2017) を参照。ベルヌ条約の起源に関する記述は Sam Ricketson, *The Berne Convention for the Protection of Literary and Artistic Works: 1886-1986*, part 1 に基づいている。チェイス法は Act of March 3, 1891, ch. 565, 26 Stat. 1106 である。

ボルドリッジ長官の証言については *U.S. Adherence to the Berne Convention*, Hearings on H.R. 1623 Before the Subcomm. on Courts, Civil Liberties, and the Administration of Justice of the House Comm. on the Judiciary, 100th Cong., 1st Sess. 117 (1987) を参照。ボクシュ博士の証言については *The Implications, Both Domestic and International, of U.S. Adherence to the International Union for the Protection of Literary and Artistic Works*, Hearings Before the Subcomm. on Patents, Copyrights, and Trademarks of the Senate Comm. on the Judiciary, 99th Cong., 1st Sess. 8 (1985) を参照。

ストックホルム議定書をめぐるさまざまな出来事に関する記述は、以下の複数の文献に基づいている。Nora Tocups, "The Development of Special Provisions in International Copyright Law for the Benefit of Developing Countries," 29 *Journal of the Copyright Society* 402, 406-7 (1982), Charles Johnson, "The Origins of the Stockholm Protocol," 18 *Bulletin of the Copyright Society* 91, 92-93 (1970), Irwin A. Olian Jr., "International Copyright and the Needs of Developing Countries: The Awakening at Stockholm and Paris," 7 *Cornell International Law Journal* 81, 95 (1974), Robert Hadl, "Toward International Copyright Revision: Report on the Meetings in Paris and Geneva, September 1970," 18 *Bulletin of the Copyright Society* 183 (1970). ブラザビル会議の前文は Royce Frederick Whale,

Protocol Regarding the Developing Countries 10 (1968) で見ることができる。

フィチョール博士の証言は *Questions Concerning National Treatment in Respect of a Possible Protocol to the Berne Convention*, Hearings Before the Subcomm. on Intellectual Property and Judicial Administration of the House Comm. on the Judiciary, 103d Cong., 1st Sess. (1993) を参照。ロバート・ハドルの証言は *A Possible Protocol to the Berne Convention (National Treatment)*, Hearings Before the Subcomm. on Intellectual Property and Judicial Administration of the House Comm. on the Judiciary, 103d Cong., 1st Sess. (1993) を参照。フランスの家庭内テープ録音法に関する記述は André Lucas and Robert Plaisant, "France," in Paul Geller, *International Copyright Law and Practice* §9(2)(b) に基づいている。

TRIPS 協定（正式には、関税及び貿易に関する一般協定の改正及び世界貿易機関の設立に関する協定の一部、1994 年 4 月 15 日にモロッコのマラケシュにおいて GATT 加盟国により署名された）は 33 I.L.M. 81 (1994) を参照．アイルランドの音楽出版社が申立人となったパネルの判決は *United States-Section 110(5) of the U.S. Copyright Act*, Report of the Panel, World Trade Organization, WT/DS 160/R (June 15, 2000) を参照。

第 6 章

本章は、エドワード・フェルテン (2002 年 4 月 17 日・4 月 22 日、カリフォルニア州スタンフォード)、ジョナサン・バンド (2002 年 10 月 22 日、ワシントン DC)、ブルース・リーマン (2002 年 10 月 23 日、ワシントン DC)、マシュー・オッペンハイム (2002 年 10 月 22 日、ワシントン DC)、ケアリー・シャーマン (2002 年 10 月 22 日、ワシントン DC) のインタビューを一部引用している。

米国のインターネット利用に関するデータは、U.S. Dept. of Commerce, *Falling Through the Net: Toward Digital Inclusion* (October 2000) による。ショーン・ファニングとナップスターの発明の背景は、Chuck Philips, "Humming a Hopeful Tune at Napster," *Los Angeles Times*, July 19, 2000 による。ナップスターのシステムの運用に関する記述は、マリリン・パテル判事の最初の仮処分決定である *A&M Records, Inc. v. Napster, Inc.*, 2000 WL 1009483 (N.D. Cal.) から引用した。第 9 巡回区控訴裁判所の命令は 2000 WL 1055915、その後の裁判所の意見は 239 F.3d 1004 (2001) にある。パテル判事のその後の命令は 2001 WL 227083、第 9 巡回区控訴裁判所は 284 F.3d 1091 (2002) で原審を支持した。そして、パテル判事のミスユースに関する開示命令は 191 F. Supp. 2d 896 (1087) で

ある。ヒラリー・B・ローゼンの「訴訟を解決する」発言は、Matt Richtel, "Judge Grants a Suspension of Lawsuit on Napster," *New York Times*, January 23, 2002 による。

1995年7月のアムステルダム会議で発表された論文は、*The Future of Copyright in a Digital Environment: Proceedings of the Royal Academy Colloquium*（P. Bernt Hugenholtz, ed., 1996）に収録されている。知的財産権白書は、*Report of the Working Group on Intellectual Property Rights, Intellectual Property and the National Information Infrastructure*（1995）である。白書の提案を具体化した行政法案は、S. 1284（September 28, 1995）、H.R. 2441（September 29, 1995）である。上院司法委員会でのオークリー教授の証言は、1996年5月7日におこなわれ、*NII Copyright Protection Act of 1995*, Hearing on S.1284 Before Sen. Comm. on Judiciary, 104th Cong., 2d Sess. 48 に記載されている。

WIPO 外交会議で行われた提案の議論は、Mihály Ficsor, *The Law of Copyright and the Internet: The 1996 WIPO Treaties, Their Interpretation and Implementation*（2002）や Pamela Samuelson, "The Digital Agenda of the World Intellectual Property Organization," 37 *Virginia Journal of International Law* 369（1997）につづられている。

WIPO 著作権条約に定められた技術的保護手段の迂回防止措置を実施するための立法は必要ないとの指摘については、"Clinton Administration Is Undecided on Implementing Steps for WIPO Treaties", 53 *Patent, Trademark & Copyright Journal*（BNA）241（1997）を参照。デジタルミレニアム著作権法（DMCA）に関するブライリー下院議員の発言は、144 Cong. Rec. H 7094（August 4, 1998）に報告されている。DMCA の技術的保護手段の回避禁止規定は、17 U.S.C.§1201 *et. seq.*（2002）にある。デジタルミレニアム著作権法は、Pub. L. No. 105-304, 112 Stat. 2860（October 28, 1998）である。

ヒラリー・ローゼンによる「自主的でオープンなセキュリティ仕様」の引用は、"Worldwide Recording Industry Announces Precedent-Setting Initiative to Address New Digital Music Opportunities", *Business Wire*, December 15, 1995 からである。マシュー・オッペンハイムからエド・フェルテンへの手紙は、John Markoff, "Record Panel Threatens Researcher with Lawsuit," *New York Times*, April 24, 2001 に記録されている。フェルテン事件におけるブラウン判事の判決文は、Case No.01CV 2669, November 28, 2001 に掲載されている。シンディ・コーンの「そのときは、EFF が出ていきます」という発言は、2002年2月6日、電子フロンティア財団のメディアリリースで公表されている。

ユニバーサル・シティ・スタジオ対ライマーズ事件における連邦地裁の意見は、

111 F. Supp. 294, 346（S.D.N.Y. 2000)、ユニバーサル・シティ・スタジオ対コーレイ事件における第2巡回区控訴裁判所の意見は、273 F.3d 429（2d Cir. 2001）に掲載されている。ホリングスの法案は、S. 2048, 107th Cong., 2d. Sess.（March 21, 2002）である。技術的自力救済法案は、H.R. 5211, 107th Cong.（July 25, 2002）である。スクリャロフ起訴の背景は、Amy Harmon, "Adobe Opposes Prosecution in Hacking Case," *New York Times*, July 24, 2001から引用している。フェルテンの「道路上の段差」の引用は、"A 'Speed Bump' vs. Music Copying," *Business Week Online*（January 9, 2002）からである。

第7章

コンピュータプログラムの著作権登録に対するケアリー著作権局副局長の見解はGeorge Cary, "Copyright Registration and Computer Programs," 11 *Bulletin of the Copyright Society* 362, 363（1964）を参照。1879年の最高裁判決とは*Baker v. Selden*, 101 U.S. 99（1879）を指している。コンピュータプログラムの著作権の保護範囲に関する1896年の判決は*Whelan Associates, Inc. v. Jaslow Dental Laboratory, Inc.*, 797 F.2d 1222（3d Cir. 1986）である。エフロンの見解は*Stanford University Campus Report*, May 2, 1984, pp. 5–6から引用したものである。第2巡回区控訴裁判所の保護範囲に関する判決は*Computer Associates International, Inc., v. Altai, Inc.*, 982 F.2d 693（2d Cir. 1992）である。「ソフト戦争」に関する言及はAnthony Clapes, *Softwars: The Legal Battle for Control of the Global Software Industry*（1993）による。アップル判決は*Apple Computer, Inc. v. Microsoft Corp.*, 799 F. Supp. 1006（N.D. Cal. 1992), *affirmed*, 35 F.3d 1435（9th Cir. 1994)。セガ判決は*Sega Enterprises, Ltd. v. Accolade, Inc.*, 977 F.2d 1510（9th Cir. 1992）である（筆者は、アコレードを支持するアミカスキュリエブリーフを提出した米国相互運用システム委員会の共同弁護人を務めた)。

フェイスト事件の連邦地裁判決は*Rural Telephone Service Co., Inc. v. Feist Publications, Inc.*, 663 F. Supp. 214（D. Kan. 1987)、最高裁判決は*Feist Publications, Inc. v. Rural Telephone Service Co., Inc.*, 499 U.S. 340（1991）である。特許法の植物およびデザインを保護する独自規定は、前者が35 U.S.C.§§161–164、後者が§§171–173である。半導体チップ保護法は17 U.S.C.§901–914である。1969年のコンピュータプログラムに対する独自保護の提案についてはElmer Galbi, "Proposal for New Legislation to Protect Computer Programming," 17 *Bulletin of the Copyright Society* 280（1969）を参照。EUデータベース指令とはDirective 96/9/EC of the European Parliament and of the Council of 11 March

1996 on the Legal Protection of Databases を指す。

コピーライト・クリアランス・センターの起源と活動に関する記述は、チャールズ・エリスとリチャード・リュディック（1988年3月8日、ニューヨーク州ニューヨーク）、アレクサンダー・ホフマン（1988年3月8日、ニューヨーク州ニューヨーク）、チャールズ・リーブ（1988年3月7日、ニューヨーク州ニューヨーク）、ベン・ウェイル（1988年3月8日、ニューヨーク州ニューヨーク）のインタビューに基づいている。

ニューヨーク大学の事件に関する和解契約については、Jon Baumgarten and Alan Latman, eds., *Corporate Copyright and Information Practices* 167（1983）を参照。キンコーズ事件は *Basic Books, Inc. v. Kinko's Graphics Corp.*, 758 F. Supp. 1522（S.D.N.Y. 1991）である。和解条件については、Claudia MacLachlan, "Newsletter and Book Publishers Attempt Copyright Crackdown," *National Law Journal*, November 18, 1991, p. 10 を参照。テキサコ事件は *American Geophysical Union v. Texaco, Inc.*, 802 F. Supp. 1（S.D.N.Y. 1992）, *affirmed*, 60 F.3d 913（2d Cir. 1994）である。

デジタルミレニアム著作権法は、Pub. L. No. 105-304, 112 Stat. 2860（October 28, 1998）である。著作権保護期間延長に関する上院および下院の公聴会は Hearing Before the Subcomm. on Courts and Intellectual Property of the Comm. on Judiciary, House of Representatives, 105th Cong, 1st Sess.（June 27, 1997）, and Hearing Before the Comm. on the Judiciary, U.S. Senate, 104th Cong., 1st Sess. on S.483（September 20, 1995）を参照。EU保護期間指令は、Directive 2006/116/EC of the European Parliament and of the Council of 12 December 2006 on the Term of Protection of Copyright and Certain Related Rights である。ボブ・ディランの証言については pages 55-56 of the Senate hearing record を参照。全米ソングライター協会会長のジョージ・デイヴィッド・ワイスによる証言は page 40 of the House hearing record に、ジャシー教授の返答は page 71 of the Senate hearing record を参照。

ボストン・グローブ紙の記事は John Solomon, "Rhapsody in Green," *Boston Globe*, January 3, 1999、コングレッショナル・クオータリー誌の記事は Alan K. Ota, *Congressional Quarterly*, August 8, 1998、AP通信の記事は "Disney Lobbying for Copyright Extension No Mickey Mouse Effort," the *Chicago Tribune*, October 17, 1998. CTEA amendants は Pub. L. No. 105-298, 112 Stat. 2827（October 27, 1998）を参照。

エリック・エルドレッドの背景と彼の訴訟の発端については、Daren Fonda, "Copyright's Crusader," *Boston Globe Magazine*, August 29, 1999 を参照。同判決

の法廷意見については、*Eldred v. Reno*, 74 F. Supp. 2d 1（D.D.C. 1999）, *Eldred v. Reno*, 239 F.3d 372（D.C. Cir. 2001）, *Eldred v. Ashcroft*, 537 U.S. 186（2003）を参照。ニューヨーク・タイムズ紙の社説は、*New York Times*, January 16, 2003, p. A28 を参照。

第8章

立法作業の停滞を打破する試みに関連するものとして、最初の2013年3月の公聴会である "The Register's Call for Updates to U.S. Copyright Law" は、Serial No. 113-20, 113th Cong., 1st Sess.（March 20, 2013）に掲載されている。SOPA と PIPA は、それぞれ H.R. 3261（October 26, 2011）と S. 968（May 12, 2011）である。グーグルの「ウェブを検閲しないで！」という呼びかけについては、Michael Cavna, "Google Blacks Out: 'Censored' Logo Goes Dark to Oppose SOPA/PIPA Legislation," *Washington Post*, January 18, 2012 で報告されている。ACTA の欧州での受け入れについては、Duncan Matthews and Petra Zikovska, "The Rise and Fall of the Anti-Counterfeiting Trade Agreement（ACTA）: Lessons for the European Union," 44 *International Review of Intellectual Property and Competition Law* 626（2013）に記載されている。ジャック・ヴァレンティが海賊版について訴えたのは、アメリカ・カトリック大学コロンバス法学部での講義だった。彼の、VCR をボストン絞殺魔と比較する主張は、Hearings Before the Subcomm. on Courts, Civil Liberties, and the Administration of Justice of the Comm. on the Judiciary House of Representatives, 97th Cong., 2d Sess. 8（April 12, 1982）でなされた。

グーグルブック・プロジェクトの起源と発展に関する記述は、Ken Auletta, *Googled*（2009）と Randall Stross, *Planet Google*（2008）を、原案と改訂版の和解案に関する議論は、Jonathan Band, "The Long and Winding Road to the Google Books Settlement," 9 *John Marshall Review of Intellectual Property Law* 227（2009）, James Grimmelman, "The Elephantine Google Books Settlement," 58 *Journal of the Copyright Society of the U.S.A.* 497（2011）、そして Pamela Samuelson, "The Google Book Settlement as Copyright Reform," 2011 *Wisconsin Law Review* 479（2011）を参照されたい。言及したパトリの Copyright Blog は、2005年9月15日付のものである。グーグルのスタンフォード大学インターネット・社会センターへの寄付については、Glen Whelan, "Born Political: A Dispositive Analysis of Google and Copyright," *Business & Society* 22（2017）に記載されている。時系列順に並べると、*Authors Guild v. Google* の判決は、770 F. Supp.

2d 666 (S.D.N.Y. 2011), 721 F.3d 132 (2d Cir. 2013), 954 F. Supp. 2d 282 (S.D.N.Y. 2013), 804 F.3d 202 (2d Cir. 2015) である。筆者は、グーグルブックス事件で、出版社側弁護士のコンサルタントを務めていた。フランスの著作権管理団体については、Nathalie Piaskowska, "Collective Management in France," in Daniel Gervais, ed., *Collective Management of Copyright and Related Rights* 169 (2d ed. 2010) に記載されている。

GAO の報告書は、U.S. Government Accountability Office, *Report to Congressional Committee, Intellectual Property: Observations on Efforts to Quantify the Economic Effects of Counterfeit and Pirated Goods* 21–22 (2010) がある。アメリカ議会の研究は、Joe Karaganis and Lennart Renkema, *Copy Culture in the US and Germany* (2013) である。ファイル共有の研究は、順に、Felix Oberholzer-Gee and Koleman Strumpf, "The Effect of File Sharing on Record Sales: An Empirical Analysis," 115 *Journal of Political Economy* 1 (2007), そして Glynn S. Lunney Jr., *Empirical Copyright: A Case Study of File Sharing and Music Output*, Tulane Public Law Research Paper No.14–2 (2014) がある。個人が違法なファイル共有サービスを利用する理由についての調査は、Statista, *Media Piracy in the U.S. and Worldwide* (2017) がある。

海賊行為を減らすための業界の行動規範に関する議論は、Natasha Tusikov, *Chokepoints: Global Private Regulation on the Internet* (2017)、Annemarie Bridy, "Copyright's Digital Deputies," in John A. Rothchild, ed., *Research Handbook on Electronic Commerce Law* 185–208 (2016), そして *Role of Voluntary Agreements in the U.S. Intellectual Property System*, Hearing Before the Subcomm. on Courts, Intellectual Property and the Internet, Comm. on the Judiciary, House of Representatives, 113th Cong., 1st Sess. (September 18, 2013) から引用している。UGC 原則は、http://ugcprinciples.com に掲載されている。

グーグルのユーチューブ買収に関する記述は、Ken Auletta, *Googled* (2009) および Andrew Ross Sorkin and Jeremy W. Peters, "Google to Acquire YouTube for $1.65 Billion," *New York Times*, October 9, 2006 から引用している。補償義務については、2006 年 11 月 13 日付の当該取引に関する SEC プレスリリースに記載されている。ユーチューブの監視費用に関するテッドストーンとドーマンの反論は、Ken Auletta, *Googled* 169 (2009) において報告されている。バイアコムのコンテンツ ID への加盟は、Meg James, "Viacom and Google Settle YouTube Copyright Lawsuit," *Los Angeles Times*, March 19, 2014 で報告されている。*Viacom Int'l Inc. v. YouTube, Inc.* の判決は、718 F. Supp. 2d 514 (S.D.N.Y. 2010), 676 F.3d 19 (2d Cir. 2012), and 940 F. Supp. 2d 110 (S.D.N.Y. 2013) で確認できる。

コンテンツIDの起源は、Peter Decherney, *Hollywood's Copyright Wars* 232-234 (2013) でたどることができる。コンテンツIDの運営や収益配分に関する情報は、https://support.google.com/youtube/answer/2797370?hl=en#、John Paul Titlow, "How YouTube Is Fixing Its Most Controversial Feature," *Fast Company*, September 13, 2016 そして Jonathan Taplin, *Move Fast and Break Things* 99 (2017) で入手できる。

シルビーの参考文献は、Jessica Silbey, The Eureka Myth 15, 80 (2015) である。ウィキペディアの統計は、https://stats.wikimedia.org/EN/SummaryEN.htm にある。ジミー・ウェールズの発言は、"Wikipedia's Founder on How the Site Was Built & Promoted", *Mixergy*, August 17, 2017 からの引用である。ナガラジの研究は、Abishek Nagaraj, "Does Copyright Affect Reuse? Evidence from Google Books and Wikipedia," *Management Science*, July 26, 2017, p. 2。オープンソースソフトウェアに関する議論の出典は、Cade Metz, "Open Source Software Went Nuclear This Year," *Wired*, December 27, 2015, Peter Wayner, "Greed Is Good: 9 Open Source Secrets to Making Money," *InfoWorld*, October 14, 2013, Igor Faletski, "Open Sourcing May Be Worth the Risk," *Harvard Business Review*, October 12, 2012, Salvador Rodriguez, "After Heartbleed, Tech Giants Team Up to Fund Open Source Projects," *Los Angeles Times*, April 24, 2014 である。リーナス・トーヴァルズの著作権に依存する決断は、Linus Torvalds and David Diamond, *Just for Fun: The Story of an Accidental Revolutionary* 94-96 (2001) で紹介されている。

クリエイティブ・コモンズの初期の歴史は、Emily Harwood, "Copyright Critics Push Alternative Protections," *The News Media and the Law*, Summer 2003, p. 44 と、Ariana Cha, "Creative Commons Is Rewriting Rules of Copyright," *Washington Post*, March 15, 2005, p. E01 に描かれている。クリエイティブ・コモンズの様々なライセンス形態については、https://creative commons. org/licenses/ で説明されている。クリエイティブ・コモンズの近年および現在の運営に関する情報は、ウェブサイトおよび2017年の「コモンズの現状」レポート (https://creativecommons.org/2018/05/08/state-of-the-commons-2017/) から引用した。クリエイティブ・コモンズの「情報は所有物であるというメッセージ」は、Niva Elkin-Koren, "Exploring Creative Commons: A skeptical view of a Worthy Pursuit," in P. Bernt Hugenholtz and Lucie Guibault, eds., *The Future of the Public Domain* 325-345 (2006) から引用した。

ニューヨーク・タイムズに対する2001年の最高裁判決は、*Tasini v. New York Times Co.*, 533 U.S. 483 (2001) である。自費出版の収益に関する数字は、Jenni-

fer Alserver, “The Kindle Effect,” *Fortune*, December 30, 2016、および Alex Daniel, “Self-Publishing in 2017: The Year in Preview,” *Publishers Weekly*, January 20, 2017 から引用している。クラウドファンディングのビデオゲームに関する発言は、チャールズ・セシルによるもので、Rebecca Hiscott, “Why Indie Games Thrive Without Big Publishers,” *Mashable*, March 8, 2014 から引用した。アップル iOS アプリの数は、https://www.apple.com/newsroom/2018/01/app-store-kicks-off-2018-with-record-breaking-holiday-season/ を参照した。アマゾンの二次創作への関わりは、“Amazon Debuts Licensed Publishing Program for Fan Fiction,” *Publishers Weekly*, May 22, 2013 にて報告されている。初めて自費出版する小説家に関する経費と収益の数値は、ニコール・ディーカーの投稿 “Self-Publishing a Debut Literary Novel: The Actions, the Costs, the Results,” July 24, 2017, at https://janefriedman.com を参照した。

スタンフォード大学ロースクールのライセンスプロジェクトの説明は、Stanford Law School, the Policy Lab, *Copyright Licensing Practicum, A Low-Cost Digital Licensing Platform for Photographs: Documentation for a Prototype* (2017) から引用した。ASCAP のブロックチェーンのプレスリリースは、Alan Willaert, “Coming Soon: A Blockchain Copyright System,” *International Musician*, May 1, 2017, at https://internationalmusician.org. に掲載されている。

マージェスの言説は、Robert P. Merges, “Against Utilitarian Fundamentalism,” 90 *St.John's Law Review* 695-96 (2017) による。マハループの結論は、Fritz Machlup, *An Economic Review of the Patent System*, Study No.15 of the Subcomm.on Patents, Trademarks and Copyrights of the Comm. on the Judiciary, U.S. Sen., 85th Cong, 2d Sess. 80 (1958) にある。創作性の低い作品についての研究は、Kal Raustiala and Christopher Sprigman, *The Knockoff Economy* (2012) で報告されており、イタリアのオペラの研究は、Michela Giorcelli and Petra Moser, *Copyright and Creativity: Evidence from Italian Operas*, SSRN 2505776 (2014) がある。

家庭内複製に対するレコード会社の最初の訴訟は *Capitol Records, Inc. v. Thomas*, 579 F. Supp. 2d 1210 (D.Minn. 2008) で、RIAA の家庭内複製に対するキャンペーンは David Kravets, “Copyright Lawsuits Plummet in Aftermath of RIAA Campaign, *WIRED*, May 8, 2010, Marc Fisher, “Download Uproar: Record Industry Goes After Personal Use,” *Washington Post*, December 30, 2007, そして David Silverman, “Why the Recording Industry Really Stopped Suing Its Customers,” *Harvard Business Review*, December 2008, p. 22 で報告されている。ASCAP とガールスカウトの話は、Elisabeth Bumiller, “ASCAP Asks Royalties

from Girl Scouts and Regrets It," *New York Times*, December 17, 1996 で報告されており、これに関するウォールストリートジャーナル紙の記事は Lisa Bannon, "The Birds May Sing, but Campers Can't Unless They Pay Up," *Wall Street Journal*, August 21, 1996, p. A1 である。

■原著者紹介

ポール・ゴールドスタイン（Paul Goldstein）

1943 年ニューヨーク州生まれ。1964 年ブランダイス大学卒（B.A.）、1967 年コロンビア大学ロースクール修了（LL.B.）。現在、スタンフォード大学ロースクール教授およびモリソン・フォースター法律事務所顧問弁護士。1985-1986 年米国議会技術評価局（OTA）諮問委員会委員長。1997 年ニューズウィーク誌「新世紀を担う 100 人」に選出。ベストセラー小説 *Errors and Omissions*（2006）、ハーパー・リー賞受賞作 *Havana Requiem*（2012）など、小説家としても活躍。主著として、*Goldstein on Copyright*（3rd ed, 2005）; *International Copyright: Principles, Law and Practice*（with P. Bernt Hugenholtz, 4th ed, 2019）など多数。

著作権はどこへいく？　活版印刷からクラウドへ

2024 年 1 月 20 日　第 1 版第 1 刷発行

著　者　ポール・ゴールドスタイン

訳　者
大《おお》島《しま》義《よし》則《のり》
酒《さか》井《い》麻《ま》千《ち》子《こ》
比《ひ》良《ら》友《ゆ》佳《か》理《り》
山《やま》根《ね》崇《たか》邦《くに》

発行者　井　村　寿　人

発行所　株式会社　勁《けい》草《そう》書　房

112-0005　東京都文京区水道2-1-1　振替　00150-2-175253
（編集）電話　03-3815-5277／FAX　03-3814-6968
（営業）電話　03-3814-6861／FAX　03-3814-6854
本文組版 プログレス・堀内印刷・松岳社

ISBN978-4-326-45132-6　　Printed in Japan